列島の戦国史9

天下人の誕生と戦国の終焉

光成準治

吉川弘文館

刊行のことば

関東の享徳の乱（一四五四年～）、京都を中心とする応仁・文明の乱（一四六七年～）に始まり、大坂夏の陣（一六一五年）をもって終結するとされる戦国時代は、日本史上最も躍動感にみなぎる時代であり、多くの人々の関心を集めている。ＮＨＫ大河ドラマの舞台の圧倒的多数がこの時代であるのは、その証左といえよう。そこでは、さまざまな英雄が登場し、戦乱を乗り越え時代を切り開いていった姿が描かれている。

甲斐の武田信玄が定めた「甲州法度之次第」で、「天下」は「戦国」なのだから、すべてに優先して武道に励み武具を用意することが肝要だとされているように、戦国時代はまさに戦乱がうち続く世の中だった。それでは、なぜそのような世の中になったのだろうか？　ふつう思い浮かぶのは、足利幕府が弱体化し権威が失墜したため、実力がものを言う分裂抗争が広まったということだろう。その勝者が戦国大名となって群雄割拠の時代を迎え、「天下」をめぐる争いの末、徳川氏が勝利を収め太平の世を生み出したとされるのである。こうした考え方は、新井白石の

『読史余論』や頼山陽の『日本外史』などでも示される、江戸時代以来の通説であり、今日に至るまで強い影響力を有しているといえる。

しかしこれだけなら、単に全国政権が足利幕府から徳川幕府に変わり、社会は平和を回復したということで終わってしまう。実際には、足利幕府と徳川幕府はともに武家政権だが、その支配のやり方は大きく違っていた。たとえば、検地や宗門改を通じて全国の土地や住民を把握することなど、足利幕府も含め中世の国家権力が行ったことはなかった。それだけ、国家による社会や民衆の掌握・管理が強化されたのである。戦国争乱は、そうした新しい政治秩序を生み出すための胎動でもあった。しかもそれは、支配者側の意図によってだけでなく、受け入れる社会の側の変化を基礎としてもたらされたものだった。だから、戦国争乱の意味を理解するためには、英雄たちの動きだけでなく、社会のあり方にまで視野を広げる必要がある。しかもその社会は、民衆が日々の暮らしを営む在地から、海を通じて日本列島と結ばれていた東アジアまでの広がりをもっていたのである。

こうした考えに基づいて、「列島の戦国史」シリーズでは以下に示す編集方針がとられている。まず時間軸として、対象時期を四段階に区分し、それぞれの時期の争乱の特徴を明らかにすることである。第一段階は十五世紀後半で、足利幕府の全国支配は動揺するが、享徳の乱にしても応仁・文明の乱にしても、幕府支配体制の内部抗争という性格をもっている。第二段階は十六世紀前半で、管領細川政元が将軍足利義材（義稙）を廃した明応の政変（一四九三年）を契機に、幕府の全国支配は崩れ、各地で守護の家督騒動や守護代の「下剋上」など、新秩序建設をめぐる覇権争いが展開する。第三段階は十六世紀後半で、東の河越合戦（一五四六年）・西の厳島合戦（一五五五年）における、北条氏・毛利氏という新興勢力の勝利に象徴される地域覇権争いの基本的決着をうけて、その覇者である戦国大名同士の領土紛争（「国郡境目相論」）が展開する。十六世紀末へ向かう時期には、中央で生まれた織田・豊臣権力が各地の戦国大名と敵対・連携し、最終的には小田原合戦の勝利（一五九〇年）により全国制覇（「天下統一」）を達成する。第四段階は十七世紀初頭で、新たな全国政権の主導権をめぐる争いが展開し、徳川氏の勝利で決着する。

また空間軸として、京都や畿内を中心にとらえることなく各地域社会の動向を重視し、一方で周辺の東アジア地域の動向にも目を配ることである。前者については、近年、享徳の乱と応仁・文明の乱の連動性が注目されているように、一方的に中央の政治動向が地方に影響を及ぼすというものではなく、地方には独自の政治状況が存在し、かつそれが中央の状況とも関わって進行していくという、いわば双方向的関係があったことを重視したい。織豊権力による全国制覇の過程も、「惣無事」の強制のような服従の押しつけとして描くのではなく、受け入れる地方の側の対応やその背景にも目を配ることが大切である。したがって、地域社会の政治・経済・文化の状況や、それらを踏まえた戦国大名の領国統治の理解が欠かせず、十分にページを割くこととなった。なお、各巻で同じ事柄について異なる見解・評価が示されていることもあるが、執筆者各自の考えを尊重し、あえて一致させていないことをお断りしておく。

本シリーズを通読されることにより、史上まれに見る社会変動期であった戦国時代を、総合的に理解していただければ幸いである。

二〇二〇年三月十五日

企画編集委員

池　享

久保健一郎

目　次

刊行のことば

分立から統一へ―プロローグ　1

地域国家の到達点／地域国家の限界／東アジア国際秩序の変容／信長から秀吉へ

一　秀吉の天下一統

1　織田体制の超克　8

山崎の戦い／清須会議／賤ヶ岳の戦い／小牧・長久手の戦い／家康の服属

2　全国制覇の達成　20

和泉・紀伊攻撃／四国出兵／越中出兵／九州出兵／小田原合戦と「取次」／奥羽仕置と「取次」

3　豊臣政権と朝廷・寺社　32
秀吉の関白任官／聚楽第行幸と武家家格／公武結合王権／豊臣政権の宗教政策

二　豊臣政権の政策

1　大名統制と「取次」　42
「惣無事令」論／山城停止令と城破り／粛清された大名／「取次」の役割

2　太閤検地と身分政策　50
太閤検地封建革命説／大名領国における検地／刀狩りの目的／身分法令と武家奉公人／人掃令と土地緊縛／日用停止令

3　経済流通政策　64
貨幣政策／鉱山統制／石高制の意義／海賊停止令と貿易統制

三　朝鮮侵略と豊臣政権の動揺

1　豊臣政権下の対外認識　72
蠣崎氏と蝦夷地／豊臣政権と琉球王国／「惣無事」の拡大／「日輪の子」と神国思想／バテレン追放令／諸大名の対外認識

2　「唐入り」と朝鮮半島における戦闘　85
第一次侵略と秀吉の軍令／講和交渉の展開／講和交渉の破綻／第二次侵略と政権崩壊の萌芽／「唐入り」が東アジアに残したもの

3　豊臣政権の動揺と大名　96
太閤と関白／秀次事件の真相／豊臣期の徳川氏領国／大名領国における変革／豊臣期の国制と大名領国

四　豊臣政権の末路

1　秀吉から家康へ　108
秀吉死没前後の豊臣政権／親家康・反家康／七将襲撃事件／「天下殿」家康

2　関ヶ原の戦い　115
会津征討／石田三成の挙兵と家康の真意／関ヶ原における戦闘突入の真相／虚像化した関ヶ原

3　私戦の復活　124
奥羽・北陸における私戦／毛利輝元／黒田如水と加藤清正／旧領を狙う戦国大名・領主

五　徳川政権の成立
1　徳川政権への道　136
関ヶ原の戦後処理／家康の将軍就任／秀忠への将軍職譲与／二元的政治と政権内の権力闘争
2　初期徳川政権の国内政策　144
都市支配／鉱山の直轄化／村落支配／対朝廷政策／大名統制
3　初期徳川政権の対外政策　154
島津氏と琉球王国／琉球侵略／松前藩とアイヌ社会／日朝講和と日明講和／朱印船貿易とキリシタン禁令
六　大坂の陣と地域国家
1　二重公儀体制と大名　166
「二重公儀体制」論／関ヶ原の戦い後の豊臣氏／豊臣系大名の動向／敗者復活
2　大坂の陣　176
二条城会見／大坂の陣勃発／豊臣氏滅亡／大坂の陣の戦後処理

3　徳川政権と地域国家・朝廷　185
初期御家騒動／一国一城令／武家諸法度／禁中幷公家中諸法度／「藩国」と「藩輔」

七　「天下人」の時代の社会と文化

1　町　と　村—兵と農　198
「天下人」の城郭と城下町／伏見城と大坂城／大名の城郭と城下町／兵農分離の実像／村落共同体と法／百姓成立

2　「桃山」文化と伝承された「桃山」時代　211
豪商と茶の湯／「桃山」建築と障壁画／「桃山」期の庭園／儀礼と芸能／描かれた「桃山」時代・記録された「桃山」時代

「天下人」の時代から幕藩制国家へ—エピローグ　225
神となった「天下人」と藩祖の神格化／元和偃武／近世的身分制度／東アジア社会の変動と日本型華夷秩序

あとがき　235
参考文献　239

系図 252
略年表 256

分立から統一へ——プロローグ

地域国家の到達点

いわゆる戦国期においては、幕府《ばくふ》—守護《しゅご》による一元的国家支配体制が崩壊し、地域国家が分立する状態に陥っていた。自己の立場を「公儀《こうぎ》」あるいは「大途《たいと》」と表現した戦国大名は支配対象領域を「国」と認識し、独自の領土高権《こうけん》を有していたため、戦国大名領国は地域国家とみなしうる。その支配の特質として、①被支配層を含む領国民を国土防衛に動員しえたこと、②支配のための客観的規範である法に基づき、行政・裁判機構などの執行機関を整備し、財源となる租税・公役《くやく》を賦課《ふか》・徴収したこと、③所領貫高《かんだか》確定を基本目的とした検地《けんち》を実施したこと、④地域行政機構を郡《ぐん》や郷村《ごうそん》単位に設置するケースもあったこと、⑤商工・運輸業者など非農業民を掌握しようとしたこと、などがあげられる（池二〇一〇）。

また、戦国大名（公儀）は軍事指揮権・軍事動員権・軍役賦課権などの軍事的諸機能を統括する軍事的公儀として成立し、「公」であることを標榜《ひょうぼう》して正当性を主張しながら、公共機能を階層的・領域的に大きく拡大していった（久保二〇〇一）。

さらに、荘園《しょうえん》制にかわって、百姓・商人ら被支配身分の生活・生業の場である村・町が自治的組織として形成され（池上二〇一二b）、地域国家における支配は村・町を基礎単位とするようになった。とりわけ、領主層はその存立の基底に「村の成立《なりたち》」があることを共通認識としていった（黒田二〇〇三）。

室町幕府・朝廷は存続しており、将軍による紛争調停・守護補任《ぶにん》、天皇による官位叙任が、地域権力による支配の正当性の名分となり、領土紛争を有利に導く手段として利用されるケースも少なくなかったが、地域国家の「公儀」性を補強・正当化するために利用されたに過ぎず、全国的規模の強制力を備えた政治的アクターは存在しない状況にあった。その意味においても、広域的支配を行う戦国大名の領国は「国家」といえる段階に達していたのである。

地域国家の限界

第一に、中世後期における商品流通の発展に伴い、銭貨《せんか》に対する需要は高まったが、良質な渡来銭の供給が追いつかなかった結果、低品位銭貨が市場に流通し、経済の混乱を招いていた（本多博之二〇〇六）。地域国家は撰銭令《えりぜにれい》の発布や基準銭政策によって、通貨管理を進めたがその効果はほぼ支配領域内に限定された。また、商品経済の発展は地域間分業と流通の広域化をもたらし、とりわけ、銀を中心とする貿易の国際化に対応するためには、全国規模で流通を掌握・統制する権力の登場が期待されていた（池二〇一〇）。

第二に、軍事的公儀であることをその本質とした戦国大名は、独自の内的発展を否定された領主層の発展志向を充足させるために、領国外への征服戦争によって支配領域拡張を図り、領主層の結集に努めた。その結果、戦場となった境目《さかいめ》地域などが荒廃するとともに、軍役・夫役《ぶやく》を課された村落の負担が大きく、「平和」の実現が希求されるようになった。「村の成立」の観点からも内乱の終結が求められていた。

第三に、戦国大名領国は地域国家の外形を備えたものの、その内実をみると、領国内の有力な国人領主層の自律性を否定できていなかった。先にあげた地域国家の特質に即して、その実態をまとめると、②については公儀権力による一元的支配が未達成な状況にあり、私的・人格的結合関係に依拠する面がみられた。③については給人《きゅうにん》（大名から所領を保障された家臣）の指出《さしだし》が中心で、在地の実態把握は不十分であり、④・⑤については直轄支配地域に限定される領国が多かった。このような課題を克服するための試みもみられたが、急進的な改革は、国人領主層の反発を招き、領国の衰退につながるという自家撞着《じかどうちゃく》に陥るため、内からの改革は困難であった。

東アジア国際秩序の変容

十五世紀半ば頃から強まったモンゴル族の北方からの侵入に対抗するため、明《みん》国は長城の整備や軍隊の配置などを進めたが、現物主義の財政制度では対応が困難であったことから、税や徭役《ようえき》の銀納化が進行し、銀に対する需要が強まった。需要が供給を生み出し、朝鮮半島や日本列島における銀山の開発が進んだが、明国が「海禁《かいきん》」政策をとっていたため、朝鮮・日本産出銀は密貿易によって中国へ流入した。密貿易のかたわら略奪も行う集団は

「倭寇《わこう》」と呼ばれ、明国は「北虜南倭《ほくりよなんわ》」に苦慮することとなった。そこで、明国は十六世紀半ば頃から「海禁」を緩めていき、マカオを拠点としたポルトガルが日中貿易の担い手として台頭した。また、スペインがルソン島のマニラに運び込んだアメリカ産出銀も中国へと流入していった。このような銀の流れによって生み出された国際マーケットには、国際商業の利益を争奪しようとする諸勢力が入り乱れ、大明皇帝を中心とする東アジア社会の従来の秩序に変容をもたらした（岸本一九九八）。

日本列島をはじめとする中華帝国の辺境地域においては、中国との貿易による富を財源とした軍事国家が形成されていった。日本列島のうち西日本においては、倭寇勢力やポルトガル・スペイン商人と結びついた戦国大名が、銀などを輸出するとともに、鉄炮や、火薬・弾丸の原料である硝石《しようせき》・鉛を輸入して、地域国家を形成した。鉄炮は畿内・東日本においても流通・生産されるようになり、戦争の激化へとつながっていった。中国大陸北方の女真《じよしん》（女直《じよちよく》、満州《まんしゆう》）地域においても、明国から朝貢《ちようこう》貿易の権利を認められた有力首長層が富を集積するとともに、明国の辺境貿易指揮官と結んで貿易の権利を独占していき、民族の統一へと向かっていった（村井二〇〇四）。

中華帝国の辺境地域において、ほぼ同時期に「民族」統一への動きがみられるようになったことは、経済構造の変動がもたらした必然だったといえよう。

信長から秀吉へ

足利義昭《あしかがよしあき》を京都から放逐して将軍権力を超克した織田信長《おだのぶなが》は、天下一統に向けて、強大な軍事力によって敵対勢力を圧倒して、支配領域を広げていった。支配領域の拡大に伴い、有力家臣に対して一国あるいは数郡単位の広域支配権を付与して、分国支配を行う形式がとられるようになっていった（池上二〇一二a、山本二〇一七）。

羽柴秀吉《はしばひでよし》は近江《おうみ》北部・播磨《はりま》国支配を委ねられたが、その出自や織田氏家臣となった経緯は定かでなく、同時代史料における初出は永禄八年（一五六五）である。信長上洛《じょうらく》直後期の永禄十二年には、明《あけ》智《ち》光秀《みつひで》や丹羽《にわ》長秀《ながひで》らとともに奉行人《ぶぎょうにん》を務めており、その能力を買われて急激に登用されていったと考えられる。

一方で、織田政権の特質は、信長自身が権力絶対化を追求したことにある（山本二〇一七）。対外的には、軍事力による殲滅《せんめつ》だけでなく、停戦命令を発してゆるやかに戦国大名を統合するという柔軟性もみせているが、対内的には最高権力者として、家臣の生殺与奪権《せいさつよだつけん》を握り、その結果、家臣は厳しい競争にさらされた。秀吉でさえ、信長の勘気をこうむり、危機に陥ったことがある。天下一統への貢献が家臣の評価基準とされ、過去の功績は考慮されず、その時点における貢献力に乏しいと信長が評価した場合、失脚する危険性があった。

天正四年（一五七六）以降、信長の天下一統における大きな障害となった毛利《もうり》氏への対応においても、秀吉は軍事制圧路線を主導していたが、講和という非軍事手段による毛利氏の従属を目論む家臣もあり、その一人に明智光秀がいた。一方の路線が成功した場合、他方の路線を担っていた者の失脚につながりかねないという熾烈《しれつ》な競争状態は、天下一統の促進に寄与したが、追い込まれた家臣の離反を招きやすいというリスクを抱えていた。

そのようなリスクが顕在化したのが本能寺《ほんのうじ》の変であった。毛利氏の拠点備中高松城《びっちゅうたかまつ》（岡山市）を包囲した秀吉からの出馬要請を受けて入京した信長を明智光秀が襲撃し、信長は横死した。

一　秀吉の天下一統

1　織田体制の超克

山崎の戦い

信長のみならず、嫡子信忠《ちゃくしのぶただ》も明智光秀《あけちみつひで》の襲撃によって失った織田政権は崩壊の危機に陥った。諸国に展開していた織田家臣団のうち、いち早く光秀打倒に向けて動いたのが羽柴秀吉《はしばひでよし》である。毛利氏と対陣中であった秀吉は、信長横死の報に接して、毛利《もうり》氏と停戦協定を締結した。六月五日には備前国野殿《びぜんのどの》（岡山市）まで引き返して、多数派工作を開始した。

まず、摂津茨木《せっついばらき》城（大阪府茨木市）を拠点とする中川清秀《なかがわきよひで》に対して信長父子が生存しているとの虚報を与えたうえで、まもなく姫路《ひめじ》に帰城することを告げ、今後の協力を呼びかけた。清秀は荒木村重《あらきむらしげ》没落後に伊丹《いたみ》城（兵庫県伊丹市）に入った池田恒興《いけだつねおき》や、高槻《たかつき》城の高山右近《たかやまうこん》らとともに、信長の直接的軍事指揮下にあった。六月九日には明石《あかし》（同明石市）に着陣しているが、その時点までには、高山右近のほか、四国に向けて渡海準備中であった織田信孝《のぶたか》（信長三男）や丹羽長秀《にわながひで》とも連絡をとっている。

光秀は信長を討ち捕ることによって、畿内およびその周辺部にいる織田家臣団の多くを荷担させ、あるいは撃破できると考えていたと推測されるが、予想をはるかに上回る迅速な秀吉勢の東上によって、大半の家臣は反光秀の立場をとり、光秀に荷担したのは、近江浅井《おうみあさい》氏旧臣の阿閉貞征《あつじさだゆき》や近江分郡守護家の京極高次《きょうごくたかつぐ》、若狭《わかさ》守護家の武田元明《たけだもとあき》など、織田軍団の中では主力とはいえない層のみであった。

光秀が荷担を期待していた丹後《たんご》宮津《みやづ》城（京都府宮津市）の長岡《ながおか》（細川《ほそかわ》）忠興《ただおき》（光秀の娘婿）およびその父藤孝《ふじたか》は早くから光秀に荷担しないことを明確にし、大和《やまと》郡山《こおりやま》城（奈良県大和郡山市）主筒井順慶《つついじゅんけい》は去就に迷ったようであるが、六月十日には、秀吉らに荷担することを決意した。また、信長・信忠襲撃後、光秀が朝廷の支持を得ることを優先した結果、近江国を平定したことを除くと、軍事的成果に乏しく、新たに光秀麾下《きか》に編入された軍事力は、小川祐忠《おがわすけただ》や池田景雄《かげかつ》ら近江衆にほぼ限定されており、かつ、近江衆の光秀への服属度は低かった（藤田二〇一〇）。

このような軍事的劣勢の一方で、光秀は七日に勅使を安土《あづち》城（滋賀県近江八幡市）に迎えて、朝廷の支持を得たほか、毛利氏領国へ逃れていた「将軍」足利義昭《あしかがよしあき》を推戴したが、伝統的な権威を背景に、信長殺害を正当化しようとする光秀の狙いは、ほとんど功を奏しなかった。それ以前から光秀に従っていたかつての幕府衆（伊勢《いせ》貞興《さだおき》ら）以外では、信長によって殺害された伊勢北畠具教《きたばたけとものり》旧臣や、本能寺《ほんのうじ》の変後に信孝・長秀らによって殺害された織田信澄《のぶずみ》の家臣津田与三郎《つだよさぶろう》らが、光秀のもとに馳《は》せ参じたに過ぎない（藤田二〇一〇）。光秀の重視した権威は信長によって換骨奪胎され、織田家臣団にとって効果的なものではなかったのである。

軍事力において劣勢に追い込まれた光秀は、機先を制することで活路を開こうとした。六月十三日、山城《やましろ》国大山崎《おおやまざき》（京都府大山崎町）で高山右近の陣に光秀勢は攻撃をかけたが、まもなく到着した秀吉らの軍勢に敗れて勝竜寺《しょうりゅうじ》城（同長岡京市）方面へ退いた。しかし、さらに追撃され、光秀は居城坂本《さかもと》（滋賀県大津市）へ逃げ延びようとしたところ、小栗栖《おぐるす》（京都市）において一揆《いっき》に襲われ、討死した。公家《くげ》吉田兼見《よしだかねみ》の記した日記（『兼見卿記《かねみきょうき》』）には、「南方の諸勢」として信孝・秀吉のほか、池田恒興・丹羽長秀・蜂屋頼隆《はちやよりたか》・堀秀政《ほりひでまさ》・矢部家定《やべいえさだ》・中川清秀らが列記され、その兵力は二万を超えていたとされる。光秀の敗北は、伝統的権威の衰退を如実に示す悲劇であった。

清須会議

織田信孝は、六月十三日付けで筒井順慶に対して参陣を命じ、同日付けで秀吉・長秀は順慶に対する副状《そえじょう》を発した。このことは、山崎の戦いにおける名目上の主将は信孝であったが、秀吉・長秀が織田政権を暫定的に統括する状況にあったことをうかがわせる。しかし、それは織田政権の他の宿老層が不在であったことに伴う措置であり、山崎の戦い終結後に、柴田勝家《しばたかついえ》らが帰還してくると、信長・信忠横死後の織田政権の運営について、宿老層《しゅくろう》による会談が開かれた。いわゆる清須会議《きよすかいぎ》の開催である。

会談が開かれたとされる六月二十七日付けで、恒興・秀吉・長秀に柴田勝家を加えた四名連署《れんしょ》で宛行状《あてがいじょう》などが発給されており、この四名が会談の参加者であったと判明する。また、信長の後継者は信忠の子でわずか三歳の三法師《さんぼうし》とされた。この経緯について、秀吉は「兄弟（信孝・信雄《のぶかつ》）が名代《みょうだい》を争って、家督《かとく》が決まらない状況があり、迷惑した」とし、また、秀吉の養子となっていた於次秀勝《おつぎひでかつ》（信長の子）を家督にしても笑われることはないけれども、自分の養子であるから誰かが家督に推したとしても受けないと記している（十月十四日付け書状写〈「松花堂式部卿昭乗留書」〉）。天下を狙った秀吉は、成

1—所領分配表（小和田哲男『戦争の日本史15　秀吉の天下統一戦争』吉川弘文館、2006年より作成）

一族と主な武将	旧　　領	新　　領
織田三法師		安土城と近江国坂田郡の一部
織田信雄	南伊勢	南伊勢＋伊賀国＋尾張国
織田信孝	北伊勢	美濃国
柴田勝家	越前国	越前国＋北近江
丹羽長秀	若狭国と近江国坂田郡の一部	若狭国＋近江国高島郡・滋賀郡
羽柴秀吉	播磨国と北近江	播磨国＋山城国と河内国および丹波国の一部
池田恒興	摂津国の池田・有岡	摂津国の池田・有岡＋大坂・尼ヶ崎・兵庫

人している信雄や信孝が後継者とならないように強引に三法師を擁立したとする説もあったが、少なくとも形式上は、秀吉の独断による後継者決定ではない。秀吉は天下を狙っていると思われることを避けようとしていた。秀吉に天下への野望があったからこそ、そのことを勘ぐられまいとしたとも考えられる。いずれにせよ、信雄と信孝との争いは、結果的に、政権の主導権が織田家から宿老層へと移ることを招いた。

所領についても、信孝が美濃《みの》国、信雄が尾張《おわり》国を分配されたが、そのほかの信長・信忠直轄地は、四宿老と堀秀政らが領することとなり、信孝・信雄・四宿老に、信長の同盟者徳川家康を加えた七人によって織田家を支える政治体制、いわゆる「織田体制」が形成された。内政は四人の宿老によって担われ、その決定方法は丹羽長秀の元に意見が集まり、その意見を各宿老に伝えるという形で合議が行われたとされる（加藤二〇〇六）。合議方法の面からみても、秀吉が「織田体制」の主導権を握っていたわけではない。

そのような現状を打破すべく、秀吉は信孝・信雄間の境界争いにおいて信孝を支持する一方で、三法師を安土に移すことにより、「織田体制」の主導権を握ろうとした。これに対して、勝家は信雄を支持した。こののちに勃発する賤ヶ岳《しずがたけ》の戦い時における、信雄・秀吉対信孝・勝家とは逆の組み合わせであったが、勝家の意見は、現状の「織田体制」を維持する意図に基づいていた（加藤二〇〇六）。秀吉と勝家の意見の相違は、現状の「織田体制」そのものの存否に関わるものだったのである。

賤ヶ岳の戦い　秀吉・信孝対勝家・信雄という対立構図は、信孝が三法師の安土移動を妨げたことから崩壊していった。十月十五日には、事実上の秀吉主催による信長の葬儀が、京都大徳寺《だいとくじ》において執り行われたが、三法師・信孝・信雄・勝家は参列しなかった。これに対して、長秀・長岡藤孝、池田恒興は参列（名代による参列を含む）しており、親秀吉グループが形成されつつあった状況をうかがわせる。

そのほか、中川・高山ら摂津衆や筒井順慶、三好康長《みよしやすなが》ら河内《かわち》衆、長谷川秀一《はせがわひでかず》ら近江衆も親秀吉グループと考えられ、秀吉は多数派工作を進めていたが、織田家家督とした三法師を信孝に握られており、正統性に乏しかった。そこで、十月末、長秀・恒興と会談した秀吉は、信孝が謀反を企てたとして、信雄を家督に推戴した。清須会議において決定された「織田体制」を否定するクーデターである（尾下二〇〇六）。

このようにして正統性を得た秀吉は、信雄を迎えに行くと称して、北近江・美濃へと出陣した。近江長浜《ながはま》（滋賀県長浜市）の柴田勝豊《かつとよ》（勝家の甥）や、美濃兼山《かねやま》（岐阜県可児《かに》市）の森長可《もりながよし》、曽根《そね》（同大垣市）の稲葉良通《いなばよしみち》・貞通《さだみち》らを従わせた結果、信孝は一旦降伏して、三法師を差し出した。なお、十二月末に東美濃の遠山佐渡守らに宛てた、信雄の家督相続に対する礼参《らいさん》を勧告する文書（安土城考古博物館所蔵）は、恒興・長秀・秀吉の連署で発給されており、「織田体制」の枠組みから信孝・勝家は排除されたが、体制そのものは維持されていることがうかがえる。また、信雄は「名代」とも記されており、織田家の家督に就いたとはいえ、三法師成人までの暫定的なものであった（尾下二〇〇六）。信雄に大きな権限を与えまいとする秀吉の考えを反映したものと推測される。

信雄の家督相続により一旦収束した「織田体制」内の軍事衝突は、天正十一年（一五八三）閏《うるう》正月に信雄が安土に入城した頃には再衝突寸前の状況に陥った。秀吉の主導する新たな「織田体制」を受容できない勝家が大軍を動かすことのできる雪解けを待って、信孝や滝川一益《たきがわかずます》など反秀吉勢力は反攻を期したのである。秀吉・信雄方は、閏正月に信孝、二月に滝川との間で戦闘を開始した。三月初め頃にはようやく勝家が北近江へ向けて進発したが、家康は信濃《しなの》・甲斐《かい》の経営に専念しており、反秀吉に立ち上がることはなかった。勝家は家康のみならず、毛利氏とも通交して、連携を期待していたが、両者ともに自領の安定化を優先し、旗幟《きし》を明確にすることなく、様子見に終始したのである。

北近江に侵入した柴田勢は、賤ヶ岳（滋賀県長浜市）周辺において、秀吉方と激突し、当初は中川清秀を討死させるなど善戦したが、秀吉馬廻《うままわ》り（加藤清正《かとうきよまさ》・福島正則《ふくしままさのり》らいわゆる賤ヶ岳の七本槍《しちほんやり》）の活躍により、四月二十一日には敗走したという。追撃した秀吉勢によって追い詰められた勝家は、四月二十四日、居城北庄《きたのしょう》（福井市）において切腹した。なお、北庄落城以前に、前田利家《まえだとしいえ》は秀吉に従ったと考えられる。

勝家の滅亡によって孤立した信孝は、信雄勢に居城岐阜《ぎふ》を攻略され、尾張国野間内海《のまうつみ》（愛知県南知多町）において切腹した。このようにして、反抗勢力を撃破した秀吉は五月十五日、「東国は氏政《うじまさ》（北条《ほうじょう》）、北国は景勝《かげかつ》（上杉《うえすぎ》）まで筑前《ちくぜん》（秀吉）覚悟に任せ候、毛利右馬頭殿（輝元《てるもと》）、秀吉存分次第に御覚悟なされ候えば、日本治、頼朝以来これには争いが増すべく候や」（「毛利家文書」）と記して、毛利氏が服属すれば、秀吉のもとに天下一統が成し遂げられるとの認識を示している。この時点で、北条や上杉が秀吉政権に服属した実態はなく、この言葉は、国境交渉において抵抗を続けていた毛利氏に対する恫喝《どうかつ》であるが、「織田体制」の主導者たる立場を脱して、秀吉政権を樹立しようとする意気込みを公言したという点で、賤ヶ岳における勝利が画期になったといえよう。

小牧・長久手の戦い

小牧《こまき》・長久手《ながくて》の戦いは、連動した全国における局地戦を伴ったが、東日本の情勢については第7巻、西日本の情勢については本章第2節においてとりあげ、ここでは、狭義の小牧・長久手の戦いの展開をみていきたい。

信孝打倒という点においては一致していた秀吉と信雄であったが、共通の敵を失うと、両者間の思惑の相違が顕在化していった。五月、信雄は前田玄以《まえだげんい》を京都奉行《きょうとぶぎょう》に任じて京都の掌握に乗り出したが、

2—小牧長久手合戦図屛風（部分、大阪城天守閣所蔵）

信雄の権限は制限されており、佐々成政《さつさなりまさ》は「信雄様は信長様の時と同様に天下を差配されている。（しかし）秀吉がすべてについて指南《しなん》しているとのことだ」と認識している（「石坂孫四郎氏所蔵文書」）。

さらに、秀吉は信雄から独立して秀吉政権樹立を図る。その指標として、①知行宛行《ちぎょう》の実施主体、②京都の掌握、があげられている（尾下二〇〇六）。①については、天正十一年（一五八三）十一月に、美濃国における池田恒興領と稲葉良通領の争いを秀吉が裁定して、知行目録を発給していること、②については、同年九月頃から、京都妙顕寺《みょうけんじ》を破却して秀吉屋敷の普請《ふしん》が開始され、その普請奉行として玄以が活動していることが証左としてあげられる。これに対して信雄は、秀吉によって事実上封じ込められた自己の領国（尾張・伊勢・伊賀《いが》）全体において統一的検地を実施し、軍役賦課《ふか》を強化することによって、秀吉に対抗しようとした。

徳川家康は八月に次女督姫《とくひめ》を北条氏直《うじなお》へ嫁がせて、北条氏との同盟関係を強固なものとし、十二月四日、信濃・甲斐・駿河《するが》の経略を終えて、浜松《はままつ》（静岡県浜松市）へ帰還した。この頃まで、秀吉と家康との関係は表面的には良好で、家康が賤ヶ岳における勝利を祝する進物を贈ったのに対して、秀吉は八月に返礼しているほか、その後、鷹《たか》も贈ることとしている。

ところが、天正十二年になると、家康は秀吉と対立する信雄に接近していった。山崎の戦い直後、秀吉は信濃・甲斐・上野《こうずけ》を家康に任せる旨の書状を発しており、「織田体制」下において東国は家康に任せることとされていた。にもかかわらず、秀吉は「東国は氏政まで」と豪語して、家康の権限を侵す姿勢を示し、実際に、天正十一年半ば頃から、佐竹《さたけ》・結城《ゆうき》・太田《おおた》・多賀谷《たがや》といった反北条勢力との通交がみられるようになっている。このような秀吉の姿勢を家康は看過できなかった。

天正十二年二月に家康は密使を信雄へ派遣したとされる。家康の支援を得た信雄は、三月六日、秀吉に接近した岡田重孝《おかだしげたか》・津川義冬《つがわよしふゆ》ら重臣を殺害した。少なくとも三月四日までは浜松にいた家康が、岡田らの殺害情報を受けた七日には岡崎《おかざき》（愛知県岡崎市）まで移動しており、信雄による殺害行為は家康との密な連携のもとに実行に移されたと考えられる。その後、十三日に家康は清須へ着陣。信雄と参会したのち、二十八日には小牧（同小牧市）へ陣替えした。一方の秀吉も三月八日には出陣を決定し、十一日、京都を出立。二十四日に岐阜、二十九日には楽田《がくでん》（同犬山市）に着陣して、家康と対峙した。

この間、秀吉方の池田恒興が三月十三日に犬山城（同前）を攻略。伊勢においては信雄方の滝川雄利《かつとし》の籠もる松ヶ島《まつがしま》城（三重県松阪市）を四月八日に開城させるなど、秀吉方優勢で展開していた。しかし、三河《みかわ》国攻撃に向かった三好信吉《のぶよし》（秀吉甥、のちの秀次《ひでつぐ》）をはじめとする別働隊が、四月九日、長久手（愛知県長久手市）において家康・信雄勢と激突して、池田恒興・元助《もとすけ》父子、森長可が討死するという敗北を喫した。

この戦闘における家康の勝利は、江戸期に誇張されていく傾向にあったが、同時代においても大きな意味を持っていたと考えられる。この後、家康と秀吉は講和に向かうが、同時期に進行していた羽柴・毛利講和において、毛利氏が実効支配していた地域を秀吉に割譲するという譲歩を最終的に受け入れたのに対して、家康は講和によって、支配地域を失うことはなかった。その相違は、備中高松城を開城するという敗北で停戦した毛利氏に比べて、局地的とはいえ戦闘に勝利した家康に対する秀吉の恐れを反映したものであり、そのような家康への畏怖は多くの武将に共有されていったと推測される。

家康の服属

別働隊が長久手において敗北したものの、秀吉本隊は健在であり、五月に加賀野井《かがのい》城（岐阜県羽島市）、六月に竹鼻《たけがはな》城（同前）を攻略、七月には伊勢国において戸木《へき》城（三重県津市）を包囲するなど、信雄支配領域を侵食していった。六月二十八日に一旦大坂《おおさか》に帰城したのちの秀吉は、美濃への出陣、京都・大坂への帰還を繰り返し、表面的には家康との決着をつける意思を示しているが、強引に攻めかかることはなかった。家康も秀吉の挑発には乗らず（本多二〇一〇）、戦況は膠着《こうちゃく》状態に陥った。

九月に入ると、秀吉は信雄や家康が人質を提出して、講和を望んでいるとの認識を示している。講和交渉は容易に妥結しなかったが、百姓を含む領国の総動員体制をとっていた（本多二〇一〇）家康としても、戦闘の長期化を避ける必要があった。また信雄は、戸木を攻略され、長島《ながしま》・桑名《くわな》（三重県桑名市）といった伊勢国における拠点も危機に陥っており、秀吉に人質を提出して、十一月、講和が成立した。秀吉・家康ともに居城（大坂・浜松）へ引き揚げ、戦闘は終結したのである。信雄は北伊勢四郡を引き渡したうえ、尾張国においても犬山城には秀吉勢が置かれた。天正十三年（一五八五）二月には大坂へ赴き、信雄は秀吉政権に服属したのである。

一方の家康は十二月、次男於義伊《おぎい》（のちの秀康《ひでやす》）を秀吉のもとへ送ったものの、養子であると認識しており、人質を提出したとする秀吉の言とは異なり、服属を拒否していた。天正十三年六月、信雄は徳川氏家老からの人質提出を勧め、徳川氏重臣石川数正《いしかわかずまさ》は人質提出に向け奔走した。しかし、同年十月、家康は人質提出を拒否して、秀吉との対決姿勢を明確にした。このため、石川数正や信濃の小笠原貞慶《おがさわらさだよし》は十一月、徳川氏家中から出奔した。

3—織田信雄画像（總見寺所蔵）

このような徳川氏家中の混乱に乗じて、秀吉は家康征討を宣言し、出兵予定時期は天正十四年正月とされた。しかし、この出兵は延期され、正月末には、信雄の仲裁によって中止となった。征討宣言当初の秀吉は、表面上家康との対決姿勢を強調していたが、実際には対決回避を模索していたのではなかろうか。秀吉による天下一統は、結果的に武力制圧したケースもみられるが、本来、「惣無事《そうぶじ》」の名のもとに事実上服属させて、一統を成し遂げようとしていたと考えられる。

秀吉は同年五月、妹（旭《あさひ》）を家康に嫁がせ、さらに十月には、母大政所《おおまんどころ》を三河国へ下向させて、家康の上洛《じょうらく》を促した。ついに家康は上洛を決意し、十月二十六日、大坂において秀吉と対面した。上洛は服属を象徴する儀式であり、旭や大政所の下向も、上位者から下位者に対する妥協に過ぎないとされる（跡部二〇一六）。上洛によって家康が秀吉への服属を認めたことは明白であるが、信雄や他大名（毛利氏や上杉氏）に比べて、家康への優遇が際立っている点も注目しておきたい。

2　全国制覇の達成

和泉・紀伊攻撃

天正十二年（一五八四）の小牧・長久手の戦い時に、織田信雄・徳川家康と連携して反秀吉の姿勢を明確にしていた代表的な勢力として、越中《えっちゅう》の佐々成政、和泉《いずみ》・紀伊《きい》国人衆《こくじんしゅう》、土佐《とさ》長宗我部《ちょうそがべ》元親《もとちか》があげられる。いずれの勢力も、天正十二年末に秀吉と信雄・家康の戦闘が終結したことによって、秀吉による討伐の対象となっていく。まず、天正十三年三〜四月の和泉・紀伊攻撃についてみていく。

戦国後期の紀伊国においては、紀北の根来衆《ねごろしゅう》・雑賀衆《さいがしゅう》と紀南の湯川《ゆかわ》氏といった国人・土豪層と、根来・粉河《こかわ》・高野《こうや》の「三ヶ寺衆」、熊野《くまの》三山《さんざん》などの宗教勢力とが緩やかに連携して、自治的な地域権力である「惣国一揆《そうこくいっき》」を形成し、その勢力は和泉国南部にまで及んでいた（藤田二〇一三）。

信長政権期には足利義昭や本願寺《ほんがんじ》と連携して織田政権に反抗し、本能寺の変直後においても、雑賀衆土橋重治《つちばししげはる》と明智光秀との連携が確認される。その後、賤ヶ岳の戦い時には柴田勝家、小牧・長久手の戦い時には、信雄・家康と連携しており、秀吉包囲網の一角を担っていた。天正十二年三月には、秀吉方の岸和田《きしわだ》城（大阪府岸和田市）に来襲するなど、単なる自治組織ではなく、秀吉の天下一統を妨げる武力集団でもあった。

また、天正十年十月には長宗我部氏への来援として、紀伊から警固衆《けごしゅう》が到来するなど、雑賀衆と長宗我部氏とは同盟的な関係にあった。ゆえに、西日本において、羽柴・毛利講和に基づく国境が画定し、秀吉の養子於次秀勝と毛利輝元養女との縁組みが調うと、紀伊惣国一揆と長宗我部氏の双方を攻撃することとなったのである。

四国への渡海の支障となる紀伊水軍《すいぐん》を殲滅《せんめつ》しておく必要があったため、長宗我部攻めに先立ち、紀伊出兵が計画された。この出兵には、秀吉との間で講和が最終決着した毛利氏を、秀吉政権の軍事行動に参加させることによって、政権内に取り込んだことを可視化する意味もあった。

三月二十一日の千石堀《せんごくぼり》城（大阪府貝塚市）などの攻略を緒戦として、水攻めされた太田《おおた》城（和歌山市）が四月二十二日に開城したことにより、和泉・紀伊攻撃は終結した。この合戦自体は比較的短期間であったが、秀吉政権にとっては重要な意味を持つものといえる。秀吉は首謀者やその家族を惨殺する一方で、「平百姓《ひらびゃくしょう》その外《ほか》妻子已下《いか》助命すべき旨、歎き候について、秀吉あわれみをなし、免じ置き候」（「太田文書」）とすると同時に「在々《ざいざい》百姓等、今より以後、弓箭《きゅうせん》・鑓《やり》・鉄炮《てっぽう》・腰刀等停止」「鋤《すき》・鍬《くわ》等農具を嗜《たしな》み、耕作専《もっぱ》らすべき者也」とした。

水攻めは、兵農分離《へいのうぶんり》を進めようとする秀吉政権の方針を広く宣伝するための小道具だったのである。

中世的な兵農未分離の一つの到達点であった「惣国一揆」を解体して、農に専念する百姓に対しては

4—太田城水責図（惣光寺所蔵）

善政を施す「天下人」を、秀吉は演じたのである。

四国出兵

長宗我部氏は、天正七年(一五七九)頃から毛利氏と連携していたが、織田権力と断交した天正九年半ばに同盟関係を結んだとされる(津野二〇一二、平井二〇一六)。しかし、天正十二年六月の毛利輝元・河野《こうの》通直《みちなお》の会談により、毛利氏が河野氏支援のために南伊予へ介入することを決定すると、長宗我部氏は不信感を募らせて、両者は断交に至った(山内二〇一三)。

一方、秀吉と長宗我部氏とは、信長生前から対抗関係にあり、信長横死後になると、淡路《あわじ》・阿波《あわ》・讃岐《さぬき》をめぐって争っていた。このため長宗我部氏は、秀吉と信孝・勝家の対立時には、後者と結び、さらに、秀吉と信雄・家康の対立時にも後者と連携した(藤田二〇〇一、津野二〇一二)。ただし、天正十一年末頃、長宗我部氏が秀吉との講和を模索していた可能性も指摘されており(平井二〇一六)、両者間において軍事決着以外の方法がなかったわけではない。ところが、羽柴・毛利講和が最終決着した結果、毛利氏の要望によって、四国への出兵は実行された。

国境画定に伴い、毛利氏に従った美作《みまさか》や備中東部の領主は所領を失っており、彼らの給地を必要とする毛利氏にとって、新たな所領の獲得は不可欠であったため、国境最終案を毛利氏が受諾するにあたり、紀伊出兵や長宗我部攻めへ毛利氏が参画すること、その恩賞として長宗我部氏領のうち、伊予・土佐を毛利氏へ割譲することが合意されていた。毛利氏は強く抵抗していた羽柴方への領地割譲を受諾する代替として、長宗我部氏領を獲得しようとしたのである。

この四国国分プランはその後変転する。六月十八日付け小早川隆景《こばやかわたかかげ》（輝元叔父）宛秀吉書状（「小早川家文書」）によると、阿波・讃岐を返上、さらに人質を提出して降伏を申し出た長宗我部元親に対し、秀吉は土佐と伊予を安堵《あんど》しようとした。この秀吉の方針に対して、毛利氏は強く伊予の領有を要求した。このため、一旦受け取った人質を返して長宗我部氏を征討する方針が決定され、長宗我部氏領国への進攻は六月末から開始された。戦闘の結果、八月初頭、元親は降伏して、長宗我部氏は土佐一国のみを安堵され、伊予は隆景に与えられることとなった。

また、四国国分によって、戦国大名河野氏は完全に断絶したのではなく、河野氏当主の役割は隆景に継承され（あるいは隆景の庇護《ひご》のもとで）、河野氏の国成敗権が生きていた（川岡二〇〇五）。秀吉は四国において全面的に新たな秩序を構築したとはいえない。四国国分プランの経過が示すように、従来の秩序を尊重せざるをえない面も存したのである。

越中出兵

信長政権期に越中国支配を担っていた佐々成政は、秀吉と勝家の対立時、最終的には秀吉に誼《よしみ》を通じた。『多聞院日記《たもんいんにっき》』には「帰忠《かえりちゅう》（裏切り）」とあり、勝家敗北の要因にもなったことから、秀吉によって対上杉氏の「執次《とりつぎ》」（取次《とりつぎ》）（「佐々木信綱氏所蔵文書」）とされるなど、秀吉とは友好関係にあった（藤田二〇〇一）。しかし、秀吉政権に服属したわけではなく、織田家の家督となった信雄が「天下」を差配しているとの認識であったため、信雄と秀吉が対立すると、信雄方に立ち、秀吉方の前田利家と交戦した。

天正十二年（一五八四）十二月には密《ひそ》かに浜松を訪れ、家康、さらに信雄とも対面したが、すでに講和が成立しており、成政は得るものなく、引き返したと考えられる。天正十三年に入っても、成政と前田勢との戦闘は続いた。孤立した成政には秀吉への服属意思はあったが、秀吉は受け入れなかった。「惣無事」を基調とするならば、服属意思のある者を拒絶することは、方針に反することとなる。秀吉の「惣無事」が一貫したものではなかったことを示す事例とされる（藤田二〇〇一）。

孤立した成政は大きな脅威ではなく、家康が成政と連携する様子も見受けられない。にもかかわらず、秀吉が成政に対して強硬姿勢を示したのはなぜであろうか。越中出兵に先立つ六月十五日付けで、秀吉は宇都宮《うつのみや》・佐竹・結城（水谷《みずのや》）といった関東地域の反北条方諸大名に対して、「来月二十日ころに北国見物ながら、秀吉発足候」と報じると同時に、「何年も富士山を一見することが望みでしたので、そのときにはじめてお会いしましょう」（「宇都宮文書」など）と記している。二十五日には上杉景勝に対して、下向して成政の首を刎《は》ねるとするとともに「小田原軍慮《おだわらぐんりょ》」や「関東越山《えつざん》」について前田利家を交えて相談したいとしている（「上杉家記」）。

5—佐々成政画像（法園寺所蔵）

これらの史料は、成政への強硬姿勢の延長線上に、小田原城を居城とする北条氏征討があったことを示している。

さらに、北条氏征討の可能性を示唆することによって、講和は成立したものの、北条氏と連携して服属を受け入れていない家康に対して、圧力をかけることも狙っていた。換言すると、成政は一種の見せしめに利用されたのである。また、和泉・紀伊攻撃や四国出兵時に毛利氏を動員したことと同様に、上杉氏を動員することによって、上杉氏の政権への取り込みを可視化することも目的であった。

ゆえに、成政を殲滅する必要はなく、八月二十六日、剃髪《ていはつ》した成政が信雄を頼って降伏を申し出ると、秀吉は成政を赦免した。一方で、成政と連携していた飛驒《ひだ》の三木《みつき》氏は殲滅された。今後も続く天下一統に向けて利用価値のある成政は、北国国分においても、越中国の一部を与えられ、利用価値はないと評価した三木氏は、国分時に配分する恩賞を確保する必要上、殲滅されたのである。

九州出兵

秀吉と信雄・家康との対立が続いていた天正十二年（一五八四）、足利義昭は島津《しまづ》氏に対して、毛利氏とともに大友《おおとも》氏を攻撃したのち、上洛するよう指示しており、反秀吉連合に毛利氏や島津氏を組み込もうとしていたが、毛利氏や島津氏が立ち上がることはなかった。島津氏は肥前龍造寺《ひぜんりゅうぞうじ》氏を幕下《ばっか》として、大友氏への圧迫を強めていたが、羽柴・毛利講和最終決着後の天正十三年三月には、毛利氏の外交僧安国寺恵瓊《あんこくじえけい》が秀吉の使者として九州へ下向し、大友・島津両氏に接触している。直接的な命令ではないが、九州において「惣無事」を求める秀吉の方針も伝えられたと推測される。

一方、天正十三年四月時点においても、毛利氏と島津氏とは友好関係を維持しており、孤立状況に陥りかねない危機感を抱いた大友氏は秀吉への接近によって事態を打開しようとした。家康はいまだ秀吉政権に服属していなかったため、秀吉自身が兵を率いて九州へ出兵することは困難であり、秀吉は「惣無事」の理念のもと、島津氏・大友氏を自らに服属させようと考えた。それが天正十三年十月に発せられた九州地域における停戦令である。

大友氏はこれを受諾したが、島津氏は明確な返答を保留した。秀吉は島津氏とも親密な毛利氏に九州諸大名・領主を統括させることによって、「惣無事」の実現を図ろうとし、島津氏も使者を秀吉へ派遣して、国分交渉に臨んだが、秀吉が天正十四年三月頃に提示した国分案（大友氏：豊後《ぶんご》・筑後《ちくご》＋豊前《ぶぜん》・肥後《ひご》各半国、島津氏：薩摩《さつま》・大隅《おおすみ》・日向《ひゅうが》＋肥後半国、毛利氏：肥前）は、実効支配している地域の放棄を島津氏に求めるものであり、了承できない島津氏は国分令を無視して、七月、大友氏領への進攻を開始した。

これ以前の四月、大友宗麟《そうりん》は自ら秀吉のもとに赴いて服属していたため、島津氏の軍事行動は、豊臣政権停戦令への違反とみなされ、九州出兵が決定されたのである。豊臣政権勢と島津勢との合戦は、天正十五年五月八日、島津義久《よしひさ》が薩摩国川内《せんだい》（鹿児島県薩摩川内市）まで進攻してきていた秀吉の前に剃髪して赴き降伏を申し出て終結したが、合戦終結後の九州国分、とりわけ、毛利氏の処遇についてみておきたい。

秀吉は当初、毛利氏領国のうち、備中・伯耆《ほうき》・備後《びんご》を収公して、豊前・筑前・筑後・肥後を与えること、九州には隆景を置くこと、を提案した（尾下二〇一〇）。この段階における秀吉にとって、同盟関係を結んだとはいえ、毛利氏は潜在的脅威であり、その力が強固となることは歓迎すべきものとはいえなかった。一方で、四国・九州出兵に対して報いる必要があったため、毛利氏による支配が安定化していた備後国などを収公して、長年の合戦により興廃した北部九州地域を与えるという案をつきつけたのである。

この案については、毛利氏の強い抵抗により断念したが、秀吉は伊予を収公して、筑前・筑後を与えるという新提案を示した。隆景の居所を北部九州に置くことが明記されており、隆景を独立大名として毛利氏領国から引き離すものであった（桑田二〇一六）。このため、隆景はこの案も固辞しようとしたが、島津氏の服属によって西日本において豊臣政権に対抗する勢力がなくなった結果、秀吉の意向に逆らい続けることは難しく、結局、筑前一国と筑後・肥前の一部を隆景領とすることで決着した。四国国分時とは異なり、毛利氏は国分のイニシアティブを握ることはできなかった。翌年七月、毛利輝元は上洛して、豊臣政権に服属したことを天下に明示したのである。

小田原合戦と「取次」

秀吉による北条攻めやその後の奥羽仕置《おううしおき》については、第7巻において詳述されたところである。そこで、本巻では、関東・奥羽諸大名が豊臣政権へ服属するまでの「取次」に注目して、みていきたい。

上洛して秀吉に服属した直後の天正十四年（一五八六）九月、上杉景勝は「関東諸家中ならびに伊《だ》達《て》・会津《あいづ》御取次」に任じられた（「杉原謙氏所蔵文書」）。従来の研究においては、同年十月の家康上洛によって、関東・奥羽の「惣無事」については家康に委任され、景勝は脇役に退けられたとされてきた（藤木一九八五）が、近年、家康は「私戦禁止」、景勝は「公戦」遂行の面から「惣無事」を担ったのであり、秀吉は家康と景勝とを同レベルの集団に位置づけようとしたとする説が提起された（矢部健太郎二〇〇五）。たとえば、天正十七年の伊達政宗《まさむね》による会津攻撃に際して、秀吉は景勝に対して佐竹氏と相談のうえ、蘆名《あしな》氏を救援するように命じており、景勝は家康とともに関東・奥羽における「惣無事」を担う存在に位置づけられていた。また、右記秀吉書状においては、石田《いしだ》三成《みつなり》と増田《ました》長盛《ながもり》が奏者《そうしゃ》を務めており、家康と同格の立場で東国の「惣無事」を担う景勝を、三成と長盛が豊臣政権内において支援するという体制がとられていた。

一方、家康の上洛を機に、反北条方北関東諸領主の「取次」である景勝らを中心に推進されていた対北条強硬策と、北条氏の「取次」である家康を主体として対北条宥和《ゆうわ》路線という路線対立が生じた（齋藤二〇〇五）。その後、この路線対立は、天正十六年八月、北条氏政《うじまさ》が弟氏規《うじのり》を上洛させて、豊臣政権に服属する姿勢を示したことにより、一旦決着をみた。家康の推進する対北条宥和路線が実を結び、秀吉による支援を期待してきた反北条方領主は、北条氏との敵対関係の正当性を失うこととなった。

しかし、北条氏が服属姿勢を示したとはいえ、北条氏と反北条方領主との対立状況は解消しておらず、反北条方領主の権益を保護しようとする三成と、北条氏の豊臣政権への服属を推進する家康との

6—石垣山城跡（神奈川県小田原市）

対立関係は続いており、北条氏と真田《さなだ》氏との係争をきっかけとして、天正十七年十一月、秀吉は真田昌幸《まさゆき》に対して北条氏征討の意向を示した。その際の奏者は三成と浅野《あさの》長吉《ながよし》である。

このような秀吉の方針に対して、家康は北条氏征討回避の道を探ったものと考えられるが、秀吉の意思は固かった。北条氏征討の方針は、三成が奏者となって反北条方の佐竹氏や佐竹氏と同盟関係にある相馬《そうま》氏へ伝えられており、三成らの推す対北条強硬策が採用された。もはや家康が対北条宥和路線を貫くことは困難であり、長《ちょ》丸《うまる》（のちの徳川秀忠《ひでただ》）を実質的な人質として上洛させて、対北条戦争への軍事的協力を決断した（片山二〇一七）。結局、家康も参陣した小田原城（神奈川県小田原市）包囲戦により、天正十八年七月、北条氏は秀吉に降伏したのである。

奥羽仕置と「取次」

小田原合戦以前の奥羽諸大名については、景勝や家康や前田利家といった東国・北陸の有力大名層が「取次」とされたほか、富田《とみた》一白《いっぱく》を「取次」実務の中心として（中野二〇一五）、津田信勝《のぶかつ》、施薬院《やくいん》全宗《ぜんそう》、和久《わく》宗是《そうぜ》らが連絡にあたっていた。これに加えて、浅野長吉や石田三成・増田長盛といった奉行人層も、秀吉の意向を伝えることなどを通じて、

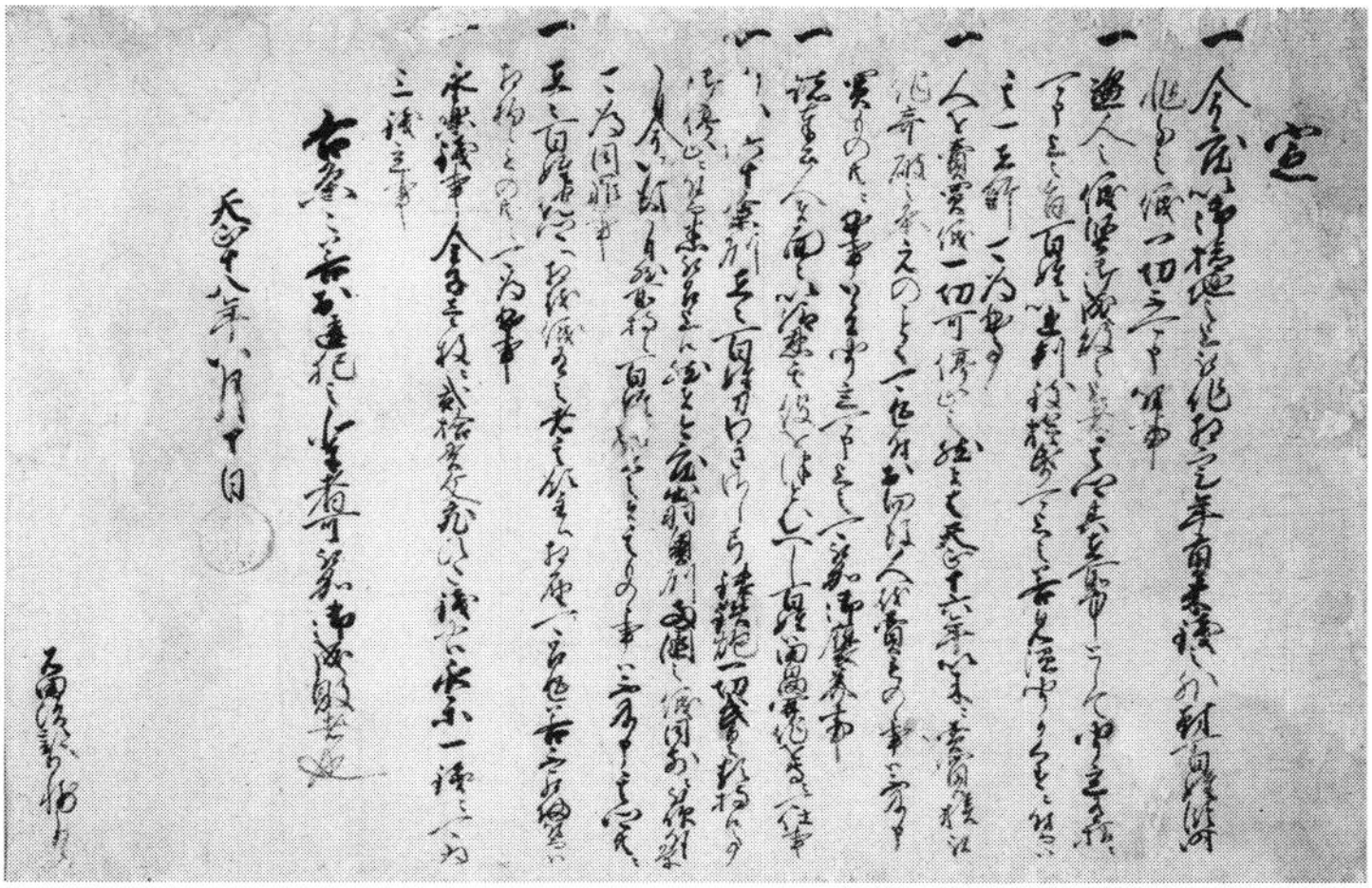

7—天正 18 年 8 月 10 日付け秀吉朱印状（個人蔵、大阪歴史博物館提供）

「取次」的役割を果たしている。秀吉は複数の「手《て》筋《すじ》」（外交交渉ルート）を競わせる（自分の才覚で対象となった大名を服属させる）（山本二〇〇九）ことを通じて、奥羽の「惣無事」を実現しようとした。

さらに、北条氏征討時において秀吉に出仕することが、服属を可視化するものとして求められ、出仕した者は本領安堵、あるいは当知行安堵することを基本とされた（小林二〇〇三a）。一方で、秀吉が「惣無事」を命じた後においても、伊達政宗による蘆名氏領などの制圧や、南部《なんぶ》氏と秋田（安東《あんどう》）実季《さねすえ》・津軽（大浦《おおうら》）為信《ためのぶ》との争い、政宗小田原参陣中の相馬義胤《よしたね》による伊達氏領への進攻など、「惣無事」に反する軍事紛争が勃発している。これらの責任を問うならば、該当する大名は所領没収、責任を問わないのであれば、実効支配地域はすべて安堵することとなる。

しかし、実際には、伊達・南部・秋田・津軽・相馬はすべて大名として存続を許された。一方で、伊達は制圧地のみならず「惣無事」を命じる以前の獲得地も没収されたが、「惣無事」命令後に獲得した所領を安堵された津軽のような事例もあり、奥羽の「惣無事」はきわめて恣意的なものであった。秋田や津軽・相馬など、相対的にみて優遇された大名に共通する点として、服属にあたり石田三成・増田長盛・木村清久《きむらきよひさ》が「取次」的役割を果たしていることを指摘できる。

とはいえ、浅野長吉・前田利家が「取次」であった伊達氏、徳川家康が「取次」であった最上《もがみ》氏、前田利家が「取次」であった南部氏も、一定の権益確保には成功している。奥羽における中央集権派（三成、長盛ら）対地方分権派（家康、利家、長吉ら）という対立に着目し、中央集権派の勝利で終わったとする説について、長吉も奉行人として中央集権を指向していることもあわせて考えると、奥羽仕置に至る過程を単純化し過ぎており、有効な分析視角とはいえない。できる限り迅速、かつ、少ない損害で天下一統を成し遂げるために、複数の「手筋」を用いるという秀吉の手法が、服属に関与した諸将間の対立を招く危険性をはらんでいた点に注目すべきであろう。

3　豊臣政権と朝廷・寺社

「惣無事」の名のもと、諸国の大名・領主を服属、あるいは、武力討伐していった秀吉であったが、実質上の国家支配者となるためには、支配を正当化することのできる根拠も必要であった。当時の社会において根拠となりえたものの一つとして、伝統的地位を獲得することがあげられる。

秀吉の関白任官

小牧・長久手の戦い後の天正十二年（一五八四）十月に、秀吉は従五位下《じゅごいのげ》・左近衛権少将《さこんえのごんのしょうしょう》、十一月には従三位《じゅさんみ》・権大納言《ごんのだいなごん》に叙任された。前者の日付は天正十年十月に遡及されたうえ、段階を踏まない叙任を糊塗《こと》するために、天正十一年五月に従四位下《じゅしいのげ》・参議《さんぎ》に叙任されたとする文書が作成されるなど（木下二〇一一）、秀吉の官位昇進は急激であった。また、秀吉の権大納言への叙任が織田信雄や徳川家康との講和成立と同時期であることから、軍事的敗北の結果、天皇や官位といった伝統的権威によって服属を促進したとする見解が有力説とされてきた。

秀吉による京都掌握が進んでいたにもかかわらず、天正十二年十月に至るまで秀吉に官位を授与しなかったことは、朝廷が紛争当事者の一方のみへの傾斜を避けようとしたことを示している。秀吉への官位授与以前におい

8—後陽成天皇画像（泉涌寺所蔵）

ては、天皇・公家衆と反秀吉勢力（本能寺の変後の光秀、賤ヶ岳の戦い以前の織田信孝、小牧・長久手の戦い前後の織田信雄）との関係も確認される（水野二〇〇六）。秀吉の上洛時における公家衆の見舞は、山崎の戦い後から増加しつつあった（神田二〇一一）。

このように様子見していた朝廷が、天正十二年十月の秀吉への官位授与を機に、秀吉への依存を強めていったことは何を意味するのか。軍事的敗北を前提とすると、朝廷の変化は説明が難しい。局地的敗北にもかかわらず、大局的には勝利をおさめて、秀吉の京都の支配者たる地位が安定的となったことに起因すると考えられる。

他方、信雄・家康との講和によって、圧倒的武力に基づき支配を正当化する路線は変更を迫られた。ゆえに、秀吉は正統性のある地位を必要とし、逆に、朝廷は秀吉を朝廷の保護者として活用するために、伝統的地位を秀吉に授与した。

天正十三年になると、秀吉の官位上昇は加速し、三月に従二位《じゅにい》・内大臣《ないだいじん》に叙任された。織田家の家督信雄は、その前月に上洛して正三位《しょうさんみ》・権大納言に叙任されていたが、秀吉の叙任によって身分序列を明示したのである。静穏な「下剋上《げこくじょう》」の実現であった（堀二〇一〇）。この時点における秀吉が、実質上の国家支配者たるにふさわしい地位として、何を想定していたのかは定かでない。伝統的地位としては、国王、関白《かんぱく》、征夷大将軍《せいいたいしょうぐん》が考えられるが、結果的に秀吉は関白となった。天正十三年七月のことである。

秀吉は征夷大将軍を望んだものの、足利義昭に拒否されたというエピソードは、徳川家の天下支配を正当化するために江戸期に捏造《ねつぞう》された蓋然性が高い（堀二〇一六）。前年十月の叙任時に、将軍就任を天皇から勧められたと認識していた者もあり（『多聞院日記』）、将軍になる可能性もあった。関白任官の三か月後には、秀吉が「新王」になるという噂が流れており（『多聞院日記』）、「王」になる可能性も皆無ではなかった。ただし、この風聞はこの年の九月に表明されている「唐入り」との関連が想定され（第三章参照）、秀吉が王位簒奪《さんだつ》を企てていたとは考えがたい。他方、関白任官は藤原摂関家《ふじわらせっかんけ》内の争論（二条昭実《にじょうあきざね》と近衛信輔《このえのぶすけ》）に乗じたもので、計画的なものではなかったと考えられる。

秀吉が実質上の国家支配者となるために獲得しようと考えていた地位とは何だったのか。結論づけるのは難しいが、将軍就任に積極的ではなかったことから推測すると、武家のみの棟梁《とうりょう》ではなく、公武を統括する地位が念頭にあったのではなかろうか。その意味では、従来の関白職では十分とはいえなかったが、第一段階として、目の前に出現した関白任官の機会を逃さなかったのである。

聚楽第行幸と武家家格

関白任官によって公家社会を統括する地位に就いた秀吉は、公家に対する統制を強化していった。たとえば、関白任官の三か月後、橘《たちばな》氏の嫡流薄《すすき》家の当主薄諸光《もろみつ》が諸国において牛への役銭を賦課していたとして厳罰（切腹）に処せられた。これに先立ち、秀吉は「役銭取り候者これあらば、公家にても、門跡《もんぜき》にても、何者なりとも、一人も残らず搦《から》め候て、相越さるべく候」という朱印状《しゅいんじょう》を発したが（「毛利家文書」など）、この朱印状の目的は、単に牛への役銭賦課を禁じることにはなかった。

天正十三年（一五八五）十一月二十一日付け久我《こが》敦通《あつみち》宛秀吉判物《はんもつ》（「久我家文書」）には「朝役《ちょうやく》専らにすべく」とあり、さらに、天正十六年四月に行われた後陽成《ごようぜい》天皇聚楽第行幸《じゅらくていぎょうこう》の際の公家に対する知行宛行（陽明文庫所蔵など）にも「その家道に相嗜《たしな》まるべく」とある。秀吉は公家に対して所領を安堵した一方で、家業（朝役）への専念を命じた。このような施策によって、公家の経済基盤は縮小安定することとなったが、公家による政治への関与はきわめて限定されていった。

次に、秀吉の武家関白としての到達点としての聚楽第行幸の意義についてみていこう。行幸は伝統的形式をふまえて行われており、天皇権威を顕示する効果もあった。行幸時に発給された知行宛行には朝廷のために「御奉公《ごほうこう》」に励むことが明記され、公家に対する天皇の支配権は秀吉によって再生産された（山口二〇一七）。

他方、行列の最後尾に位置する関白の行列が、秀吉を中心に大規模な武者行列によって構成されていたため、前行する天皇を中心とする公家集団を「従」にみせる効果を生じさせた。そのうえ、武者行列の長さが先に到着した天皇を待たせるという事態を招いたことにより、秀吉が事実上の国主であることを誇示する結果となった（池二〇〇三a）。朝廷から秀吉に授けられた関白職は、授与主体を超越した従来の関白職とは異なる地位と化していったのである。

また、行幸に先立ち武家への官位授与が行われ、行幸当日の武家は官位に応じて区分されて行列に参加しており、官位に基づく武家の序列を可視化した。さらに、行幸を契機に、羽柴一族のほか、織田〈信雄〉、徳川〈家康〉、宇喜多《うきた》〈秀家《ひでいえ》〉を「清華成《せいがなり》」〈摂関家につぐ公家の家格を与える〉させ〈のちに、毛利〈輝元〉、上杉〈景勝〉、前田〈利家〉、小早川〈隆景〉も加わる〉、豊臣「武家清華家」を創出して、武家に新たな内部秩序を形成した〈矢部二〇一一〉。

ただし、秀吉は公家社会を抜本的に改革することには抑制的であった。天正十四年十二月、太政大臣になるとともに豊臣姓を賜った秀吉は、公家社会における伝統的な頂点の表徴であった藤氏長者《とうしちょうじゃ》を放棄している。天正十五年に摂関家と諸公家衆〈特に清華家〉との格差を縮小させるという家格改革を行ったが〈矢部二〇一一〉、それは「武家清華家」の創出を前提とした改革であり、家格面において摂関家が「武家清華家」を凌駕《りょうが》する状況を避けることに主眼があったと考えられる。

公武結合王権

文禄三年〈一五九四〉四月、近衛信輔の薩摩への配流にあたり、秀吉は関白職について「天下の儀きりしたがゆべき為」に「御剣預かり」〈『駒井日記《こまいにっき》』〉として、伝統的な関白職役割とは異なる認識〈軍事的統率者としての権能を有しない〉を示した。秀吉が関白という既存の職を実質的に改変してしまったのである。しかし、秀吉の権威は朝廷から授与された官位によって正統性を帯びたものであり、秀吉は朝廷の保護者としても振る舞った。

このように、武家勢力と公家勢力とが相互補完的に結合して形成された国家支配権力について、「公武結合王権」と評価する見解がある〈堀二〇一一a〉。「公武結合王権」の特徴として、公武の関係が協調・融和を基調とし、互いに相手を排除して国家主権の一元化を図ることのないことがあげられ、そのような認識に基づき、天正十三年（一五八五）頃に囁《ささや》かれた秀吉の「新王」「王」になるという噂は、秀吉と天皇との一体化を示すものとされる。また、国内統一戦争において公武結合王権の枠組みは有効であったが、対外侵略へと展開する過程においては、従来の王権構造の枠組みを踏み越える可能性があったとされる。

秀吉は天正二十年の第一次朝鮮侵略戦争時に、明《みん》国を征服して天皇を大唐都《だいとうみやこ》へ移す、大唐の関白には秀吉から日本関白を譲られていた秀吉の養子秀次（秀吉甥）を就ける、日本の帝位には若宮《わかみや》（後陽成天皇の子良仁《かたひと》親王）か八条《はちじょう》殿（後陽成天皇の弟智仁《としひと》親王）を就け、日本関白は豊臣秀保《ひでやす》（秀吉弟秀長《ひでなが》の養子、秀次弟）か、宇喜多秀家を就ける、といったプランを示していた。そこには秀吉自身の処遇は記されていないが、同日付けで秀吉奉行人山中長俊《やまなかながとし》が記した書状（「組屋《くみや》文書」）には、当面北京《ペキン》に秀吉の御座所を置いたのち、寧波《ニンポー》に居所を移して、天竺《てんじく》を征服するという秀吉の計画が記されている。

これらの史料から、秀吉が日本、朝鮮半島、中国大陸からインドに至る大帝国の形成を企図していたこと、その大帝国の皇帝に自らが就こうとしていたことがうかがえる。この計画が実現した場合、もはや日本国内において成立していた公武結合王権は無意味となったであろう。公武結合王権の枠組みを踏み越えるためにも、秀吉は武威による対外侵略を必要としたのである。

豊臣政権の宗教政策

秀吉が関白に任官した天正十三年（一五八五）、山城国検地をふまえ、十一月、公家のほか、寺社に対する知行給付の判物・朱印状も発給された。受給対象には、浄土宗《じょうどしゅう》、法華宗《ほっけ》、時宗《じ》といった顕密《けんみつ》寺院以外の「新仏教」系寺院も含まれている。このような一斉発給は、顕密寺院の地位を相対的に低下させる、「新仏教」系寺院に対して国家的認知を付与する（河内二〇〇四）といった公家の家格改革に類似した面も有していた。

また、知行給付の判物・朱印状には「仏事《ぶつじ》謹行《ごんぎょう》以下懈怠《けたい》なく、学文《がくもん》相嗜まれるべし」（「長福寺文書」）、「祭礼ならびに灯明《とうみょう》懈怠なく」（「松尾神社文書」）といった文言がみられ、寺社の役割を宗教的なものに限定していこうとする指向性がみられる。この時期には、寺社の伝統的特権の否定、和泉・紀伊攻撃を契機にした高野山の武具所持禁止といった寺社統制も進められている。

一方で、知行給付にあわせて、広隆寺《こうりゅうじ》・泉湧寺《せんにゅうじ》・大徳寺・天龍寺《てんりゅうじ》・東寺《とうじ》・東福寺《とうふくじ》といった有力寺院に対して「堂舎修理」が命じられており、政権として一定の経済的裏付けを保証している（河内二〇〇四）。さらに、豊臣政権には、積極的な寺社内部への干渉の意思はほとんどなく、寺社上層部の権威を高め、既存の秩序を回復することに努めたとする見解もある（伊藤二〇〇三）。

これに対して、天正十三年を第一の画期として、第二の画期である天正十七年を経て、第三の画期である文禄三年（一五九四）に、豊臣政権の寺社支配政策は総括されたとする見解もある（朴二〇〇〇）。第二の画期においては、五山寺院住持への公帖《こうじょう》発給権が秀吉によって完全に掌握されるとともに、

「今般《こんぱん》寺法相改められ」、「妻帯の僧悉《ことごと》く追却《ついきやく》」とされた（「青蓮院《しょうれんいん》文書」）。また、第三の画期には、京都所司代《しょしだい》前田玄以から「条々」が発せられている（「妙心寺《みょうしんじ》文書」など）。その趣旨は、謹行に加えて、学問を嗜むことを寺院の役割とするとともに、妻帯禁止を強化したものである。

しかし、学問を寺院の役割とすることは、天正十三年においても一部の寺院にみられ、妻帯禁止も天正十七年に定められていることから、文禄三年令は、それまでの豊臣政権の宗教政策を集約したものに過ぎず、寺院の存在形態を抜本的に変革しようとしたものとは評価しがたい。文禄四年八月に発布された「御掟追加」（「浅野家文書」）における「諸社寺儀、寺法・社法、先規《せんき》の如く相守り、専ら修造・学問・勤行、由断《ゆだん》致すべからざる事」という規定は、すべての寺社を一括して扱っている点で画期性が認められるが、公平公正な裁許を期待できるという点では、寺社にとってもメリットのあるものであり（伊藤二〇〇三）、寺社統制が飛躍的に進展したとはいえないであろう。

二　豊臣政権の政策

1　大名統制と「取次」

「惣無事令」論

従来の「惣無事令《そうぶじれい》」論においては、豊臣政権の天下一統政策について、自力原則とそれに根ざす戦国大名の交戦権を否定し、戦争の原因たる領土紛争は豊臣の裁判権によって平和的に解決することを基調としていた、また、私戦は禁止され、豊臣政権の裁定には命令に等しい拘束力をもたせ、従わぬ者には平和侵害の罪をもって誅伐・成敗の対象としていたとされていた（藤木一九八五）。

しかし、近年の研究によって、「惣無事令」論は見直しを迫られている（市村二〇〇九、竹井二〇一二など）。西日本を対象とした研究においては、①もち出される論理はあくまでも戦争介入のための名分に過ぎないのであって、その本質は当該地域の戦国大名を対象とする服従令であったのであり、それからは独善的ともいえる政権の本質がうかがえる（藤田二〇〇一）、②広域的・持続的な「惣無事令」は存在しない（藤井二〇一〇）、③天正十三年（一五八五）の九州停戦命令は「和戦」双方を視野に入れたものである（尾下二〇一〇）といった評価がみられる。

秀吉は天下一統に向けて「惣無事」を標榜しており、必ずしも武力制圧にこだわっていなかったこと、越中《えっちゅう》出兵が「惣無事」の基本を逸脱したものであったことは、すでにみたところである。ここ

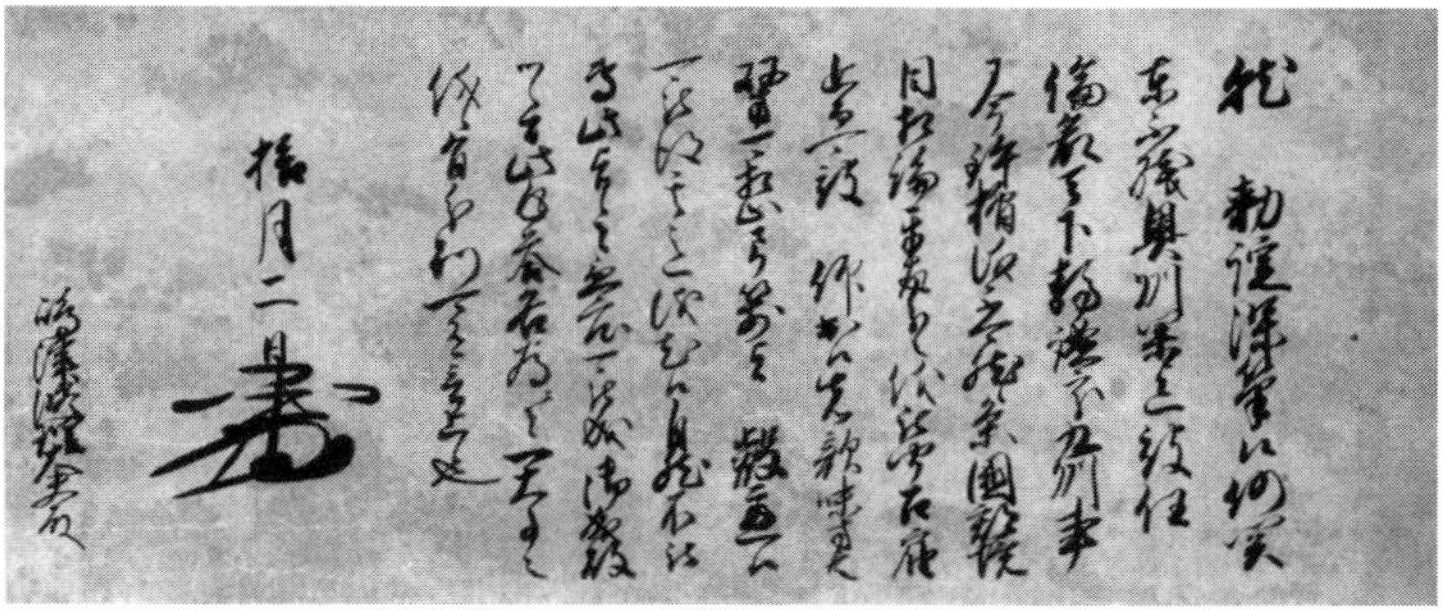

9―（天正13年）10月2日付け秀吉書状（九州停戦命令、東京大学史料編纂所所蔵）

では、これまでの研究においてほとんど注目されていなかった九州国分前後における筑後《ちくご》国人領主の動向を例に、「惣無事」の実態やその影響について考えてみたい。

秀吉が対島津《しまづ》戦の開戦を表明した天正十四年七月以降においても、島津氏に従っていた国人（草野、星野谷星野、蒲池《かまち》、三池、黒木ら）でさえ、秀吉との直接的な主従関係を獲得している。このような処遇は、「惣無事令」発令後に豊臣政権に敵対した者は誅伐・成敗の対象となるとする藤木の「惣無事論」と矛盾する。「惣無事」の強気なスローガンとは異なり、実際には、朝鮮侵略戦争を見据えて、あるいは、改易《かいえき》に際して予想される反乱を鎮圧する軍事力が不十分であったため（藤田二〇〇一）、敵対的な行動をとった国人領主をも宥免《ゆうめん》するという柔弱な処遇をとったのである。このような柔弱な姿勢に加えて、国郡《こくぐん》制の枠組みを重視した国分方針は、国分後の所領配分に不満を抱いた国人領主層の暴発を誘発した。天正十五年七月に勃発した肥後《ひご》国衆一揆《いっき》と同時期に、筑後国内において草野、星野谷星野が反旗を翻している。

旧来の秩序をある程度容認する一方で、在地の実態を無視して国郡制の枠組みを押し付けるという矛盾した方針が一揆勃発を招いた。一貫性のない「惣無事」には、中世的な自力救済行動を抑止する効果はなかったのである。

山城停止令と城破り

「山城停止令《ちょうじ》」論は、「惣無事令」などと並ぶ豊臣平和令の一環として、天下一統過程において山城の破却命令が諸国に発令されたとする見解である（藤木二〇〇一）。また、織田政権を含む従来の城破《しろわ》りは敵対勢力を圧伏殲滅《せんめつ》する軍事行動の一環として実施された戦後処理としての城破りであったが、豊臣政権による城破りは、必要な城を存置・普請《ふしん》する一方で、不要な城は敵対しない者の城まで破却するケースもあるなど、領国体制の整備を目的としており、戦闘の前に実施された停戦・講和に基づかない城破りもあった点に、豊臣政権の画期性が認められるとされてきた（小林二〇〇三b）。

しかし、これらの研究は主として中央政権の視点から分析しているため、中央政権の政策基調を示すものであっても、その政策がすべての大名領国において均質的に実行に移されたか、十分に検証されてこなかった。結果として、大名領国における城破りの実態や大名など地域権力にとっての城破りの意義が不明確なまま、秀吉による城破りの画期性のみが強調されている。

そこで、山城停止令の端緒とされる天正十四年（一五八六）「下城《げじょう》」命令が出された毛利《もうり》氏領国を対象に城破りの実態について考察してみると、「下城」命令は、九州征討にあたって秀吉が毛利氏領国内を通行する際の安全を確保することや、秀吉通行後の後方における騒乱の勃発を防止することを意図したものに過ぎないことが判明した。藤木が山城停止令に基づき毛利氏領国内において破却された可能性を示唆した城館について、実際に破却したことを示す一次史料も確認できなかった。したがって、「下城」は一時的なもので、城破りを命じたものではなかったと考えられる。

島津氏領国において天正二十年の梅北《うめきた》一揆ののちに細川幽斎《ほそかわゆうさい》の統制下に置かれた際、城破りをサボタージュしている状況が確認され、城破りの貫徹度という観点からみると、毛利氏のみならず戦国期から続く有力大名層に対する豊臣政権の強制力には限界があったといえよう。

一方で、豊臣期の毛利氏領国内においては、国人領主層が山城から平地の居館あるいは広島城下の屋敷へと移転する傾向がみられる。このような傾向は、毛利氏の城破り政策が豊臣政権の強制によらず独自に展開したことを示しているが、毛利氏も国人領主層に対し城破りを強制できなかった。国人領主層は自己の領域支配の有効性の観点から山城を機能停止し居館へと移動していったのである。また、城破りが進行していった背景には、城破りによる地域軍縮・私戦禁止地域化が百姓層にとっても歓迎すべきものであったことをあげることができよう。

粛清された大名

天下一統過程において豊臣政権に服属したものの、天下一統後に大名の地位から追われた旧族大名もあった。ここでは豊後大友《ぶんごおおとも》氏と下野宇都宮《しもつけうつのみや》氏をとりあげたい。

大友氏は九州国分の結果、旧支配地域のうち、豊後国一国（豊前《ぶぜん》の一部を含む）を安堵《あんど》され、当主大友義統《よしむね》は秀吉から一字を与えられ吉統《よしむね》と名乗った。

天正二十年(一五九二)、吉統は兵を率いて朝鮮半島へ渡海して、開戦当初の勝利により、朝鮮半島北部の平安道《ピョンアンド》まで進攻していた。ところが、明《みん》軍の救援により形勢は逆転し、文禄二年(一五九三)正月、最前線の平壌《ピョンヤン》に駐屯していた小西行長《こにしゆきなが》が明軍の攻撃を受けて苦境に陥った。大友勢は平壌南方の黄州《ファンジュ》・鳳山《ボンサン》に駐屯していたが、これらの拠点を放棄して白川《ペチョン》に駐屯する黒田長政《くろだながまさ》、あるいは開城《ケソン》に駐屯する小早川隆景《こばやかわたかかげ》と合流したものと考えられる。その後、日本軍は京城《キョンソン》まで後退し、追撃してきた明軍を碧蹄館《ピョクジエグアン》で破ったのち、朝鮮半島南部に戦線を縮小していったが、同年五月、吉統は秀吉によって所領を没収され、大名の座から転落した。

秀吉は処罰の理由として、①小西行長が平壌において危機に陥った際、援軍を送らずつなぎの城(黄州や鳳山)を放棄した行為は明国にもはばかられる、②島津氏の進攻を受けた際、出兵しつつあった秀吉軍を待たずに府内を捨て、居城(高崎)にも入らず豊前まで逃げた行為は臆病である、という二つをあげている。

②の際に成敗しようとも思ったが、憐憫《れんびん》をもって許したにもかかわらず、重ねて臆病な行為を行ったので処罰するというのが表向きの理由であったが、中国大陸まで侵略する秀吉の計画が頓挫した責任を負わされ、スケープゴートとされたのである(中野二〇〇六)。

また、朝鮮侵略戦争が長期戦の様相を帯びたことに伴い、兵粮《ひょうろう》や武器などを安定的に供給するための豊臣政権の直轄的な兵站《へいたん》基地を朝鮮半島に最も近い九州において確保する必要性が生じ、その標的とされたのが豊後大友領だった可能性もあろう。

宇都宮氏は、当初、石田三成《いしだみつなり》や増田長盛《ましたながもり》の仲介によって、豊臣政権に服属した。その後は増田長盛が「取次《とりつぎ》」を務めていたと考えられ、第一次朝鮮侵略の際にも長盛の指揮下に置かれていた。ところが、文禄二年十一月、浅野長吉《あさのながよし》・長継《ながつぐ》(幸長《よしなが》)父子が甲斐《かい》国主に封じられると、宇都宮氏は伊達《だて》氏・南部《なんぶ》氏らとともに、長吉らの「与力《よりき》」とされ、以降、長吉が宇都宮氏の「取次」として活動することとなった(梯二〇一一)。

宇都宮氏は長吉による指南のもと、文禄四~五年に領内において検地《けんち》を実施するなど、豊臣大名化を進めていたが、慶長二年(一五九七)十月、突如として所領を没収された。改易の要因を確定することは難しいが、宇都宮氏改易と同時期に佐竹《さたけ》氏への処分も懸念されたところ、石田三成の秘密裏の取り成しによって存続が認められた事件の経緯から推測すると、長吉と三成・長盛との豊臣奉行人間における主導権争いに巻き込まれた蓋然性が高い。

いずれにせよ、大友・宇都宮氏の改易の経緯は、豊臣政権における大名処分の恣意性を示している。改易の明確な基準は存在せず、秀吉の独断や、「取次」を務める奉行人の対応によって処分が決定するという不統一性が、豊臣政権の大名統制の特徴といえよう。

「取次」の役割

豊臣政権における全国統治は大名統制を主要内容としていたが、法や官僚制的行政機構を通じてよりも、「取次」・「指南」と呼ばれる者により、秀吉を頂点とする人的結びつきを通じて実現されていた（池二〇〇三b）。したがって、「取次」の担った役割を解明することによって、豊臣政権の大名統制の実態を明らかにできよう。事例として、秀吉が統制にいっそうの注意を払ったと考えられる有力大名のうち、毛利氏・上杉《うえすぎ》氏・島津氏をとりあげる。

「取次」を、領国内の政治に関する指導まで行う後見人的な存在と定義するならば、毛利氏や上杉氏には「取次」は存在しなかった。秀吉の意向や大名愁訴《しゅうそ》の伝達も「取次」の役割の一つであり、そのような行為を担う者も「取次」と定義するならば、石田三成・増田長盛は毛利氏・上杉氏の「取次」であり、豊臣期前半の黒田孝高《よしたか》・蜂須賀《はちすか》正勝《まさかつ》も毛利氏の「取次」といえる。

また、三成・長盛が取次行為を担っている毛利氏と上杉氏とを比較すると、検地への関与がみられる上杉氏は、豊臣政権による領国内の政治への統制度が相対的に高い。毛利氏の場合でも、慶長二年（一五九七）頃になると、三成や長盛を通じた大名統制の可能性をほのめかすことによって、輝元《てるもと》が家臣団を統制しようとしており、しだいに統制度が高まりつつあったと推測される。

一方で、毛利氏・上杉氏・島津氏共通の「取次」である石田三成について、島津氏に対する「取次」としての役割をみると、秀吉の意向や大名愁訴の伝達、上洛《じょうらく》時の行動に関する指導といった毛利氏や上杉氏に対する取次行為と同様の役割も果たしている。しかし、豊臣政権から命じられた軍役や公役《くやく》などの公儀に関することのみならず、「内々」の領国内政治に関する指導も三成が行っている点に特徴がある。具体例としては、検地、家臣団への知行《ちぎょう》配分・加増、領国の置目《おきめ》、有力家臣の処遇のほか、軍事面での指導、領国財政に関する細かな指示などがあげられる（山本一九九〇）。

島津氏に対する秀吉の直書《じきしょ》・朱印状《しゅいんじょう》において、三成が奏者《そうしゃ》となっているものが四十通以上確認されることから、秀吉の意向を伝えることも主要な役割であったと考えられる。三成は機械的に秀吉の意思を伝達するのみではなく、自らの判断に基づき政策指導を行った。また、情報の取捨選択をしたうえで、秀吉に報告するという面を持っており、後見人としての機能も担っていた。

「取次」は秀吉が公的に所掌させた職と考えられるが、権限を厳格に規定した職制とは言いがたい。秀吉は「取次」が個々の大名に応じて異なる役割を果たすことを容認していた。その結果、島津氏のように厳格な統制を受ける大名、毛利氏のように緩やかな統制を受ける大名という相違が生じた。秀吉は専制化への強い志向を持っていたが、それらの施策を厳格に速やかに貫徹することは、領内の国人領主の自律性を内包する大名にとって困難であった。そのような矛盾を調整することが「取次」の役割だったのである。

2　太閤検地と身分政策

太閤検地封建革命説

豊臣政権によって推進された検地（太閤《たいこう》検地）について、安良城盛昭は日本における奴隷制解体・奴隷解放を実現する基礎となった政策と評価した（安良城一九六九）。これが太閤検地を封建的進化の過程における一種の社会革命であると捉えた太閤検地封建革命説である。その後、さまざまな論争が繰り広げられたが、太閤検地は、①土地の標準生産高（石高《こくだか》）を算定し近世の石高制の基を築いた、②村単位に検地を行うことにより、村制度が定まった、③耕地一筆ごとに直接生産者農民を名請人《なうけにん》（貢租負担者）として掌握して、中間搾取を否定した、④直接生産者農民の自立を促したものとして、その画期性を評価する見解が有力説となっていた。

しかし、近年では、秀吉の知行制を戦国大名による検地と知行制の構築がその歴史的前提として存在するものであり、太閤検地は荘園制を否定しようとしたものではなく、秀吉には生産高を把握するために検地をする意識はなかった（池上二〇〇二）として、中世と近世の連続面を強調する見解もみられ、太閤検地を豊臣期における国制を規定した根幹的な政策とみる視点は揺らぎつつある。

太閤検地をすべて同一の基調、全国同一の目的に基づいて実施されたとの前提で分析してきたことが議論の錯綜《さくそう》を招いた（谷口二〇一四）現状に鑑みると、太閤検地の基調や意義について、唯一に確定しようとすることは生産的ではないであろう。むしろ、大名領国、とりわけ、豊臣政権に対して一定程度の自律性を有していたと考えられる有力大名の権力構造やその領国の社会構造を分析する際の視角として用いるべきではなかろうか。

そこでここでは、毛利氏をはじめ、徳川・上杉・島津・長宗我部《ちょうそがべ》氏といった大名領国における検地の実態をみていきたい。

大名領国における検地

毛利氏領国においては、天正十五〜十八年（一五八七〜九〇）に検地作業が行われた。この検地は「惣国検地《そうこくけんち》」と呼ばれるものである。標準的な太閤検地基準は採用しておらず、検地後においても一元的・集権的な領国支配を達成していない過渡的状況であったとされる。そのため、慶長二〜三年（一五九七〜九八）に再検地が実施された。「兼重蔵田《かねしげくらた》検地」と呼ばれるこの検地は、①大規模な給地替えの前提として毛利氏領国内のすべての土地石高を確定する、②在地の中世的慣行を否定し伝統的な支配構造を解体する、③領国内の財政基盤を強化する、④各給人《きゅうにん》の地域統治実態をより正確に把握する、といった意義が認められる。いずれの検地においても、豊臣奉行人は検地奉行を務めていない。

徳川氏領国においては、関東移封《いほう》以前の天正十七〜十八年、「五ヶ国惣検地」が実施された。その特徴・意義は、①丈量《じょうりょう》単位が旧制で、石高制ではなく俵高制《ひょうだかせい》をとっているものの、②耕作地はすべて等級がつけられ、等級に基づく年貢高が確定され、③従来把握していなかった耕作地・耕作者の把握を実現し、④全領統一的な村請制《むらうけせい》に改変されたとされる（本多二〇一〇、谷口二〇一四）。また、豊臣政権による指導・介入はなかった。

上杉氏領国においては、文禄四年（一五九五）に越後《えちご》・信濃《しなの》でいっせいに検地が実施されている。このうち、越後の蒲原《かんばら》・三島《みしま》・頸城《くびき》郡と信濃の更級《さらしな》郡においては増田長盛が検地奉行を務め、越後の魚沼《うおぬま》郡においては豊臣政権の奉行人と上杉氏の奉行人が共同して行っており、毛利氏・徳川氏とは異なり、豊臣政権の奉行人が総指揮者となって検地を実施したと考えられる。上杉氏当主景勝《かげかつ》と有力な国人領主らとの関係は人的結合によって支えられており、給人に与えられる石高とその反対給付としての軍役高も統一的な基準ではなく、個別の基準が適用されていた。このような伝統的な社会構造を変革することは、人的結合関係から脱することのできない上杉氏奉行人には困難であったから、景勝は非人格的な存在である豊臣政権奉行人に検地を委ねることにより、領国の変革を図ろうとしたのである。

文禄五年・慶長二年には上杉氏重臣直江兼続《なおえかねつぐ》の指揮のもと、河村彦左衛門を検地奉行とする再検地が行われている。この検地は太閤検地の基準に則って行われた文禄四年の検地と異なり、上杉氏独自の方式で行われた。これは太閤検地の基準が在地の実態にそぐわず、現実の年貢徴収に適さなかったために実施されたものと考えられる。換言すると、文禄四年の検地は在地の実態を把握することを目的としたものではなく、豊臣政権の権威を背景にした景勝権力への国人領主層の全面的服従という象徴的な意味を持ったものだったことをうかがわせる。

島津氏領国においては、天正二十年〜文禄二年、豊臣政権から派遣された細川幽斎によって「仕置《しおき》」が行われ、寺社から取り戻した土地の検地を行い、島津氏当主義久の直轄地とすることを計画したが、有力寺社を上知免除とするなど不徹底であり、かつ、検地自体も厳格に行われた形跡がないとされる。そこで、文禄三年、石田三成を総責任者とする検地が実施された。検地は太閤検地の基準に則って行われたと考えられ、その結果、①「一地一作人」の土地保有を前提としつつ大規模な打ち出しに成功、②家臣団の大半は知行の実質的削減をこうむり、かつ、伝統的な領地から転封《てんぽう》、③大名権力は広大な蔵入地《くらいりち》と「浮地《うきち》」を確保し、大名権力の強化が推進された（山本一九九〇、中野一九九六）。

長宗我部氏領国においては、天正十五年に着手された「天正総検地」のほか、文禄・慶長年間においても新田検地・再検地が実施された。前者は豊臣政権の命令に基づくものであるが、後者は長宗我部氏自身の意思で実施したものとされる。「天正総検地」の特徴は、①斗代《とだい》・分米《ぶんまい》以外の点では、太閤検地の基準に則っている、②名請人の把握よりも、検地帳を作成することに主眼が置かれていた、③長宗我部氏が上位権力として、全家臣の知行権の認定と紛争解決を行った、といった点があげられる（平井二〇〇八）。

このように、豊臣政権との直接的戦闘に敗れて服属した島津氏、長宗我部氏のみならず、上杉氏領国においても、豊臣政権の直接的介入による検地が実施されているが、検地基準はまちまちであり、かつ、時期によって異なっている。再検地の際に太閤検地基準に近づいた毛利氏のようなケースもあれば、逆に、再検地の際には太閤検地基準を用いなかった上杉氏のようなケースもある。豊臣政権には、検地基準を統一しようという意識はなかった。検地が大名領国支配の強化につながった点に鑑みると、実施の契機は別として、大名権力の自律性に留意すべきであろう。

刀狩りの目的

天正十六年（一五八八）七月、豊臣政権は「諸国百姓等、刀・わきざし・弓・鉄炮、そのほか武具のたぐい（類）所持候事、かたく御停止候」で始まる、いわゆる刀狩令を発した（「島津家文書」など）。これに先立つ天正十三年の紀伊《きい》太田《おおた》城開城後の秀吉朱印状（「太田文書」）にも、類似した規定がある。「原刀狩令」と呼ばれるものであるが、これは太田城の接収と一揆の解体、戦争終結のための確認書類の一環であった（藤木一九八五）。これに対して天正十六年令は、当時の秀吉の勢力圏内すべてに発給されたものではないが、基本法令として、その後の新たな征服地にも適用された（山本二〇〇九）。

しかし、江戸期の村落においても武具は存在している。結局、刀狩令は有効に機能しなかったのであろうか。

その答えは、刀狩令のほかの文言にある。右の文言に続き、武具所持禁止の理由として、「入らざるどうぐ（道具）あいたくわえ（畜）、年貢所当《しょとう》を難渋せしめ、一揆を企て、自然、給人に対し、非儀《ひぎ》の動《はたらき》をなす族《やから》、勿論御成敗《せいばい》あるべし」とある。また、三条目には「百姓は農具さえもち（持）、耕作を専《もっぱら》に仕り候えば、

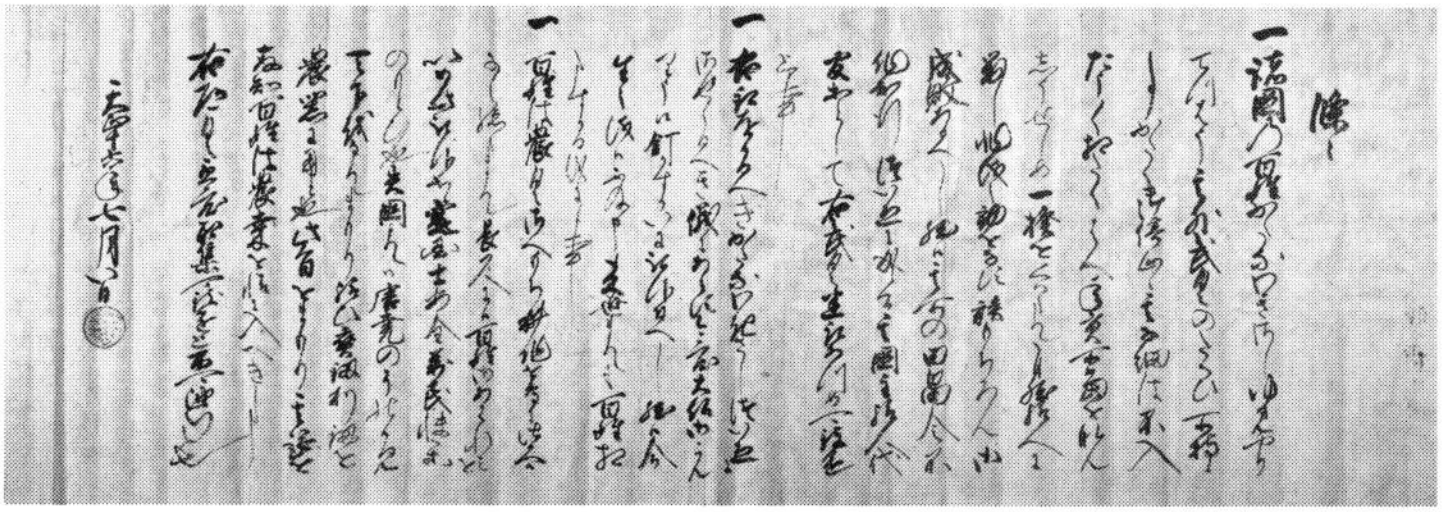

10—刀狩令（立花家史料館所蔵、柳川古文書館寄託）

子々孫々まで長久《ちょうきゅう》に候」とある。つまり、一揆の防止も謳《うた》っているが、百姓層からの租税（年貢所当）を確保すること、そのために、百姓層を農耕に専念させることに主眼があった。

刀狩りの実態をみると、機械的、形式的に刀を集めて、京都へ送っているケースが散見されるが（平井二〇一七）、豊臣政権による検査が行われた形跡はない。秀吉としても、武具すべてを没収することは意図しておらず、村落上層（地侍層）を中心とした地域共同体における一揆的結合に対する軍事闘争・自力救済を禁止しようとしたものであった。ただし、軍事闘争・自力救済禁止＝武具の放棄ではない。百姓層が戦闘員として軍事行動に参加しない、大名・領主層が百姓を戦闘員として軍事行動に動員しないことを約束する象徴として、武具の提出を命じたのである。

また、百姓層に対する農耕専念義務規定は、戦闘できる身分としての武士・奉公人《ほうこうにん》とそれ以外を区別し、帯刀権の設定をもたらす身分の分離を図るとともに、身分ごとの果たすべき役割を可視化しようとするものであった（平井二〇一七）。しかし、慶長二年（一五九七）、周防佐《さ》波《わ》郡の東大寺領において「反銭無沙汰について催促仕る時、散《さん》仕《し》両人候人、百姓相催《もよお》し、（中略）、人数を催し、近辺まで武具を帯び、打ち出す」（「東大寺文書」）という事件が起こっており、軍事闘争・自力救済禁止は貫徹されていなかった。武力を保持したまま在村し村落支配を担う郷村役人層が、村落共同体の代表者・指導者として百姓層の権利を守るために、軍事闘争を行うケースもみられたのである。

身分法令と武家奉公人

検地・刀狩りなどとともに、豊臣政権の全国支配の基本的政策としてあげられるのが、諸身分に関わる法令である（池上二〇〇二）。①天正十四年（一五八六）令、②天正十八年の浪人《ろうにん》追放令、③天正十九年令などが該当するとされ、このうち、③は「身分法令」と呼ばれ、かつては、兵農分離《へいのうぶんり》を強制した画期的な法令と考えられてきたが、現在では、秀吉の狙いは身分の固定よりも、武士に抱えられた奉公人の出奔《しゅっぽん》禁令、および百姓の移動の禁令にあったという理解が有力となっている（山本二〇〇九）。また、通底する法の骨子は武家奉公人の人返《ひとがえし》と欠落《かけおち》への対策とされる（稲葉二〇〇三）。そこで、まずここでは、奉公人規制の規定を時系列に沿って追っていくことにより、豊臣政権の狙いを考えてみたい。

天正十四年令は、もともと武士に抱えられていた諸奉公人に関する規定であり、百姓の奉公人化については規定していない。一方で、百姓の逐電《ちくでん》は禁止されている。

天正十六年になると、五月二十五日付け石田三成・増田長盛書出《かきだし》条（『駒井日記』）に「在々所々内、

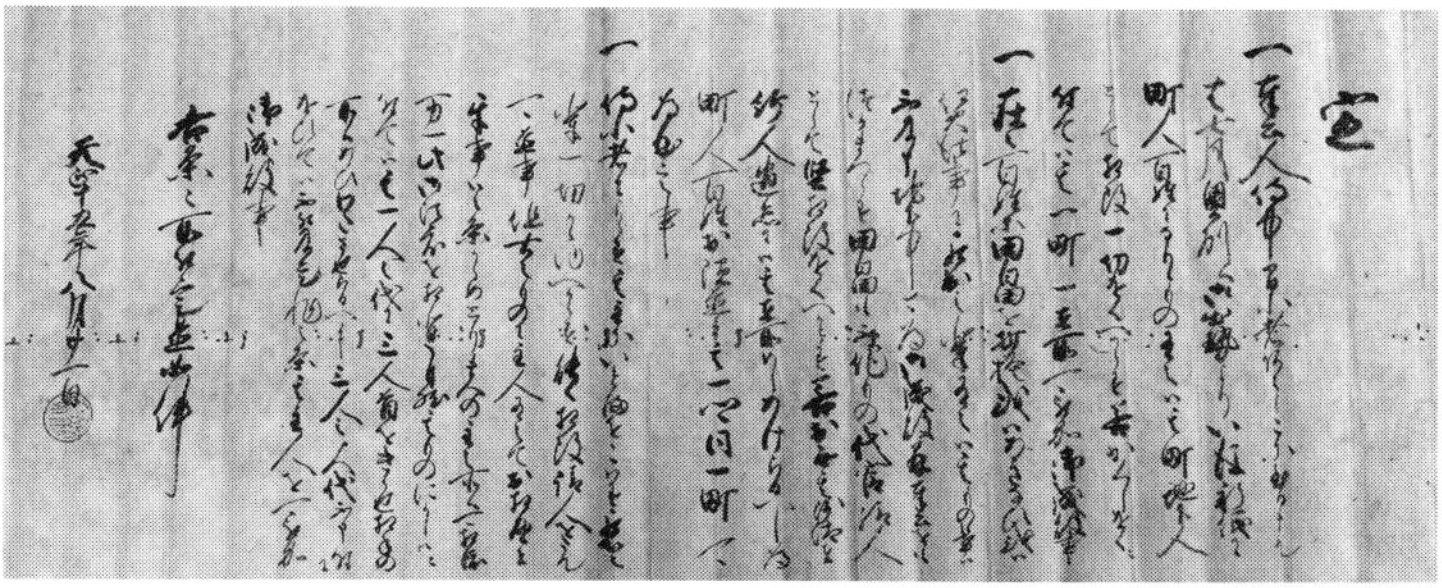

11—身分法令（立花家史料館所蔵、柳川古文書館寄託）

前よりの奉公人の儀は是非に及ばず候、作り来《きた》り候田畠を捨て、奉公に罷《まか》り出で候儀これあらば、その給人・代官へ相届け、召し返すべき事」とあり、田畠を耕作していた者が逐電して、新たに武家へ奉公することが禁じられている。

「身分法令」では、武家奉公人の町人・百姓への転化禁止、百姓の町人への転化禁止を規定している。また、「奉公人の「町人・百姓」への紛れ込み・移動は禁止されていても、逆の移動は禁じられていない」とされ（峯岸一九八九）、百姓の武家奉公人への転化は容認されている。天正十六年の段階で規定されていた百姓の武家奉公人への転化禁止が撤回され、百姓の逐電禁止という基本原則を緩和している。この政策転換は、朝鮮への侵略に向けた奉公人大量確保の必要性から要請されたと考えられる。

文禄二年（一五九三）の「御諚《ごじょう》」（『駒井日記』）では、尾張《おわり》国清須《きよす》の町へ逐電してきた百姓を還住《げんじゅう》させることが規定されている。しかし、武家奉公人のうち、「小者《こもの》」のみが規制対象となっており、小者（あるいは小者以下）に転化した百姓については厳格な規制が行われたものの、その他については、規制緩和が継続していた。

文禄三年四月三日付け駒井重勝《こまいしげかつ》書状写（『駒井日記』）によると、清須町人の来歴調査が行われ、尾張国内の諸郷村から逐電して町人に転化した者は還住させられている。しかし、調査の結果「奉公人」とされた者は還住させられていない。武家奉公人規制は緩和基調にあったといえよう。

文禄五年三月一日付け石田三成掟之条々（「北島多一氏所蔵文書」など）では、天正十八年の時点ですでに奉公に出ていた百姓は規制対象外とする一方、それ以降に奉公に出た百姓は原則、還住させることとされており、武家奉公人規制は再び厳格化に転換している。

豊臣政権の侵略動員態勢は、村から奉公人を大量に徴発することを必要とし、その結果、田畠の荒廃が拡大したため、百姓の逐電を厳しく取り締まり、還住させる必要が生じたが、奉公人の大量徴発を続ける限り、百姓の逐電は収束しないという矛盾を豊臣政権は抱えていた（稲葉二〇〇三）。この矛盾を認識していたからこそ、朝鮮侵略を継続する方針であった期間中においては奉公人を大量に確保する必要性があったために武家奉公人規制は緩和基調にあり、朝鮮侵略戦争の講和交渉が進展して、在番体制も縮小しつつあった時期になると、規制厳格化に転換したのである。

他方、その規制厳格化の方針も、豊臣政権の中枢にある石田三成が例外規定を設けている（文禄五年掟「我等《われら》家中に候わば、苦しからず候、余の家中には置くまじき事」）ことからうかがえるように、各大名・給人の恣意的な適用を容認していた。朝鮮侵略動員が縮小傾向にあっても、秀吉の命じた城郭・河川の普請や自己の城郭・城下町における普請など、国内における夫役《ぶやく》に充当する奉公人を大量に必要とする（池上二〇〇二）という現実問題が、百姓から武家奉公人への転化を禁止するという方針を換骨奪胎していったのである。

人掃令と土地緊縛

「人掃令《ひとさらえ》」の典拠とされる条書（「吉川家文書」）は毛利氏領国においてのみ確認されるものであるが、一条目に「当関白様より、六十六ヶ国へ人掃の儀、仰せ出だされ候の事」とあることから、全国統一令として発布されたものである。発布年について、原典の「天正十九年」は誤記で、天正二十年に比定される（三鬼二〇一二b、平井二〇一七）。したがって、「当関白様」は豊臣秀次《ひでつぐ》を指す。

この法令の位置づけについては、朝鮮侵略戦争への動員令の性格を持つ時限立法であるとする説（峯岸一九八九、高木一九九〇）、武家奉公人＝兵、町人・百姓の身分を確定し、奉公人と百姓と町人を区分した家数人数帳の作成を実現しようとした基本法とする説（勝俣一九九六、藤木一九九五）、豊臣政権の意図した人掃・人改《ひとあらため》・家改《いえあらため》の本質とは陣夫役《じんぷやく》の確保にあり、これが結果として毛利氏領国内などの地域で戸口調査がなされる契機となったとする説（久留島一九九三）などの対立がある。

筆者は、天正十九年の「身分法令」自体が身分の固定化を図ったものとは考えていない。このため、この法令についても、朝鮮侵略戦争への動員を主眼としたものであり、二条目の「奉公人は奉公人、町人は町人、百姓は百姓、一所《いっしょ》に書き出すべき事」という規定は、この時点における身分を調査したに過ぎないと考える。その意味においては、時限立法であったが、三条目に「他国の者・他郷の者、許容あるべからずの事」とあり、毛利氏領国において、百姓の土地緊縛をはじめて法制化したという大きな意味を有する法令であった。

一方、毛利氏領国におけるこの法令には、例外規定が存在し、かつ、実効性を担保する規定が欠けていたため、百姓の土地緊縛を実現するに十分とはいえないものであった。豊臣政権にとっては、朝鮮侵略戦争に動員する兵力（陣夫を含む）さえ確保できればよいのであって、身分の固定化を狙ったものではなく、諸大名に兵農分離を強制する意図はなかったのである。

ところが、朝鮮侵略戦争は直接戦闘に参加する軍役にとどまらず、多量の陣夫役を毛利氏など諸大名に課した。このため、開戦当初から田畠の荒廃が懸念されていたのであるが、戦争の長期化により田畠の荒廃は悪化の一途をたどっていた。たとえば、文禄三年（一五九四）には安芸佐西《あきささい》郡の大願寺《だいがんじ》領において五石のうち、一石五斗余の損となっている。これは毛利氏領国内に限った状況ではなく全国的な傾向であり、豊臣政権は荒田を放置した大名に対してその所領を没収するという罰則付きで強権的に荒田対策を進めた。

そのような豊臣政権の方針を背景にして、文禄五年、毛利氏領国においても、新たな人沙汰《ひとざた》に関する法が発布された。この法令において、逐電百姓は給主《きゅうしゅ》（給人）に返還された場合でも処罰するという厳しい規定が設けられている。また、「先年御検地の時、その所の帳に付け候百姓は、たとえ由緒候とも、他所へ罷り退き候事、御大法にて候間、堅く仰せ出だされ候」(「厳島野坂《のさか》文書」)とあり、惣国検地時に記載された土地に百姓を緊縛する方針が示されている。

「大法」とは、毛利氏領国のみの特例ではないことを強調するものであり、豊臣政権にとっても、朝鮮侵略戦争における陣夫役の徴収により予想される農業生産の縮小や村落の荒廃を防ぐために、百姓の土地緊縛を進める必要があった。ただし、村落の復興、農業生産の維持・拡大を目的としたものであり、毛利氏領国における法令には、荒田を耕作する百姓に対する年貢・公役などの減免規定が設けられている。百姓を土地に緊縛し農耕を強制する一方で、村落共同体の自律的な運営による農業生産の回復を目指した点に、注目すべきであろう。

日用停止令

「日用《ひよう》」とは日雇いの意味で、大坂城や淀《よど》城・伏見《ふしみ》城のほか、各大名の城・城下町の建設にあたり、大名・給人は軍役(夫役)を果たすために、「日用」を臨時に雇っていたとされる(池上二〇〇二)。「日用」の供給源は全国各地の村落であり、田畠を放棄して逃亡・逃散した百姓層の都市への流入は、都市における治安の悪化だけでなく、年貢収納の不安定化という支配者層の存立基盤を揺るがしかねない大きな問題を惹起《じゃっき》させていた。

そこで、豊臣政権は「身分法令」においても、百姓が田畠を打ち捨て「賃仕事」に就くことを禁止した。しかし、先にみたとおり、朝鮮への侵略に向けた奉公人大量確保の必要性から、百姓の武家奉公人への転化を容認しており、年貢収納の不安定化を改善する政策としては有効でなかった。

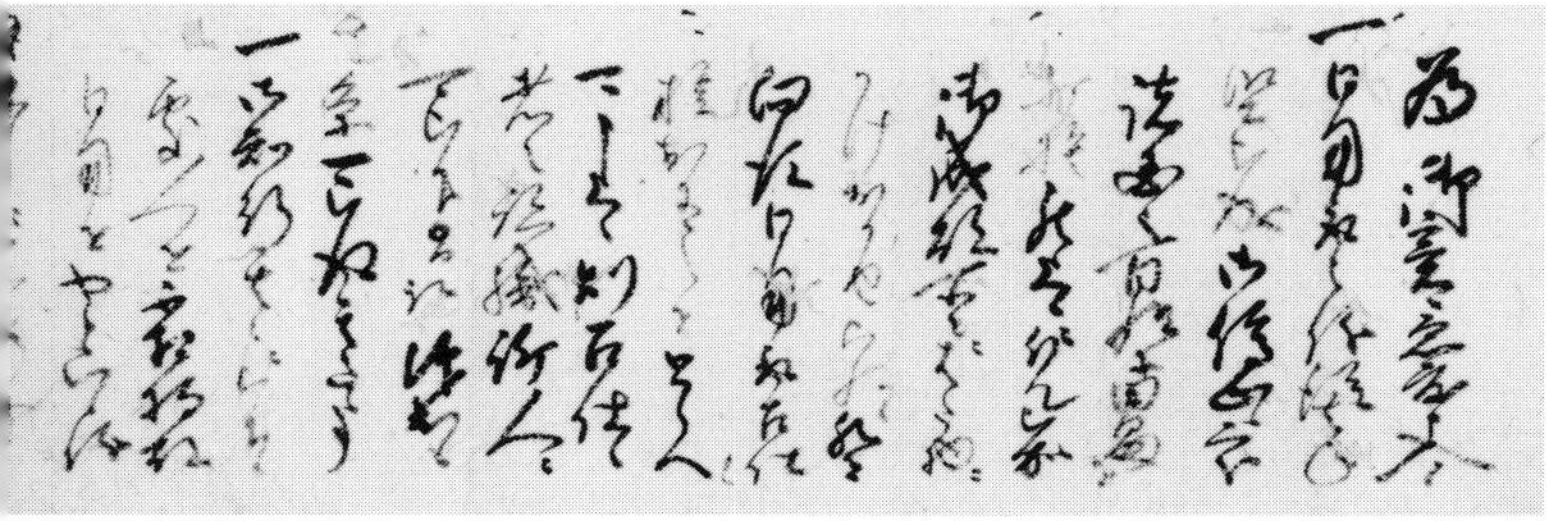

現実に、第一次朝鮮侵略戦争期において村落の疲弊は進んだ。危機感を抱いた政権は朝鮮侵略戦争停戦期の文禄五年（一五九六）に「日用停止令」を発布した（二月十日付け前田玄以書状〈「妙心寺文書」〉、二月十五日付け前田玄以・石田三成・増田長盛・長《な》束《つか》正家《まさいえ》連署状〈「堀尾《ほりお》文書」「上坂《こうさか》家文書」〉）。なお、四奉行連署状には「日用取の儀、去年より堅く御停止なされ候」とあるため、その初令は文禄四年に遡る。

「日用停止令」の狙いは、百姓が新たに村落から逐電して、「日用」に転化することを禁じることにあった。町や村が「日用」を雇傭《こよう》したケースについては規定されておらず、町や村による「日用」雇傭を全面的に禁止する意図がなかったことをうかがわせる。新たに逐電した百姓が町村の「日用」として雇傭されることは容認されないが、従前から町村に居住していた者を「日用」として雇傭することは禁止されていなかった。町村への夫役賦課《ふか》は、武家奉公人や「日用」層によって代用されるケースが多く（木越二〇〇八）、これを禁止した場合、町村の夫役負担が困難になるという現実を豊臣政権は容認していた。さらに、一時的に村を離れても、耕作期に帰村すれば問題ないとされた

12―2月15日付け豊臣奉行連署状（石川武美記念図書館成簣堂文庫所蔵）

と考えられ、出稼ぎは禁じられていなかった（藤木一九九五）。したがって、「日用停止令」は全面的な「日用」禁止令ではなかったのである。

「日用停止令」が発布された文禄五年は、武家奉公人規制について厳格化に再転換した時期にあたる。百姓の逐電を例外なく禁止し、武家奉公人化・「日用」への転化の双方を厳しく取り締まった場合、夫役に必要な奉公人数の確保が困難になる。そこで豊臣政権は、百姓が「日用」へ新たに転化することを禁じた一方で、町村内における「日用」の雇傭、出稼ぎによる「日用」労働は容認し、かつ、武家奉公人規制厳格化の例外規定によって、奉公人数の確保に努めた。

一方で、豊臣政権の「日用」・百姓武家奉公人化規制は、その時点における動員の必要性などに応じて、揺れ動いており、豊臣政権の政策には、必ずしも一貫性・貫徹性があったとはいえない。また、「日用停止令」が大名に対して発せられた形跡は確認できず、豊臣政権の直轄的地域に限定して発布されたと考えられる。上杉氏領国において「その在所のものの外《ほか》、日りやう（日料）にて他所よりやとい候儀、相止むべき事」という法規制がみられ（「本間美術館所蔵文書」）、「日用停止令」の影響はうかがえるが、逐電した百姓層の「日用」への転化は村落の疲弊に悩む大名にも大きな問題となっており、豊臣政権に強制されて対策を講じたとは考えがたい。

豊臣政権にとっての政策優先順位は、夫役に必要な奉公人数の確保・直轄都市の治安安定・直轄地域村落の復興の方が、大名領における村落の復興よりも高かった。大名は自らの責任で村落復興に取り組み、その一環として、「日用」を規制するケースもあったと考えるべきである。

3　経済流通政策

貨幣政策

明智光秀に勝利した秀吉は、天正十年（一五八二）十月、戦場となった山城《やましろ》国大山崎《おおやまざき》における銭の通用に関する定を発布した（「疋田《ひきた》家本離宮八幡宮文書」）。その内容は、南《なん》京《きん》銭・打平《うちひらめ》（無文）銭の通用禁止・二銭以外は従来基準銭の三分の一に評価する（「三文立《さんもんだて》」）としたものである。同年十二月には、河内《かわち》国における銭の取り渡しを京・堺と同様にする旨命じるとともに、銭・年貢は「三文立」とするよう定められた（「法輪寺文書」）。秀吉は銭の等価値使用原則を復活させようとしたのである（高木二〇一八）。天正十一年になると、京都において座による悪銭売買特権を認めている。これらの方針は、少額取引における悪銭に対する需要に応じた慣行を追認していた織田政権の政策を、基本的には継承したものである（藤井二〇一四、高木二〇一八）。

奥羽《おうう》仕置においては、関東で通用していた永楽銭《えいらくせん》と、金貨ならびに西日本で通用していたビタ銭との交換比率を定めるなど、政治上の天下一統と対をなす経済的統合の一環として、地域で異なった基準銭の統合を試みた。しかし、各地域や団体における貨幣に関する慣行は根強く残存しており、結果として、取引の場などにおいて「撰銭《えりぜに》」が頻発し、銭の階層化が自律的に進んだ（川戸二〇一七、高木二〇一八）。結局、豊臣政権の銭貨政策は現状追認の域を脱しえなかったといえよう。

これに対して、金・銀貨については積極的な政策を展開した。

金貨について、天正十五年頃までには大判《おおばん》を鋳造させた。さらに、文禄四年（一五九五）には、後《ご》藤徳乗《とうとくじょう》を中心とする金貨鋳造体制を構築している。銀貨については、文禄三年に、「大坂銀吹き」二十人を「常是《じょうぜ》」に定めて、銀貨鋳造を行わせている（『駒井日記』）。このような政策は、領主財政の爆発的拡大、流通経済の膨張に伴う高額貨幣に対する需要拡大が背景にあったと考えられる（藤井二〇一四）。

鉱山統制

金・銀貨鋳造の前提として、国内金・銀山の掌握も進められた。但馬《たじま》生野《いくの》銀山は織田政権期から直轄支配されていたが、文禄二年（一五九三）には、越前北袋《えちぜんきたぶくろ》銀山を山中《やまなか》長俊《ながとし》が管理しているほか、この年の十一月に甲斐国主となった浅野長吉が甲斐国内の金山に加えて、伊達・上杉氏領内の鉱山・信濃青柳金山の支配に携わっている。このような豊臣政権による直接的な鉱山支配は、右記のほか、前田・南部氏領内においても実施されていた（曽根二〇〇四）。領内の金山が直轄支配化されたことについて、南部信直《のぶなお》は「我ら手前ばかりに限らず候」としたうえで、「下々が何かと申すであろうが、葛西《かさい》の出来事をみれば、理解するだろう」と記している（「宝翰類聚《ほうかんるいじゅ》」）。葛西の出来事とは、文禄三年に伊達領内東山金山で勃発した金山一揆のことで、伊達氏支配から浅野長吉代官支配への代替わりの際の年貢免除要求が一揆とみなされて、百姓層が鎮圧された事件であった（遠藤二〇一二）。

ところが、文禄四年になると、直轄支配方式から運上《うんじょう》方式へと変更されていく（小林二〇〇三a）。南部信直の認識とは異なり、豊臣政権は直轄支配化に対する在地の抵抗に、大きな懸念を覚えた。そこで、大名に支配を委ねて、採掘された金銀などを運上させることにしたのである。運上方式とはいえ、豊臣奉行人が実際の支配を担う大名、あるいは大名領内の商人への指導権限を有しており、豊臣政権による鉱山支配が後退したとはいえないという評価もある（曽根二〇〇四）。豊臣政権の財源確保という面における影響はなかったと考えられるが、直轄という性急な中央集権化を断念した点に、豊臣政権の限界をみることも可能であろう。

さらに、毛利氏領国の状況をみると、もう一つの限界がみえてくる。毛利氏領国においても、文禄三年頃には銀山収入の一部を上納させる体制が確立している（本多二〇一五）。しかし、上納の対象から「石見《いわみ》国先銀山」は除外されていた。「石見国先銀山」とは、当時の東アジア社会において最大級の採掘量を誇った石見銀山を指す（秋山二〇〇三）。石見銀山については、直轄化はもちろん、運上の対象とすることすらできなかった。豊臣政権による金銀収入の独占という状況にはなかったのである。

石高制の意義

先にみたように、豊臣期の大名領国における検地は、豊臣政権から課された軍役の基準を確定するために実施されたものも多く、豊臣政権の把握した石高と在地実態は乖離《かいり》しており、統一政権の土地・人民支配政策としては有効でなかった。また、従来いわれていたような兵農分離を決定づけたものともいえない。しかし、公的な土地評価基準が、戦国期における貫《かん》高《だか》優位から、豊臣期における石高へと統一されていった背景に、それを必然化した社会経済構造の変化が存したと考えられる。

中世後期には銭貨に対する社会的信用が低下する一方で、貫高制を採用していた当時の毛利氏領国内で米が支払手段として用いられている事例がみられ、権力編成の基準値とは別に、交換媒体としての米の信用度は相対的に高まっていた。金貨・銀貨も信用度は高いが、高額貨幣であり、価値尺度の基準値には適さない。商品流通の全国的展開は、統一的な信頼性の高い価値尺度を求めていた。

石高制を掲げて天下一統を推し進める豊臣政権は、経済・流通の面において望ましい政策を実現してくれる存在だったのである。換言すると、石高制というスローガンが、経済・流通に携わる階層を豊臣政権に惹《ひ》きつけ、天下一統に向けての軍事行動への経済的協力を促進したのである。

また、石高制は領主階級の結集装置となり、在来の個別的な領主支配＝在地領主制を否定し、大名と大名家臣層との明確な差別化をもたらした（中野一九九六）。石高制の原理に基づき、大名は一元的・集権的な支配構造の構築を図っていった。たとえば、毛利氏領国においては、石高制の採用によって、惣国検地後の給地替え、兼重蔵田検地後の給地総入れ替え計画が可能となった。なぜならば、領国内の土地すべてが統一された信頼性の高い価値尺度によって数値化されたことによって、給地替えされたとしても、給人の財政基盤に変化が生じないという担保が示されたからである。

ただし、石高制はそのまま実際に全国に貫徹したわけではなく、領主制の伝統や大名領国制の達成は軽視できず、遠隔地・列島周縁部ほど土地制度・社会経済構造の偏差も大きかった（牧原二〇一四）。「唐入り」に向けた天正十九年（一五九一）の「御前帳《ごぜんちょう》」徴収によって、軍役基準としての石高は全国統一的に数値化されたが、地域社会においては用いられない机上の数値であったケースも少なくなかった。石高制という制度自体が社会経済構造に規定された政策であったがゆえに、それぞれの地域の実態を無視して強制的に石高制を地域社会に導入することは不可能だったのである。

海賊停止令と貿易統制

天正十三年（一五八五）の四国国分・天正十五年の九州国分後の豊臣政権による海賊《かいぞく》禁止命令を経て、天正十六年七月、刀狩令と並ぶ統一的な法令として「国々浦々船《せん》頭《どう》・猟師《りょうし》、いづれも船づかい候もの、その所の地頭・代官として、速《すみや》かに相改め、向《きょう》後《ご》、聊《いささ》かもって、海賊仕るまじき由《よし》、誓紙《せいし》申し付け、連判《れんぱん》をさせ、その国主取りあつめ、上申《じょうしん》すべき事」（「小早川家文書」など）といった命令、いわゆる海賊停止令を発した。これらの命令やその後の関係法令の目的について、単に海賊行為を禁じたものではなく、大陸に向かう賊船を禁止して勘合貿易《かんごうぼうえき》の復活を図るための自主的な条件整備（藤木一九八五）、山野海陸をめぐる紛争を規制する立法の一環（藤田二〇〇一）といった評価が与えられている。

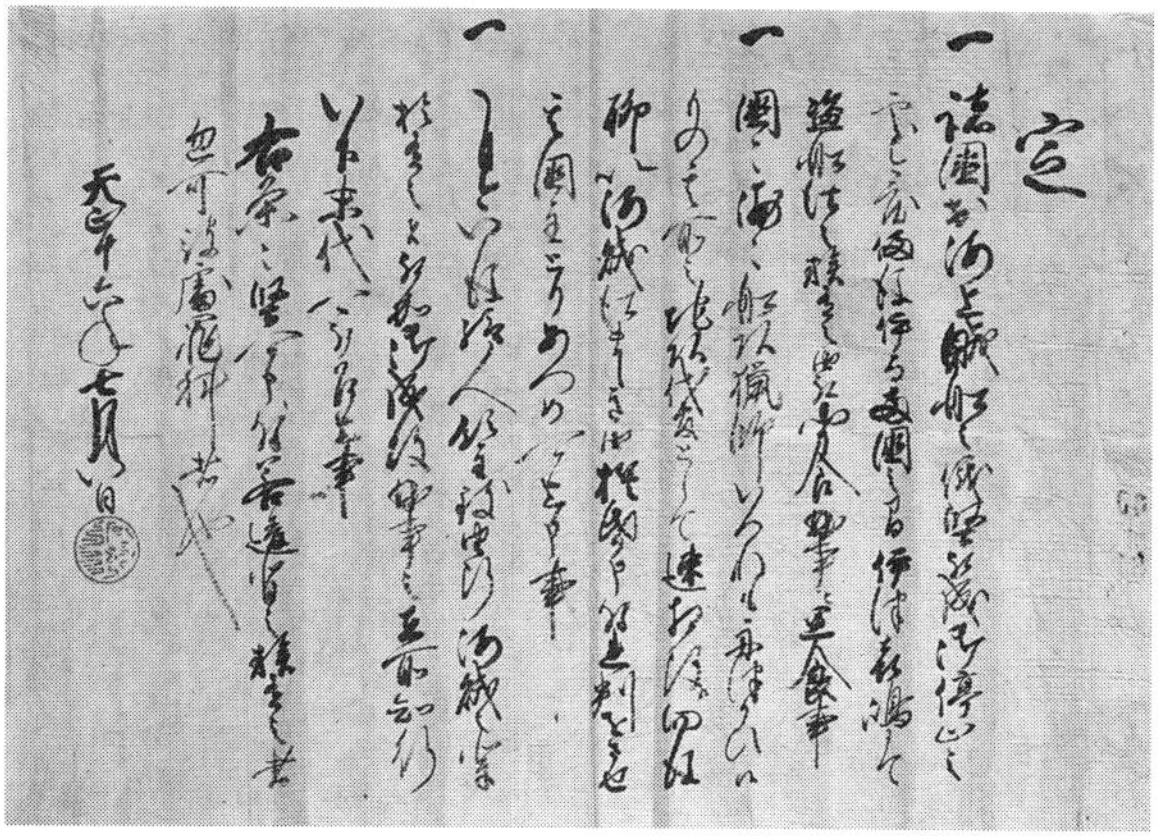

13—海賊停止令（立花家史料館所蔵、柳川古文書館寄託）

とりわけ、近年注目されている視点は、豊臣政権の貿易政策との関連である。豊臣政権は、直轄地とした長崎における貿易によって入手した商品を、京・大坂まで安定的に輸送するための条件整備として、障害となる「海賊」らの主体的活動を禁じたとされる。秀吉は天正十七年、島津氏に対して、生糸《きいと》など黒船《くろふね》（ポルトガル船）の積荷に対する豊臣政権による先買権《せんばいけん》の行使を通達しており（「島津家文書」）、海賊停止令の発布と併行して、大名・国人・商業勢力による個別・主体的な貿易に統制を加え、貿易の独占（先買権の行使）を図ろうとしていた（本多二〇一五）。

ただし、秀吉の意図は別として、海賊停止令によって、豊臣政権による貿易独占が実現し、諸大名の貿易活動が否定されたとはいえない。豊臣系大名である肥後熊本《くまもと》城主加藤清正《かとうきよまさ》が慶長二年（一五九七）にフィリピンに「唐船《からぶね》」を派遣して、小麦の輸出・金などの輸入をしたケースでは、政権に対して許可を求めており（中島二〇〇九）、諸大名の海外貿易が許可制であったことを示す事例といえるが、毛利氏のような有力な輸出品（銀）を有する大名についても、厳格な貿易統制が行われたとは考えがたい。

豊臣期末において、石見銀山から毛利氏へ上納される銀は年間三万枚程度に達している。これらの銀が贈答のみで消費されたとは考えられない。毛利氏と博多《はかた》町人との親密な関係から推測すると、博多経由で毛利氏領国内の銀が対外交易に用いられた蓋然性は高い。毛利氏自体の船が海外へ渡航した事例は確認できないが、実質的には対外交易にも参加していたといえよう。慶長二年、豊臣奉行人増田長盛・石田三成の家臣が検使《けんし》として、毛利氏領国における最大級の港町赤間関《あかまがせき》に滞在している。豊臣政権の毛利氏独自の交易に対する警戒がうかがえるが、許可制であったことを示す史料は確認できない。

三　朝鮮侵略と豊臣政権の動揺

1　豊臣政権下の対外認識

小田原《おだわら》城を包囲していた秀吉は天正十八年（一五九〇）四月、小田原攻略後に「出羽《でわ》・奥州《おうしゅう》・日の本はてまでも相改《あらた》められ、御仕置《しおき》等堅く仰せ付けられるべく候」という朱印状《しゅいんじょう》（「真田家《さなだけ》文書」）を発した。「日の本」とは日本列島の東端を指す用語であり、秀吉は奥羽仕置の一環として、「出羽・奥州」のみならず、そのさらに東方地域（当時の地理認識では、奥羽は関東の東方に位置すると考えられていた）を、豊臣政権の支配下に置こうとしていたのである。秀吉は天正十一年の段階で「東においては津軽《つがる》・合浦《がっぽ》・外浜《そとはま》までも我ら槍先に相堪えるべき様これなき」と記しており（『萩藩閥閲録《はぎはんばつえつろく》』）、「日の本」はこれらの地域を示すと考えられる。

蠣崎氏と蝦夷地

さらに、小田原開城後の天正十八年七月晦日付け秀吉朱印状（『武徳編年集成』）には「両国（奥州・出羽）の儀は申すに及ばず、津軽・宇曽利《うそり》・外浜まで」人質を上洛《じょうらく》させるよう指示したうえで、「蝦夷《えぞ》島へ御朱印下しなされ候」と記されている。このような対応の相違は、「日の本」に該当する津軽（津軽半島南部）・宇曽利（下北《しもきた》半島）・外浜（津軽半島北部）は、奥州・出羽両国には含まれない異域に隣接する境界地域、「蝦夷島」は国境の外にある異域とみなしていたことに基づくとされる（長谷川一九九八）。

また、天正十五年五月、秀吉は壱岐《いき》・対馬《つしま》から人質を提出して出仕してきたと記したうえで、「高《こう》麗《らい》の王」（朝鮮国王）に対して出仕を要求して、もし出仕しなければ成敗する意向を示している（「妙《みょう》満《まん》寺《じ》文書」）。一方で、天正十八年十一月の朝鮮国王宛秀吉朱印状写（「近衛家文書」）には「異域・遠島に及び悉《ことごと》く掌握に帰す」とある。秀吉にとって「蝦夷島」は朝鮮国と同様に異域であり、秀吉の武威に服して出仕すべき異民族の居住する地域であった。

実際に「蝦夷島」の支配者と称して出仕したのは、出自にさまざまな伝承があるものの、下北半島蠣崎《かきざき》（青森県むつ市）を名字の地とする蠣崎慶広《よしひろ》である。蠣崎氏は蝦夷島の松前《まつまえ》（北海道松前町）を拠点として、アイヌ民族と日本社会との交易活動を統制するなど、アイヌ社会を侵略しようとしており（榎森二〇〇七）、「異域」の民ではなかった。しかし秀吉は蠣崎慶広を、彼が従属していた出羽安東《あんどう》氏から独立した蝦夷島の支配者として認めることにより、自らが異域の征服者であることを演出した。

文禄二年（一五九三）正月、秀吉は「松前において、諸方より来る船頭・商人等、夷人に対し、地《じ》下《げ》人《にん》と同じく非《ひ》分《ぶん》儀申し懸けるべからず、ならびに船役事、前々より有り来る如く、これを取るべし」（「松前氏文書」）という朱印状を蠣崎慶広に対して発している。同時に「定」によって蠣崎氏にアイヌ民族との交易独占権を与え、蠣崎氏支配下におけるアイヌ民族の保護も打ち出したが、朝鮮侵略を重視する豊臣政権が、蝦夷島支配に直接介入することはなく、結果として、蠣崎氏によるアイヌ民族統制が進展することとなったのである。

秀吉は天正十年（一五八二）、亀井茲矩《かめいこれのり》に対して「琉球守《りゅうきゅうのかみ》」称号を授与した。それは、秀吉に琉球拝領を願った結果だとされる（紙屋一九九〇）。しかし、この時点における秀吉には、将来的な侵略意図は別として、具体的な琉球侵略計画があったとは考えがたい。

豊臣政権と琉球王国

豊臣政権による琉球王国への圧力が強まっていくのは、天正十五年に島津《しまづ》氏を服属させた後である。天正十六年八月、島津義久《よしひさ》は琉球国王宛書状を認《したた》めた（「島津家文書」）。そこには、琉球王国がそれ以前の服属入貢要求に対して明確な返答をしなかったため、「天下違背の族《やから》」とみなされ討伐されることが記されている。

この書状は天正十六年末頃、琉球王国へ届けられたが、ちょうどその頃、琉球国王尚永《しょうえい》が崩御したため、その後、尚寧《しょうねい》が即位していた。尚寧は万暦十七年（一五八九）五月二十七日付けで「日本国関白殿下」（秀吉）に宛てた書状を認めた。その内容は、「日本六十余州」が秀吉の幕下に帰服したことに対して、遠島にあり、身分が卑しく、小国であるため一礼が困難であったが、島津義久の勧めによって、進物を携え一礼を遂げたい、というものである（『続善隣国宝記《ぞくぜんりんこくほうき》』）。この書状を持った使者は九月、秀吉に謁見し、秀吉は進物を入貢、「一礼」を服属儀礼と捉えた。

秀吉は翌年二月二十八日付けで琉球国王宛返書を認めた（『続善隣国宝記』）が、その文体は、室町幕府将軍が琉球国王に用いていたかな書きではなく、朝鮮国王宛と同様の漢文体を用いている。これは、他のアジア諸国と同列に扱われる琉球王国が豊臣政権に服属したことを明示したものと解されている（黒嶋二〇一六）。一方で、秀吉返書において琉球は「異域」「異邦」に位置づけられており、異国を従える皇帝秀吉を目指す意思がうかがえる。

続いて、この年（天正十八年）八月に、島津義久は琉球王国に対して、関東平定を祝賀するための「綾船《あやぶね》」を仕立て、管絃役者らを上洛させるようにという秀吉の命令を伝えた（「島津家文書」）。異国による祝賀を可視化させることによって、秀吉の権威を誇示しようとしたのである。しかし、財政悪化に苦しむ琉球王国にとって、秀吉を満足させる「綾船」派遣は容易でなかった。

14—尚寧御後絵（個人蔵）

遅延している間に、「唐入り」計画が進み、天正二十年正月、秀吉は島津義久・義弘《よしひろ》宛朱印状（「島津家文書」）において、琉球は改易《かいえき》するつもりであったが、先年、義久が取次となって服属したので、存続を許し、島津氏の与力《よりき》とするので、「唐入り」にあたり、軍役《ぐんやく》を務め、島津氏が琉球勢を引き連れて出陣するように、と命じた（紙屋一九九〇）。さらに、三月には、天正十八年の秀吉返書の返上を命じられた（「島津家文書」）。琉球王国を島津氏の与力とした結果、琉球王国を異国の独立国家と認めていた秀吉返書との矛盾が生じたためである。

琉球王国は豊臣政権から課された軍役の一部を務めたようであるが、文禄三年（一五九四）に再度賦課《ふか》された際には、「国家衰末《すいまつ》」（財政難）を理由に、困難としている（「島津家文書」）。財政難も事実であるが、琉球王国は冊封《さくほう》された明《みん》国の服属国家であり、明国との戦闘に参加するわけにはいかなかった。琉球経由で日本の情報は明国へ伝わっており、琉球王国は冊封国としての義務も果たしていたのである。尚寧は親明派で、親日（薩摩《さつま》）派との対立があったとの見解もある（黒嶋二〇一六）。

いずれにせよ、豊臣期末の琉球王国は、財政難、豊臣政権の圧迫、朝鮮侵略戦争下における板挟みと国内対立という、危機的な状況に直面していたのである。

「惣無事」の拡大

秀吉は四国国分後の天正十三年（一五八五）九月の朱印状（「小松一柳《ひとつやなぎ》文書」）に「唐国《からくに》まで仰せ付けられ候心に候」、翌年四月の毛利《もうり》氏に宛てた九州出兵に関する「覚」（「毛利家文書」）には「高麗《こうらい》御渡《と》海《かい》事」と記した。また、毛利氏宛「覚」と同時期の『イエズス会日本年報』に「朝鮮及びシナ国を征服するために

15—南蛮屏風（大阪城天守閣所蔵）

渡航する決心をした」、同年八月の秀吉朱印状（「黒田家文書」）には「唐国までなりとも仰せ付けらるべきと思し召され」とある。このように、秀吉は天下一統を完成させる以前から、中国大陸の制圧を念頭に、朝鮮半島への渡海を計画していたが、これは信長の構想を引き継いだものであった。

また、秀吉の朝鮮・中国への侵略意思が四国出兵・九州出兵といった「惣無事《そうぶじ》」違反に対する武力行使と関連して示されていることから、「惣無事」概念を拡大するという秀吉の意向がみられる。先にみた「妙満寺文書」においても、壱岐・対馬の延長線上に朝鮮国王を置いており、朝鮮国に対しては「惣無事」概念を適用している。一方で、明国に対する方針は異なっていた。

天正十六年八月の琉球国王への服属入貢要求時に「東西一国残らず、（秀吉の）御下知になびき、天下一統の御威晃《いこう》、更に禿筆《とくひつ》に及ばず」としたうえで、事実とは異なるが、朝鮮国が服属の意思を示して、まもなく出頭すると伝えている（「島津家文書」）。これに対して「唐土《もろこし》・南蛮《なんばん》両州」は使者を送って交渉中であるとしているが、現実に明国への服属要求を行った形跡はない。

先に引用した天正十八年十一月の朝鮮国王宛秀吉朱印状写には「既に天下大いに治まり、百姓を撫《ぶ》育《いく》し、孤独を憐愍《れんびん》す、故に民《たみ》富み、財足り、土貢《どこう》は千古《せんこ》に万倍す」とあり、秀吉の「惣無事」によって、日本国内における平和を実現し、国に繁栄をもたらしたことを誇るとともに、「予《よ》、国家の山海の遠きを隔《へだ》つるにいさぎよしとせず、一超、大明国に直入し、わが朝の風俗を四百余州に易《か》え」るとしている。

秀吉は国内の大名・領主層に対して、中国大陸への出兵を従来の「惣無事」違反に対する軍事制裁と同一基調にあると示唆する一方で、朝鮮国に対しては、優れた日本国を拡張するために、中国大陸を制圧するといった野心を隠していない。秀吉自身、明国への服属要求が現実的でないことを認識しており、その意味では、秀吉の対外認識は一定程度正確であったといえよう。しかし、明国を宗主国とする朝鮮国が、秀吉の征明を嚮導《きょうどう》すると考えた点、中国大陸の制圧が可能であると考えた点は、自己に対する過大評価といわざるをえない。ゆえに、天正十八年に通信使《つうしんし》副使として日本へ赴き、十一月に秀吉と面会した金誠一《キムソンイル》は秀吉を「ただ一狂暴人」と評価し、秀吉の言動には実現しないものも多いので、渡海計画を真に受ける必要はないとした（「寄斎史草」）。

金誠一の認識とは異なり、秀吉の渡海計画は妄想でなかった。また、朝鮮の実情に詳しい対馬宗《そう》氏も征明嚮導の非現実性を認識していたため、交渉に窮して、「征明嚮導」を「仮途入明」にすり替えて、朝鮮国を説得しようと試みた。「仮途入明」とは、明国が長らく日本との国交を断絶して朝貢を許さないことに対して、秀吉が不満を抱いているため、日本から明国への朝貢ルートを、明国の許可を得て朝鮮国が提供するという案である。しかし、このようなまやかしは何の解決策にもならず、秀吉は朝鮮侵略へと突き進むことになった。

「日輪の子」と神国思想

従来の中華帝国の枠組みの中では非現実的と思われた朝鮮国の服属・中国大陸の制圧を現実化し、侵略行為を正当化する理論が、「日輪《にちりん》の子」秀吉神話と神国日本思想である。

「日輪の子」秀吉神話は、朝鮮国王宛秀吉朱印状写にあらわれている。「予、托胎《たくたい》の時に当り、慈母《じぼ》、日輪懐中《かいちゅう》に入るを夢む」とするものであるが、このようなストーリーは東アジア社会における王者生誕説にしばしばみられ、中国王朝の始祖（漢《かん》の劉邦《りゅうほう》など）、とりわけ、征服王朝の始祖（隋《ずい》の楊堅《ようけん》、北魏《ほくぎ》の道武帝《どうぶ》、モンゴルのテムジン）にも類似した神話が残されている。この朱印状の文案を作成した僧西笑《せいしょう》承兌《じょうたい》は五山《ござん》に蓄積された博識に基づき、秀吉の大陸制圧が天命に叶うものであるという神話を創作した（北島一九九五）。

朱印状の続きには、人相見《にんそうみ》の「日光の及ぶところすべてに君臨し、壮年には八方の遠き果てまでその仁徳は知れ渡り、四海に威名が轟《とどろ》くことは疑いない」という予言が記されており、秀吉による大陸制圧が「日輪の子」として予定されていたものであることを強調する。これ以前の天下一統戦争や、蝦夷国・琉球王国に対する服属要求においてはみられなかった「日輪の子」神話が、この時期に登場した理由を推測すると、奥羽仕置によって天下一統を成し遂げたこと、朝鮮国からの通信使来日を服属の使節と誤認した（交渉にあたった宗氏が故意に誤認させた）結果、中国大陸制圧が視野に入ったと思い込んだこと、一方で、朝鮮国に大陸侵攻を嚮導させるためには「天命」が必要であったこと、をあげることができよう。

このの ち秀吉は、文禄二年（一五九三）の小琉球《しょうりゅうきゅう》（フィリピンあるいは台湾）・高山国《こうざんこく》（台湾）に対する入貢要求においても、秀吉が「日輪の子」であるがゆえに、異域を服属させることができたとしており（中野二〇〇六）、「日輪の子」神話は、秀吉を皇帝とする東アジア大帝国の形成を正当化する基本理論となっていった。

次に、神国思想は次項でみていくバテレン追放令にもみられるところであるが、朝鮮・中国侵略が具体化していた天正十九年（一五九一）七月、秀吉がインド副王に宛てた朱印状（天理大学附属天理図書館所蔵）にも「それわが朝は神国なり」とある。また、神は万物の根源であるとし、その神は、竺土《じくど》（インド）においては仏法（仏教）をなし、震旦《しんたん》（中国）においては儒道《じゅどう》（儒教《じゅきょう》）をなし、日域（日本）においては諸神道といわれる、としている。この理論（三教一致《さんきょういっち》思想）は、日本・中国・インドに対等の価値を与えたようにもみえるが（高木二〇〇三）、朱印状の前半部分では、中国大陸を制圧したうえで、インドへ向かうと威嚇しており、この朱印状は、同じ神に思想的源流を持つ日本・中国・インドの三国を、秀吉の武威によって一統する意思を示すことに主眼があったと考えられる。

また、朝鮮侵略戦争開始後の文禄二年六月、秀吉が偽の明使節に示した条目（「南禅旧記《なんぜんきゆうき》」）も「それ日本は神国なり」で始まるが、三教一致思想にはふれることなく、日本の神と中国の天帝《てんてい》とを同一視して、日本は「神代《かみよ》の風土を帯び、王法を崇《あが》め、天の則《のり》を体《てい》し」ているとした。ここでは、神国日本の優位性はうかがえず、むしろ、日本と中国との共通性・親密な関係を強調したうえで、秀吉がいわゆる倭寇《わこう》を取り締まったことに対する明国の謝意がなく、日本国を軽んじたため、征討軍を送ったと弁解している。

秀吉の神国思想は対外侵略を正当化するための方便であり、時宜に応じて変化していたことを示すものといえよう。

バテレン追放令

天正十五年（一五八七）六月に発布されたバテレン追放令も「日本は神国」で始まっている。第一条において、日本は神国であるため、キリシタン国から邪法《じやほう》を授かることを禁止し、第二条において、キリスト教信者の増加に伴う神社仏閣の破壊は前代未聞であり、給人《きゆうにん》は天下の法度《はつと》を守らなければならないのに、下々《しもじも》が勝手な行動をとるとはけしからぬことであるとした。そのうえで、第三条において、バテレン（宣教師《せんきようし》）の追放を命じたのである。

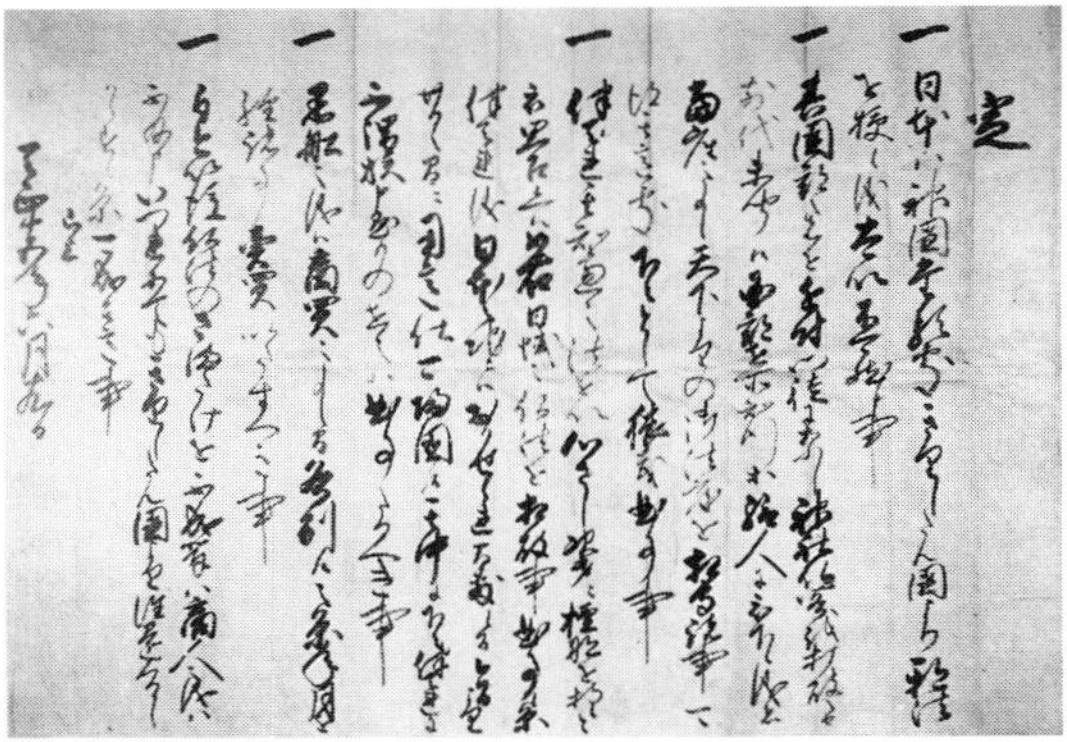

16―バテレン追放令（松浦史料博物館所蔵）

この部分の趣旨は、バテレン追放令の一日前の日付が記された「覚」によって明確になる。第一〜二条において、給人による民衆の強制改宗を禁止した一方で、個人のキリスト教信仰を認めている。第三〜五条においては、大名・領主層のキリスト教信仰に関する基準・処罰規定であるが、下層領主については「八宗九宗の儀候条」その者一人の信仰であれば問題ないとしており、キリスト教を仏教八宗派と同列に扱っている点が注目される。第六〜八条目では、一向宗《いっこうしゅう》を事例にあげて、宗教勢力による地域支配が天下の障害になるとし、また、大名が家臣を強制的にキリスト教に改宗させることを、一向宗以上に警戒している（山本二〇〇九、岡二〇一四、清水二〇一七）。

次に、バテレン追放令の第四条は商売のための黒船来航を認めたもの、第五条は仏法の妨げをしない者は、商人以外についてもキリスト教国からの往還を認めたものである。

これらの規定から、バテレン追放令の主眼は、一向宗のように、キリスト教を信仰する大名・領主層と民衆とが強く結合して、豊臣政権の意向に従わない地域国家が形成されることを抑止することにあったといえよう。効果的な抑止策として、集団的な改宗を図ろうとする宣教師を追放したのである。しかし、キリスト教国との交易には積極的であったため、キリスト教信仰自体は禁止しなかった。個人の改宗は、小領主層であろうと認めたため、キリスト教信者の抑制にはつながらなかったのである。

また、バテレン追放令にみられる神国思想は、宣教師を追放するためのレトリックであったとされる。かつては宣教師を保護していたこととの政策矛盾を糊塗するために、神社・仏閣の破壊といった「神国」日本の尊厳を侵す行為があったことを理由として、宣教師追放を正当化したのである（清水二〇一七）。

諸大名の対外認識

朝鮮・中国・南蛮（東南アジア）といった東アジア社会と結びつき、グローバルな活動を展開していた九州地域の諸大名は、豊臣政権の企てた対外侵略に対して、どのような認識を有していたのであろうか。

天正十六年（一五八八）八月、琉球国王宛書状を認めた島津義久は、秀吉の服属入貢要求に応じない場合、征討軍が派遣され、琉球王国は滅亡することを告げ、「琉・薩旧約」に基づき、服属を決断するよう忠告した。琉球王国の実情に詳しい島津氏は、豊臣政権軍に敗れた経験から、戦闘になると琉球に勝ち目がないと分析しており、かつ、豊臣政権が直接的に琉球へ進出することによって、自らの持つ対琉球交易権益が奪われることを警戒していたと考えられる。

対朝鮮交渉を担った対馬宗氏が、朝鮮国との戦闘回避のためにさまざまな詭弁《きべん》を弄したのも、秀吉の東アジア帝国構想が夢想に近いものであることを認識していたことに加えて、自らの対朝鮮交易権益を確保するためである。天正十七年八月の「朝鮮王朝実録」には、交易によって利益を受けている宗氏が、通交の継続・開戦の回避に動くであろうという朝鮮の認識がみられる。

一方で、天正十九年八月、加藤清正は家臣に対して翌年三月の唐入りを告げ、「大唐において二十ヶ国拝領せしむ」としている（「渋沢栄一氏所蔵文書」）。豊臣系大名をみると、亀井茲矩が朝鮮侵略戦争開始前後から称した「台州《だいしゅう》守」とは、中国浙江《せっこう》省台州のことである。先にみたように亀井はこれ以前の天正十年に「琉球守」称号を授与されていた。そののち、九州国分前後に「武蔵守《むさしのかみ》」へと官途名を変えていたが、日本国外における所領の獲得を引き続き願望しており、中国大陸制圧の暁には、台州を拝領することを許されたのであろう（田中一九九八）。

彼らは秀吉に仕え、戦功をたてることによって、徐々に所領を拡大して、大名へと登り詰めた。拡大を続けることこそが彼らのアイデンティティだったのであり、天下一統が成し遂げられたのち、その欲望の矛先は日本国外へと向かっていたのである。そこには、戦場となる地域に対する分析などはない。武力を振るうことのみを考えていた。その点、豊臣系大名ではないが、奥羽仕置によって所領を減じた伊達《だて》政宗《まさむね》も、所領回復のための活躍の場を求めていた。ゆえに、文禄二年（一五九三）に朝鮮半島へ渡海した際には「かかる御せけん《（世間）》にうま《（生）》れあい、から《（唐）》・こうらい《（高麗）》への御さきがけ《（先駆）》」を非常に満足だ（「伊達家文書」）としたのである。

しかし、西国大名でさえ、国外の実情には疎かった。朝鮮半島へ渡海した毛利輝元は、天正二十年五月、朝鮮軍が手弱いと評価する一方で、朝鮮半島の広さに驚き、現在渡海している人数で朝鮮を統治することはできない、また、言語が通じないため、多くの通詞《つうじ》（通訳）が必要だとしている（「巻子《かんす》本厳島文書《ほんいつくしまもんじょ》」）。占領統治の基本となる通詞のことも考慮していなかった無理解・無計画は、大名のみならず、秀吉も同様であり、このような対外認識の甘さを抱えて、無謀な侵略へと突き進んだのである。

2 「唐入り」と朝鮮半島における戦闘

第一次侵略と秀吉の軍令

天正二十年（一五九二）正月、秀吉は中国大陸侵略に向けて、中国・四国・九州の諸大名へ動員令を発したが、一方で、宗義智《よしとし》・小西行長《こにしゆきなが》の両名が朝鮮による「征明嚮導」の正否を見極めるために渡海するとして、軍勢の発進は止めていた。ところが、「征明嚮導」を「仮途入明」にすりかえて交渉していた宗らは、進退に窮して対馬にとどまったままであった。朝鮮国からの返答がないことに怒った秀吉は、三月半ば、朝鮮国の出仕・不出仕に関係なく、軍勢を渡海させて朝鮮半島に上陸して、城を構築するように指示した。

秀吉の指令にもかかわらず、先鋒《せんぽう》の小西らは使者を派遣して事態の打開を試みたが（中野二〇〇六）、

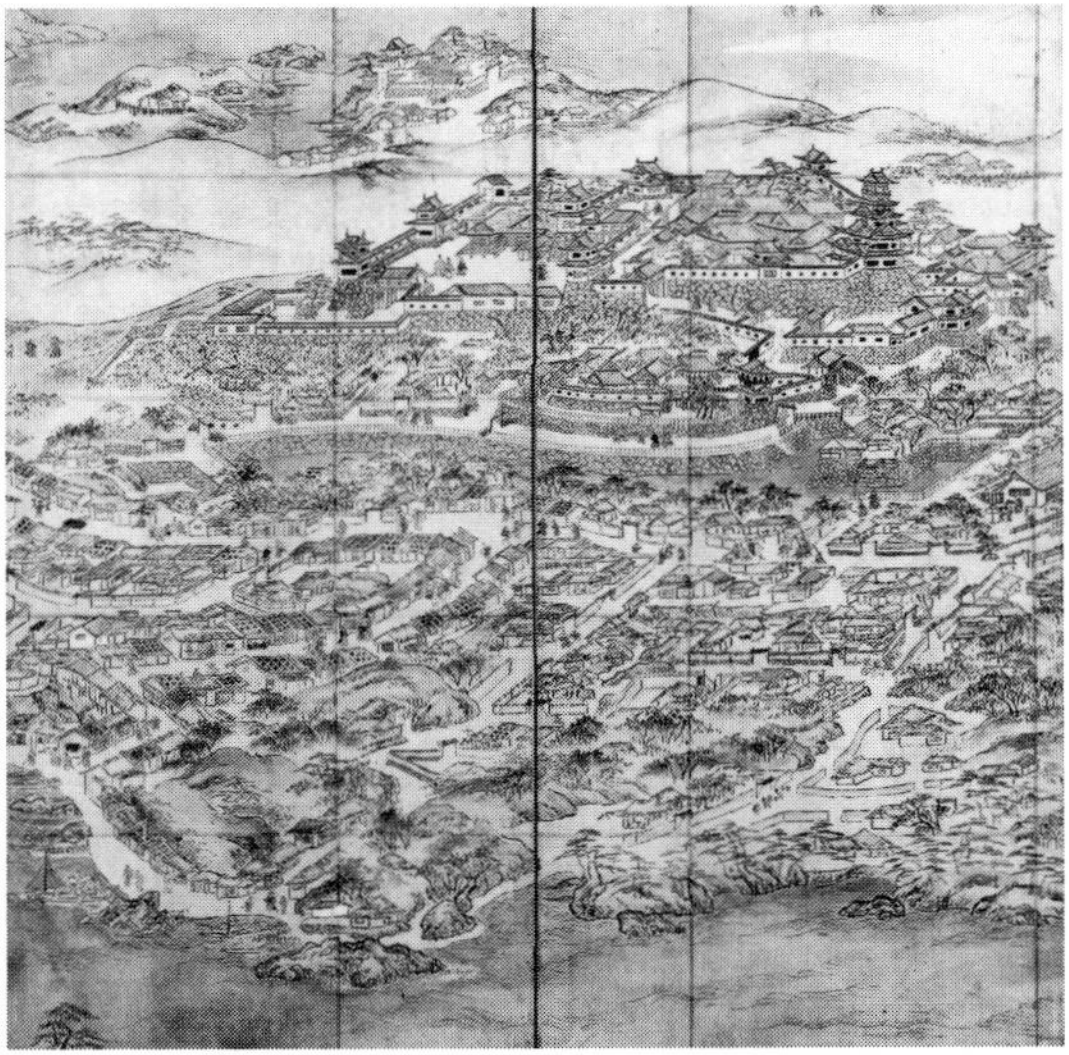

17―肥前名護屋城図屏風（部分、佐賀県重要文化財、佐賀県立名護屋城博物館所蔵）

朝鮮国には日本軍に対して協力する意思はなく、四月十二日、小西勢は対馬を出立して釜山《プサン》へ上陸した。小西はそれでもなお、交渉時の主張のとおり「仮途入明」を要求したが、拒否されたため、釜山鎮を攻撃して攻略に成功した（「壬辰異聞」）。ここに、第一次朝鮮侵略戦争が始まったのである。

秀吉の征明計画はすでに朝鮮国から明国へ通報されていたが、日本軍の上陸時における朝鮮の備えは十分でなく、明からの援兵も到来していなかったため、緒戦においては日本有利に展開した。朝鮮国王は都漢城《ハンソン》から逃走して、五月三日、小西・加藤清正勢が漢城へ入った。日本軍はさらに北上を続けたが、先にみた毛利輝元の認識のように、日本軍が通過した地域の支配は容易でなく、慶尚道《キョンサンド》などにおいて義兵が蜂起したほか、李舜臣《イスンシン》の率いる朝鮮水軍に日本水軍が敗れるなど、後方の兵力・物資補給ルートは分断されつつあった。

秀吉は自ら渡海すべく準備を進めていたが、徳川家康・前田利家の制止によって延期した。その理由として、天候をあげているが、実際には、秀吉のほか、それに続く東国軍を輸送する船舶数の不足が大きかった（中野二〇〇六）。秀吉が渡海しなかったことにより、その後の日本軍の軍事行動は秀吉の軍令に基づくこととなり、また、秀吉に代わって渡海した石田《いしだ》三成《みつなり》・増田《ました》長盛《ながもり》・大谷吉継《おおたによしつぐ》ら奉行《ぶぎょう》衆《しゅう》が占領地支配を統括することとされた。

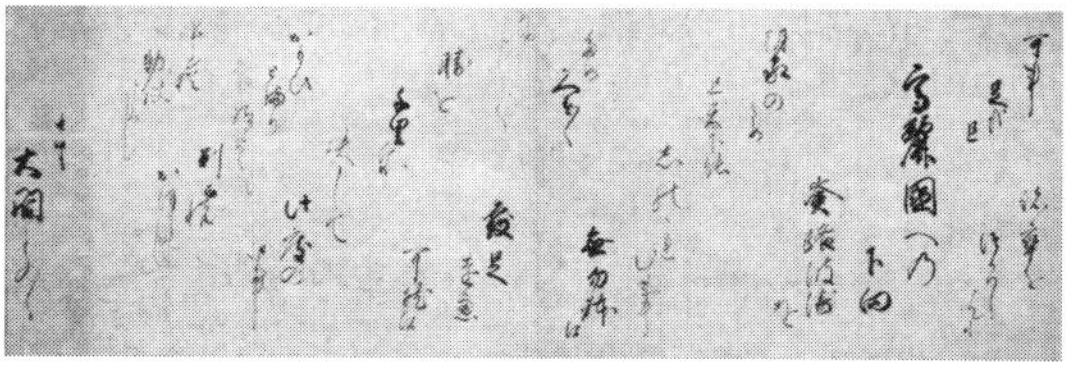

18—後陽成天皇宸翰（京都国立博物館所蔵）

秀吉の渡海延期は一時的なものの予定であったが、母大政所《おおまんどころ》の危篤をうけて大坂《おおさか》へ帰った秀吉に対して、九月、後陽成《ごようぜい》天皇から渡海中止を願う「叡慮《えいりょ》」が下された。従来の通説では、中国大陸制圧後に北京《ペキン》へ移徒するものとしていた天皇による、事実上の移徒拒否宣言とみなされてきたが、近年、「叡慮」は伝《てん》奏《そう》と所司《しょし》代前田《だいまえだ》玄以《げんい》との協議で調整・創作されたもので、秀吉の方針転換のきざしに呼応したものと評価する説がみられる（跡部二〇一六）。秀吉の転換は、戦況の変化に加え、国内情勢の不安定化（六月の島津氏家臣による軍役拒否を理由とする梅北一揆《うめきたいっき》の勃発）をふまえたもので、その後も秀吉は渡海への意気込みをみせており、勅命には拘束されていない。一方、明軍は六月半ばに朝鮮へ到来したが、当初の救援に失敗したため、さらに兵力を増強していった。それに加えて、伸びきった戦線を寸断する義兵の蜂起、兵粮《ひょうろう》不足といった日本軍に不利な要素が、日本側の戦況悪化につながっていった。

そのような戦況の悪化により、秀吉自身の渡海は困難になっていく。その結果、日本軍は秀吉の軍令というタイムラグのある指揮による軍事行動を余儀なくされるのである。天下一統を成し遂げたとはいえ、有力大名の自律性を容認したまま、朝鮮侵略戦争に突入した結果、朝鮮半島に展開していた日本軍は各大名の連合軍であり、それをまとめる指揮官が現地に不在という指揮命令系統の混乱が、戦線の拡大につれて顕在化することとなった。

講和交渉の展開

天正二十年（一五九二）九月、小西行長と明の沈惟敬《しんいけい》が会談して、一旦、停戦が成立している。その際の小西の主張は、明への封貢《ほうこう》要求に加え、朝鮮半島の領土分割であったが、沈は皇帝の許可を得るための時間が必要として、期限付き停戦のみ合意した。沈の真意は別として、朝鮮領土割譲の拒否、日本軍の朝鮮半島からの撤退が明の多数意見となったため、軍備を整えた明の大軍は、文禄二年（一五九三）正月、平壌《ピョンヤン》を攻撃し、小西らは撤退を余儀なくされた。

ところが、追撃した明軍が碧蹄館《ピョクジェグアン》の戦いで敗れると、反発する朝鮮を無視して、日明間で講和を成立させようとする動きがみられるようになる。条件は、日本軍の撤退、捕らえられた朝鮮二王子の返還、秀吉の大明皇帝への謝罪であり、その代わりとして、寧波《ニンポー》経由の入貢許可と秀吉への日本国王封号《ほうごう》が提示された。

一方の秀吉は、平壌の敗戦をふまえ、指揮命令系統の混乱を防ぐべく、宇喜多秀家《うきたひでいえ》を大将、小早川《こばやかわ》隆景《たかかげ》らを補佐とする体制を指示しており、秀吉自身の渡海は再延期されていた（中野二〇〇六）。また、朝鮮半島南岸における城郭普請《ふしん》を指示して、制海権の確保と朝鮮半島南部の安定的占領に方針転換した。

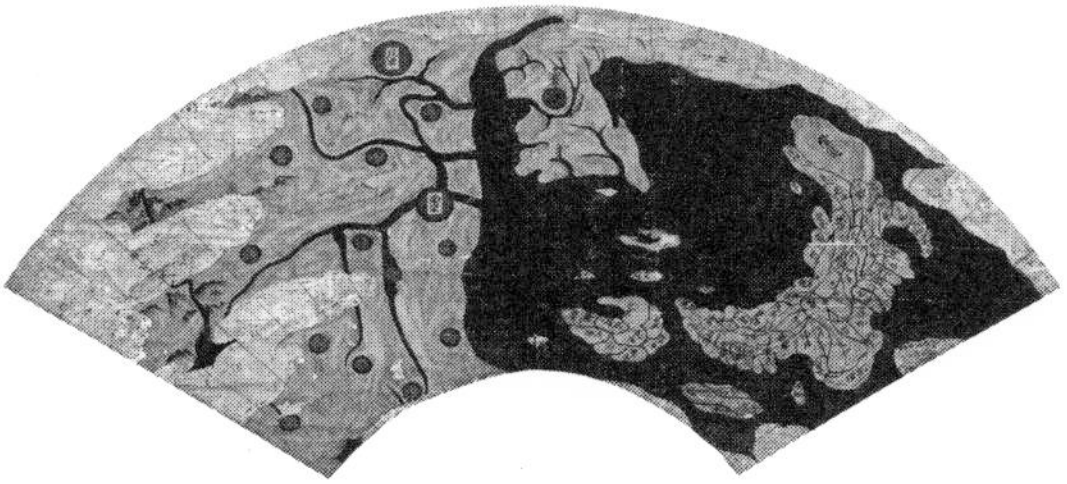

19―扇面三国図（大阪城天守閣所蔵）

秀吉の方針転換によって、日本軍は四月に漢城からも撤退したが、同時に、秀吉の権威を保つべく、偽の「勅使」が日本へ降伏の使者・人質として来訪することとなった。明側は、秀吉の謝罪を受けるという目的での訪日と考えており、日明の認識はまったく異なっていたが、講和を進めるために日明の謀議によって練り出された弥縫策《びほうさく》であった。

明の使節は五月に名護屋《なごや》へ到着して、秀吉と会見したのち、六月に日本側から示した講和の条件を携えて帰国した。その主要な条件は、大明皇帝の娘を日本天皇の后《きさき》とすること、勘合《かんごう》貿易の復活、漢城・北四郡は朝鮮国へ返還、朝鮮王子・家老を人質として提出、などであった。講和交渉を進める一方で、返還対象から除外した朝鮮半島南部の支配を既成事実化するために、六月、日本軍は晋州《チンジュ》城を攻略したが、降倭《こうわ》も続出し、日本軍は朝鮮半島南岸に倭城《わじょう》を築造し、在番体制を構築していった。

このような日明朝三国の思惑が入り混じるなか、秀吉は朝鮮半島から帰還する一部の大名を引き連れ、晋州城攻略という成果を携え、華々しく大坂へ凱旋《がいせん》することとした（中野二〇〇六）。現実の苦戦を糊塗して、秀吉の権威を守るためのパフォーマンスである。しかし、秀吉が、男児（のちの秀頼《ひでより》）誕生の報に接して、いち早く大坂へ向かったために、このパフォーマンスは実現しなかった。

講和交渉の破綻

秀吉が日本優位の講和を提案したにもかかわらず、交渉現場においては、小西と沈の画策によって、秀吉の提示した条件を秘匿し、日本が降伏を申し入れる使節として小西家臣内藤如安《ないとうじょあん》を北京へ派遣しようとした。日明双方が偽りの降伏使者を送るという欺瞞《ぎまん》に満ちた講和交渉である。明側が秀吉の「降表」を要求したため、小西と沈は「降表」を偽作した。その内容は、日本が明国の「赤子」になることを朝鮮国経由で申し入れようとしたが、朝鮮によって秘匿されたために開戦した、秀吉の日本国王冊封によって日本は明国の臣となる、といったもので、秀吉の提示した条件とはまったく異なるものであった。このような小西・沈の画策を知った朝鮮は、秀吉条件と異なる交渉を、加藤清正に知らせて、日本側の内紛を画策した。このことが清正と行長の不仲を拡大していく。

文禄三年（一五九四）十二月、北京において大明皇帝に拝謁した内藤如安は、秀吉への冊封許可を得たが、朝鮮半島からの完全撤退を誓約させられた。文禄四年正月に明国の冊封使は北京を出立して、十月には釜山へ至ったが、日本軍に撤退の様子がみえなかったうえ、冊封使は訪日後殺害されるとの風評を聞き、文禄五年四月、正使李宗城《イジョンソン》は逃亡した。やむなく、副使楊方亨《ようほうこう》を正使、沈を副使として、九月一日、大坂城における秀吉との対面が実現した。その場で、秀吉は「日本国王」に封号され、会見はつつがなく終了したが、翌日の饗宴《きょうえん》において、明使が朝鮮半島からの日本軍完全撤退を要求したため、秀吉の怒りを買い、講和交渉は破綻したとされる（『両朝平攘録《りょうちょうへいじょうろく》』）。

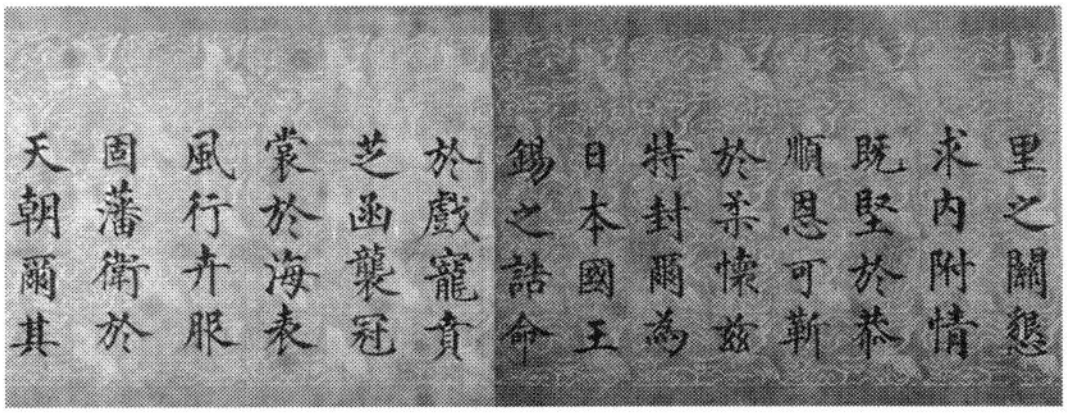
里之關懇
求内附情
既堅於恭
順恩可靳
於柔懐兹
特封爾為
日本國王
錫之誥命
於戲寵賁
芝函襲冠
裳於海表
風行卉服
固藩衛於
天朝爾其

20―明王贈豊太閤冊封文（部分、大阪歴史博物館所蔵）

ただし、秀吉の言動には疑問も残る。小西らによる講和交渉における条件と、秀吉の提示した条件とに差異があることは、加藤清正に伝わっており、秀吉は九月二日に明使から通告されるまで知らなかったのか。沈は秀吉激怒の理由について、朝鮮王子が来日しなかったことをあげており（「日本往還日記」）、秀吉自身、そのことを理由に朝鮮再侵略を指示している（「島津家文書」）。一方で明使との対面の際、同行していた朝鮮使について、秀吉は王子未来日を理由に同席を許しておらず、明国と講和するものの、朝鮮国との戦闘継続を考えていたのではなかろうか。明側の交渉窓口沈も朝鮮国に責任転嫁しようとしており、明国が朝鮮国を生け贄《にえ》にする可能性もあった。

秀吉は国内向けに明使を降伏の使者とみなしており、勝利した日本にとって、領土獲得が必要であった。領土が獲得できなければ、秀吉の威信は著しく傷つく。また、軍役を賦課した大名・領主層に対する報償としても領土拡張が不可欠であった。このようにして、秀吉は明国との関係を曖昧にしたまま、第二次朝鮮侵略へと向かうのである。

第二次侵略と政権崩壊の萌芽

秀吉が再侵略の意思を明らかにした一方で、明国においては、日本との欺瞞外交を主導した沈や冊封使として日本へ赴いた楊方亨が失脚していく。大明皇帝には秀吉の提示した条件は伝わっておらず、秀吉の望む冊封を認めたにもかかわらず、日本軍が朝鮮半島から撤退せず、さらに再侵略を企てていることの責任を問われたのである。沈・楊の失脚は、秀吉の目論見とは異なり、日本の再侵略に対する明国の朝鮮支援姿勢を示すものであった（北島一九九五）。

朝鮮渡海中の日本軍においては内部分裂がみられた。慶長二年（一五九七）正月、講和不成立の原因は戦闘継続を望んだ加藤清正にあるとして、小西行長は清正の移動情報を朝鮮側に密告して、清正を討つようにそそのかした（「壬辰録」）。清正攻撃は李舜臣の反対によって実行に移されなかったが、小西の情報は正確なものであったため、李の一時失脚につながった。小西は前年九月の講和交渉破綻後も講和の努力を続けていたが、この事件ののち、清正も朝鮮国との講和を模索している（中野二〇〇六）。その際に提示した条件には大きな差はなく、清正が戦闘継続を望んだとするのは小西の偽言であり、先にみた複数の「手筋」を用いるという秀吉の手法が、小西と清正の争いにつながったのである。

慶長二年六月に始まった第二次侵略戦争においても、当初は日本軍有利に展開したが、十二月、普請中の蔚山《ウルサン》倭城を明・朝鮮軍が急襲して、加藤清正らが籠城に追い込まれ、戦況は転換した。翌年正月に日本の援兵が到来して、明・朝鮮軍は撤退したが、この戦闘の際の論功行賞と、その後の戦線縮小問題が、豊臣政権崩壊の萌芽となっていく。

まず、論功行賞では、蔚山を急襲した明・朝鮮軍に緒戦で敗れるという失態を犯した毛利氏について、毛利氏の使僧安国寺《あんこくじ》恵《え》瓊《けい》と、毛利氏の取次を務める増田長盛・石田三成との隠蔽工作によって、逆に秀吉感状を賜ることとなったが、救援に加わった毛利家一門吉川広家《きっかわひろいえ》の戦功はもみ消された。これによって、長盛・三成—輝元の連携関係が強化された（津野二〇〇二）。

明・朝鮮軍撤退後、宇喜多秀家・毛利秀元《ひでもと》・蜂須《はちす》賀《か》家政《いえまさ》ら現地諸将は、一部の倭城を放棄して、伸びた戦線をコンパクトにしようという提案を行ったが、秀吉の怒りを買った。さらに、軍目付《いくさめつけ》福原長《ふくはらなが》堯《たか》・垣見《かきみ》一直《かずなお》・熊谷直盛《くまがいなおもり》が帰国して渡海諸大名の動向を報告した結果、家政や黒田《くろだ》長政《ながまさ》が秀吉から譴責《けんせき》された。これが戦線縮小問題である。しかし、戦線縮小を提案した諸将の多くは譴責されておらず、家政・長政は援兵の際に朝鮮・明軍を追撃しなかったことを「臆病」とみなされたのである。

福原らが三成と親密な関係にあったことから、譴責された家政・長政は、三成の画策を疑い、豊臣系大名内において、反三成派が形成されていった（笠谷二〇〇〇）。このような対立構造が、秀吉死没後に表面化していくのである。

21—蔚山攻城図屛風（部分、福岡市博物館所蔵）

第一に、戦場となった朝鮮半島においては、戦闘による死傷者・日本への連行といった人的損害、農地の荒廃・建築物の焼失・戸籍など国家と統治に必要な台帳類の亡失・美術品や書籍などの略奪といった物的損害が生じた。農地の荒廃は食糧難を招き、餓死者・生活困窮者を発生させ、税収減によって国家財政も危機的状況になった。このため朝鮮王朝は、全国的に量田《りょうでん》を実施して課税対象地を拡大するとともに、大同法《だいどうほう》といった新たな貢納制度の導入を図って、財政再建に努めた。また、中央軍事機構について、五軍営制への再編によって兵力増強を図った（六反田二〇一七）。

また、多くの民衆が大移動を行った結果、奴婢《ぬひ》の逃亡が続発した。奴婢数の急激な減少は、両班《ヤンバン》（特権的な官僚階級）が奴婢の移動を共同で抑えていた体制が崩れていくことにつながったとされる（鄭二〇〇五）。

第二に、朝鮮への援兵を派遣した明国においては、多額の軍事費支出によって財政が悪化した。また、援兵の指揮官を務めた李如松《りじょしょう》が、遼東《りょうとう》総兵として遼東地域を統御していた李成梁《せいりょう》の子であったため、朝鮮侵略戦争は明国による遼東地域支配体制に弛緩《しかん》を生じせしめた。その結果、明国に恭順的であった李成梁の庇護《ひご》をうけていたヌルハチの勢力拡大、女真《じょしん》（女直《じょちょく》、満州《まんしゅう》）族統合が進展していったのである（山根一九九九）。

一六〇八年に李成梁が失脚すると、ヌルハチと明国との関係は悪化していき、一六一八年、ヌルハ

「唐入り」が東アジアに残したもの

チは明国との戦闘に突入していった。これ以降、明国は衰退して、一六四四年、李自成《りじせい》の乱によって滅亡。その後、ヌルハチの孫順治帝《じゅんちてい》が北京に入って、清《しん》国による中国支配へと進んでいったのである。

3 豊臣政権の動揺と大名

太閤と関白 天正十七年(一五八九)五月にようやく誕生した秀吉の後継者鶴松《つるまつ》は、天正十九年八月、わずか三歳で夭折《ようせつ》した。また、秀吉は中国大陸の制圧に向けて自ら渡海する予定であったため、天皇を補佐する役割をもつ関白職を渡海前に委譲する必要があった(中野一九九六)。そこで、姉の子羽柴秀次《はしばひでつぐ》を養子として、十二月、関白職を秀次へ譲った。

秀次への関白職委譲が豊臣政権にどのような問題を惹起《じゃっき》せしめたのか。通説(朝尾一九九四、三鬼二〇一二a)においては、次のように説明されてきた。

政権内部における政治的な権限の分掌、すなわち、太閤《たいこう》秀吉=主従制的支配権、関白秀次=統治権的支配権(国郡制《こくぐんせい》的支配権)という二元体制が形成された。しかし、文禄二年(一五九三)に秀吉に実子秀頼が誕生したことによって、秀頼を三代目武家関白の座につけるためには、秀吉が全領主階級を統率できることが絶対的条件であったため、秀次およびその血縁者族滅計画が進行した。

これに対して、近年、次のような説が提示されている。

中国大陸侵略計画の推移（第一段階：天皇の北京移徙計画消滅に伴う関白政権による内治管掌と秀吉による外征専念、第二段階：事実上の大陸侵略断念に伴う国内における太閤・関白並立）が秀吉・秀次関係を規定し、外征失敗による政権の矛盾・混乱を克服するために、権力体系の一元化＝太閤権力による関白政権の圧伏・包摂が行われた（中野一九九六）。

関白と太閤による二元体制は代替わりの混乱をおさえるために秀吉が意識的に選択した手法であり、過渡的体制であった。秀吉は秀頼誕生後も秀次援助を継続している一方、秀次が国家公権にかかわる統治分野において秀吉を上回る権限を有していたわけではない（跡部二〇一六）。

卑見を記すと、豊臣政権における絶対的権力者は一貫して秀吉であり、内治に関する権限は委譲ではなく、委任されていたに過ぎないと考える。また、秀吉と秀次の対立関係が秀頼誕生に加えて、大陸侵略計画の挫折によって生じたとする見解は首肯できるものであり、秀次の悲劇は、二元体制が必然的に招いたものとはいえないであろう。

秀次事件の真相

日明講和が模索されていた文禄四年（一五九五）、正月十五日付けで朝鮮渡海に向けた陣立書が作成されている（「島津家文書」）。秀吉は硬軟両策を講じていたのであるが、この渡海計画において、関白秀次は名護屋へ出馬することとされていた。この計画は秀吉と秀次の衝突を未然に回避しようという目論見で策定されたと推測されている（中野一九九六）。当初の計画では、秀吉が外征、秀次が内治という役割分担であったが、秀吉の渡海が事実上中止された結果、秀次に内治を委任する必要がなくなったからであろう。

しかし、明国からの冊封使来日が具体化していったため、結局、秀次の出馬は実行に移されなかった。その結果、後継者としての秀頼の地位を盤石にしたいと考える秀吉にとって、秀次の排除が急務となっていったのである。

江戸期に成立した軍記類においては、石田三成の讒言《ざんげん》によって秀吉に対する謀反を企てたとされた秀次は、文禄四年七月、高野山《こうやさん》へ追放され、秀吉の命令によって切腹に追い込まれたとされており、このような叙述が通説化していた。

しかし、近年、次のような説が提示された（矢部二〇一四）。秀次は高野山へ追放されたのではなく、自らの意思で出奔した。秀吉は秀次の行動を不届きとして、高野山における拘留を命じたが、秀次は無実を証明するためとして勝手に切腹した。秀次の切腹は秀吉や三成にとって想定外の事態であった。拘留を告げる使者として赴いた福島正則《ふくしままさのり》は、秀次の切腹を制止しなかった。無実の罪で秀次を切腹させたという悪評を避けるために、秀吉や奉行衆は、秀次の悪行を流布し、秀次妻子を公開処刑した。

この新説は良質な同時代史料に基づくものであり、首肯されよう。ただし、秀吉の秀次に対する最終処分が、高野山における終身拘留であったとは考えがたい。老境に入りつつあった秀吉にとって、秀頼へ「天下人」の座を継承させるためには、秀次の生存は不都合であった。遅かれ早かれ、秀次に対する極刑は免れえなかったのではなかろうか。

いずれにせよ、秀次失脚事件は豊臣政権に大きな動揺を引き起こした。その動揺をおさえるために、諸大名から起請文《きしょうもん》を提出させて、秀吉・秀頼への忠誠を誓わせた。あわせて、「御掟」「御掟追加」（「浅野家文書」）を発布して、法による統制を図った。その内容は、大名・領主統制（縁組許可制、大名・領主相互の誓紙《せいし》交換禁止、乗物許可制、側室の制限）、争論・訴訟に関する規定、公家《くげ》・門跡《もんぜき》統制（家業専念、公儀奉公）、寺社統制（第一章参照）、村落支配（荒田対策）のほか、服装・飲酒・覆面といった日常に関する規定も含まれており、国家の基本法ともいうべきものであった。

22―豊臣秀次画像（瑞泉寺所蔵）

なお、「御掟」が徳川家康・前田利家・毛利輝元・小早川隆景・宇喜多秀家の連署《れんしょ》、「御掟追加」が、右記に上杉景勝《うえすぎかげかつ》を加えた連署であることから、この段階で、五（六）大老《たいろう》が成立し、政務の統轄を合議により執行する形になったとする見解には同意できない。しかし、家康らに豊臣政権が定めた掟を遵守させる強制力、掟に背く者が現われた時には、それを処罰しうる権限を与えられた（堀越二〇一四）、他の政権中枢メンバーから相談をかけられ、「異見」する顧問的な立場になった（跡部二〇一六）とする見解は首肯される。秀次事件によって揺らいだ豊臣政権を立て直すために、有力大名の政権参与を制度化した。秀吉の権力を代行しうる「名代《みょうだい》」を務めた弟秀長・甥秀次といった血族を失い、非血族で信頼性の薄い家康らの政権参与に頼るしかなかった（播磨二〇〇〇）点に、豊臣政権の権力の脆弱性《ぜいじゃくせい》があった。

豊臣期の徳川氏領国

関東移封《いほう》前の徳川氏およびその領国支配については、第一章において秀吉への服属経緯や対北条氏における家康の役割、第二章において検地にふれたところである。そこで、ここでは関東移封後の家康の位置づけや領国支配についてみていきたい。

第一に、服属時に他大名とは異なる優遇的な処遇をうけていた家康の位置づけに、関東移封後、変化は生じたのか。

秀吉から家康に宛てた末期（文禄五年〈一五九六〉）における朱印直書《じきしょ》（名古屋市秀吉清正記念館所蔵）の様式をみると、書止《かきとめ》文言が「候也」、署名が実名＋朱印といった薄礼《はくれい》な書札礼《しょさつれい》がみられる一方で、宛所《あてどころ》が比較的高い位置に書かれ、「とのへ」ではなく「殿」となっている点は厚礼《こうれい》であり、秀吉と家康の間には明確な上下関係があるものの、他大名と同等ではなく、特殊な地位にあった。

また、遅くとも文禄三年九月には羽柴授姓《じゅせい》されているが、本姓は豊臣であったとする見解（堀二〇一一b）と、源氏から改姓していないとする見解（笠谷二〇一六）の対立があり、結論をみていない。いずれにせよ、文禄四年七月以前には、家康が豊臣政権の政策遂行に関与して発給した文書は確認できない（平野二〇〇六）。

ところが、秀次事件後の文禄四年七月の家康・毛利輝元・小早川隆景連署起請文（「毛利家文書」）に

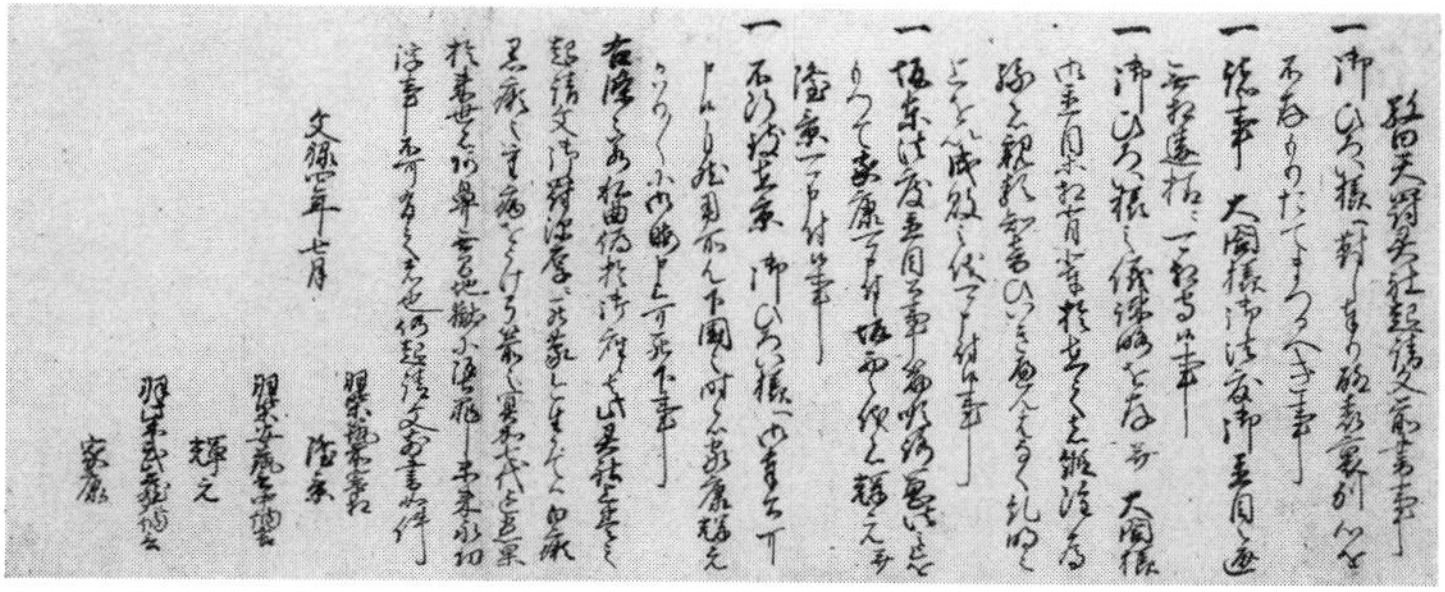

23―徳川家康・毛利輝元・小早川隆景連署起請文前書案（毛利博物館所蔵）

は「坂東《ばんどう》法度《はっと》置目《おきめ》公事《くじ》篇《へん》、順路《じゅんろ》憲法《けんぽう》の上をもって、家康申し付くべく候」とあり、坂東の法度・掟・裁判を家康に申し付けることとされた。ただし、これ以降、家康が実際に東国の統治を統括したわけではない。したがって、この起請文の文言は、秀次事件による動揺を抑えるために、最有力大名を政権の中枢に位置づけることを目的としたプログラム規定に過ぎないのであるが、政権に関与しうる位置づけを与えられたことによって、のちの家康の行動に正当性を付与することとなった。

第二に、領国支配について、島津氏のように豊臣政権から領国内の政治に関して細かな指示をうけていたとは考えられない。検地や年貢賦課方式は、後北条《ごほうじょう》氏時代の方式を踏襲せざるをえない側面もあったが、「五ヶ国惣検地」の経験を基本的に持ち込んでおり、太閤検地の方式に完全に従ったとはいえない。豊臣政権による御前帳徴収に対応した天正十九年（一五九一）の領国総検地を経て、天正二十年に「検地目録」が作成されたことによって、石高《こくだか》制へ移行し、年貢賦課方式が明確に確立している（本多隆成二〇〇六）。

このように、地域支配の観点からみても、豊臣政権による強制力には限界がみられ、豊臣期の徳川氏は豊臣政権に対して一定の自律性を有していたといえよう。

大名領国における変革

戦国期における多くの大名領国においては、領国内の有力国人など家臣団の自律性を否定できず、大名当主を頂点とする一元的なヒエラルヒー体系が確立されていなかった。また、隣国との戦争に明け暮れていたため、領国内統治機構の整備が不十分であった。このような課題を抱えたまま豊臣政権に服属することによって存続しえた諸大名は、豊臣政権の直接的な介入、あるいはその権威を背景にして、課題克服に向けてさまざまな施策を講じていった。

家臣団の自律性を否定するために実施された政策が領国全体における検地である。戦国期にも検地は実施されているが、指出《さしだし》に基づく方式が中心であり、また、有力国人領においては国人独自の検地が行われるなど、大名が在地の実態を把握していたとはいえない状況にあった。それゆえに、家臣団の在地支配に対する大名の関与も限定的にならざるをえなかったが、豊臣期に実施された検地によって、在地の実態を把握することが可能となったのである。

検地によってある程度の統一した基準に基づく知行石高が確定され、その石高に従って統一的な軍役を課すことが可能となり、大名による家臣団に対する軍事指揮権の強化につながっていった。さらに、知行が統一的な石高という形で数値化されることによって、給地替えを断行しやすい状況が生まれ、国人領主と在地との密接な関係を遮断し、国人領主層の中間搾取を排除する一方、検地の結果生じた検出分《けんしゅつ》を収公し、大名直轄地にすることを通じて、大名の経済的優越性が確立されていった。

とりわけ、上杉氏の場合、慶長二年（一五九七）の再検地終了後、家臣団給地の大幅入れ替えに着手していたが、慶長三年の会津《あいづ》への移封によって、強制的に領主と在地の結びつきを切断しえた。

領国内統治機構の整備について、法や中央行政機構による統制を通じて大名当主を頂点とする一元的な支配構造（領国内における中央集権体制）を構築しようとした点は諸大名に共通している。しかし、それぞれの大名領国における権力構造に応じて、方法論には相違がみられる。

毛利氏領国においては、佐世《させ》元嘉《もとよし》や二宮就辰《にのみやなりとき》といった伝統的な毛利家奉行人層とは異なる出頭人《しゅっとうにん》的奉行人を登用し、当主の信認と自己の能力に基づき選任される官僚制機構を構築した。これに対して、上杉氏領国・島津氏領国の場合は、豊臣政権との窓口を担った直江《なおえ》兼続《かねつぐ》・伊集院忠棟《いじゅういんただむね》に権力が集中していった点を特徴とする。

上杉氏領国においては、景勝と兼続の強固な信頼関係に基づき、兼続主導の領国支配体制の変革が進んだ。一方、島津氏領国においては、「取次」を務める石田三成と伊集院忠棟の連携によって領国内中央集権を進めようとしたが、国元における当主義久・豊臣政権から指導者とみなされた義弘・義弘の実子で義久の養子となった家督後継者忠恒《ただつね》という三頭体制が形成され、頂点が一元化していなかったため、中央集権化には限界があり、忠恒による忠棟誅伐によって変革は頓挫した。

徳川氏領国の場合、上野箕輪《こうずけみのわ》（井伊《いい》直政《なおまさ》）・上野館林《たてばやし》（榊原康政《さかきばらやすまさ》）・上総《かずさ》大多喜《おおたき》（本多《ほんだ》忠勝《ただかつ》）など領国周

縁部の要地においては、領域の支配担当者に地域事情に応じた自治運営を任せており、独自の裁量による検地も実施されたが、一反《たん》＝三〇〇歩《ぶ》、一貫文《かんもん》＝米五石《こく》といった統一的基準を領国全体に適用して支配運営を進めた（柴二〇一七）。

進展の程度に差はあるものの、大名領国における変革の基調として、①領国内の行政・司法権を大名当主という絶対権力を頂点にして階層化された行政機構により独占する、②給人の自律的なイエ権力を否定して行政機構内に組み込む、という点があげられる。このような変革を通じて、大名領国は当主が絶対権力をもつ地域国家的性格を強めていった。

豊臣期の国制と大名領国

豊臣期末における最上位の有力大名（徳川、毛利、上杉など）のほか、多くの大名領国において給人層の自律性を奪おうとする大名権力の集権化指向がみられ、豊臣政権は大名の自律性をある程度容認していた。その意味において豊臣期の国制は、大名（地域国家）連合的性格を帯びていたといえよう。一方で、「御掟」「御掟追加」の発布は、豊臣政権の中央集権化指向を示している。

そのような矛盾を調整することも、取次・指南的機能を果たす豊臣奉行人の役割であった。取次・指南的機能を果たす豊臣奉行人には明確な統一的な権限が定められていない。したがって、豊臣奉行人は自らが担当する大名領国の実状や大名からの要請に応じて、秀吉の発した命令に対する柔軟な対応を認め、また、秀吉による処罰を防ぐ防波堤ともなった。秀吉は朝鮮侵略などの軍事動員を最優先しており、そのためには大名権力のもとに領国内の軍事力を結集することが有効であったことから、大名領国を保全するための豊臣奉行人の活動を容認した。

一方で、明確な基準がないため、すべての大名に対する平等性は担保されない。大名領国の存続条件は、「国家《こっか》の役《やく》」を果たすことであり、具体的には、軍役や普請役を務めるほか、「国持《くにもち》」大名にふさわしい行動をとることが求められたが、その条件を満たせば、豊臣政権によって大名としての地位を奪われることはないとされた。

したがって、豊臣政権の専制性は高くないようにみえ、豊臣期の国制は表面上、豊臣権力と地域国家との連合的性格を帯びたのである。しかし、実際には、秀吉と大名との力関係の差の程度や政権を取り巻く政治的社会的状況によって、秀吉の命令に違反したとして処罰される大名も生じた。豊臣政権による統制は人による統制の占めるウェイトが大きく、大名は秀吉の真意を斟酌《しんしゃく》して自己規制した。結果として、豊臣政権は専制的権力化したのである。

大名権力は豊臣政権の専制性を利用し、国家指導者の命令と称することによって、領国内各層を統制しようとした。一方で、豊臣政権の大名統制基準が不明確、不統一であることから、不安定性を内包していた点に、豊臣期大名の特質がある。これは、江戸期大名への過渡期的構造ではなく、豊臣期特有の権力構造と評価されよう。

四　豊臣政権の末路

1　秀吉から家康へ

秀吉死没前後の豊臣政権

文禄四年（一五九五）の秀次《ひでつぐ》事件の頃から、秀吉は秀頼《ひでより》体制への移行に向けて政権機構の整備を進めていった。

第一に、「四奉行《ぶぎょう》」制があげられている。構成員は石田三成《いしだみつなり》・増田長盛《ましたながもり》・長束正家《なつかまさいえ》・前田玄以《まえだげんい》。その職域は無制限で、特定の大名を相手とする「取次《とりつぎ》」とは異なり普遍性を備えた合議体であったとされる（跡部二〇一六）。ただし、固定化された「四奉行」という組織であったとは考えられず、諸職務における奉行は別個に設定され、算用奉行という別個の集団もあった（谷二〇一四a）。また、秀吉の意思から距離を保ち自律的に政策を模索する政治機構であったとする点についても、次第に多様化・増大する政務を処理するために、奉行衆が政務の一部を分担するようになったものであり、秀吉の意思を代行するものとする有力な反論がみられる（曽根二〇一四）。

第二に、「二大老《たいろう》」制があげられている。先にみた「御掟《おんおきて》」「御掟追加」に連署した六人の有力大名のうち、徳川家康と前田利家《まえだとしいえ》は協働が期待される「二大老」であり、参与した政務には、大名のほか、政権中枢奉行に執行される処罰の可否判断にあずかることも含まれており、「四奉行制」を中和する機構であったとされる。ただし、秀吉存命中には、秀吉が政治の中心として機能していたため、大老が奉行らに直接的に助言する権限は事実上封印された（跡部二〇一六）。
このような政権機構は、慶長三年（一五九八）八月十八日の秀吉死没によってどのように変容したのか。

死の直前、秀吉は自らの死没後における豊臣政権の中枢的機構として、いわゆる「五大老」「五奉行」（「四奉行」＋浅野《あさの》長政《ながまさ》）制を定めた。政務の分掌は、①「二大老」（家康・利家）は「五奉行」に対する助言・承認の役割を与えられ、「五大老」の中でも特殊な位置にあった、②訴訟・算用などの細かな政務は「五奉行」が定期的に寄合《よりあい》の場を設けて対処しており、「五大老」に主体的な関与は認められていなかった、とされる（谷二〇一四b）。

秀吉や石田三成ら側近奉行衆は、「五大老」に安堵《あんど》を基調とした現状維持的色彩の濃い権限のみを与え、秀頼が成長するまでの間の政権保証人としての機能を期待した（堀越二〇一四、同二〇一六）。しかし、「二大老」に助言・承認権限が与えられたことによって、「二大老」と「五奉行」との合議が実質的に機能し始め、その結果、政権内の意見対立が表面化することとなったのである。

24―豊臣秀吉画像（大阪城天守閣所蔵）

親家康・反家康

豊臣体制維持のために定められた「五大老」「五奉行」制内部の意見対立は、親家康派・反家康派の形成へと発展していった。

八月二十八日付けで作成された毛利《もうり》輝元《てるもと》起請文《きしょうもん》（「毛利家文書」）は、派閥形成の状況を如実に物語っている（津野二〇〇一、堀越二〇一六）。宛先は「五奉行」のうち、浅野長政を除く四人で、輝元が秀頼への奉公を誓ったものであるが、当初の文言を石田三成が加筆・修正した点に着目したい。

当初の文言は「秀頼様の取り立てられた衆と心を合わせ、表裏《ひょうり》なく秀頼様へご奉公いたします。太閤様のご遺言もこれ以後忘れることはありません」となっていたが、加筆・修正後には「もし今度定められた五人の奉行（いわゆる「五大老」）の内、秀頼様への謀反ではなくても、増田長盛・石田三成・前田玄以・長束正家の意見に同意しない者があれば、私（輝元）は長盛・三成・玄以・正家に同意して、秀頼様へ奉公する」となり、四奉行と輝元との連携が明記された。また、敵対する可能性のある者として、輝元以外の大老をあげているが、実質的には家康を指すと考えられる。秀吉死没直前の七月十五日付けで、輝元は家康・利家に宛てた起請文を記していたが、それを見せられた三成からの働きかけによって、文言の加筆・修正は実施された。輝元との親密な関係を築こうとした家康への対抗であった可能性が指摘されている（堀越二〇一六）。

さらに、文言中ではいわゆる「五大老」を「奉行」と表現している。三成ら奉行衆は自らを「年《とし》寄《より》」と自称するケースが多い。「五大老」は豊臣政権の奉行に過ぎず、政権運営は「年寄」が中心となるという認識がうかがえるが（堀越二〇一六）、諸大名の中でも突出した石高《こくだか》を有する徳川氏の軍事力に対抗するためには、徳川氏に次ぐ規模の大名毛利氏の取り込みが必要であった。

実際に、秀吉死没直後、毛利氏は不測の事態に備えて上方《かみがた》方面に兵力を集結させようとした。その理由として、「（秀吉が）御存命中堅く仰せられ候事」に家康が違背したため、「五人の奉行と家康半不和」となったことがあげられている（『萩藩閥閲録《はぎはんばつえつろく》』）。このような軍事的緊張状態は九月三日、「五大老」・「五奉行」が再び起請文を取り交わし一旦沈静化した。この起請文では「十人の衆中《しゅうちゅう》と諸傍輩《ほうばい》の間において、大小名によらず、何事についても、一切誓紙取り遣わすべからず」と定め、「五大老」「五奉行」による諸大名に対する多数派工作が禁じられた。これは実質的には家康に対する牽制《けんせい》を意図したものであろう。

こののち、十月に後陽成《ごようぜい》天皇が退位の意向を示し、弟の八条宮《はちじょうのみや》智仁《としひと》親王を後継に指名した際には、家康が後陽成天皇の意向に従う意見であったのに対して、その時点において京・大坂に残っていた玄以・長盛・正家の三奉行と利家は、後陽成の子良仁《ながひと》親王への譲位を主張した（橋本二〇〇二）。「二大老」として協働してきたそれまでの家康・利家関係は良好であったが、この頃から、家康と利家の対立、利家と奉行衆との連携がみられるようになった。良仁親王への皇位継承が秀吉の意向であったことから、秀吉の遺志に忠実であろうとした利家は、反家康へと変化していったのである（跡部二〇一六）。

親家康派・反家康派の対立は、家康私婚問題によって一回目の頂点に達した。家康が伊達《だて》政宗《まさむね》らと姻戚関係を結ぼうとしたため、文禄四年(一五九五)の「御掟」違反を問われたのである。「御掟」においては無断での姻戚関係の締結が禁じられていた。一方で、秀吉は「五大老」「五奉行」間における婚姻関係の締結によって、豊臣体制の安定化を図ろうとしており(清水二〇一一)、徳川氏と他大名との縁組がすべて禁じられていたわけではない。また、承認があれば縁組は認められるのであり、そのような規定の曖昧さを突いて、家康は多数派工作を図るとともに、反家康派の動向を見極めようとした。前年九月の起請文交換後、増田長盛は家康への接近を図っており(石畑二〇一四)、家康も譲位問題の際、毛利輝元と意見交換するなど、反家康派も一枚岩でなかったからである。

しかし、秀吉の遺志に忠実であろうとした利家は私婚問題を追及し、他の大老や「五奉行」も一致して、慶長四年(一五九九)正月十九日、家康への詰問の使者を送った。最終的にこの問題は、二月十二日に家康と他の四大老・五奉行が起請文を交換することで決着した。双方の手詰まり感(家康の遺命違背という正当性の欠如、反家康派の軍事的劣勢)から、早期に収束したと考えられる。

七将襲撃事件

三月に入ると十一日に家康は大坂に赴き、病床の利家を見舞うなど、家康と利家の関係は改善に向かい、親家康派と反家康派の反目も一旦沈静化したが、前田利家が閏三月三日に死没すると、事態は急展開した。いわゆる七将による石田三成襲撃事件の勃発である。

七将とされるのは、長岡《ながおか》（細川《ほそかわ》）忠興《ただおき》・蜂須賀《はちすか》一茂（家政《いえまさ》）・福島正則《ふくしままさのり》・藤堂高虎《とうどうたかとら》・黒田長政《くろだながまさ》・加藤《かとう》清正《きよまさ》・浅野長慶《ながよし》（幸長《よしなが》）。事件の要因は、慶長三年の第二次朝鮮侵略戦争の際の戦線縮小問題において、三成と親しい福原長堯《ふくはらながたか》らの報告に基づき、一茂・長政が譴責《けんせき》されたこと、長堯らが清正・長政らの戦功を報告しなかったことがあげられている（笠谷二〇〇〇、津野二〇〇二、水野二〇一六）。

ただし、朝鮮侵略時の問題と直接的に関係のない忠興・正則・高虎が加わっていることは、この事件が単なる私怨に基づく行動ではなく、秀吉死没後の豊臣体制における政務を主導する「四奉行」、とりわけ、三成・長盛に対する反発によって引き起こされたものであることを示唆している。利家の死没によって、豊臣系大名内における主導権争いが顕在化したものであり、三成（長盛）に対する制裁要求に主眼があった。

ゆえに、この事件によって三成は引退に追い込まれたが、三成への厳罰を要求した清正は、家康の下した処分に不満を持つ結果となった。一方、決着に至る過程において、長盛や上杉景勝《うえすぎかげかつ》といった三成与党は家康への接近を図り、毛利輝元も決着後に家康と交わした起請文において、家康との上下関係を明示せざるをえない状況となった。

また、三成の処分は家康の独断で決定したものではなく、輝元や景勝との協議を経て、決定している。したがって、この時点における家康は、秀吉の定めた「大老」と「奉行」の協働によって政務を遂行するという豊臣体制の拘束力に縛られていたのである。

「天下殿」家康

三成の失脚によって、残った四奉行や、三成と親密な関係にあった大谷吉継《おおたによしつぐ》・小《こ》西行長《にしゆきなが》・寺沢正成《てらさわまさなり》も家康に協力的な立場へ移行するようになった。一方で、家康に不満を抱いた加藤清正のほか、長岡忠興・浅野長政・長慶（幸長）父子らの求心力は、彼らと親密な関係にあった前田利家の後継者である「大老」前田利長《としなが》へと向かった（水野二〇一六）。「五大老」のうち、輝元・景勝は家康との融和に向かっていたが、宇喜多秀家《うきたひでいえ》は、その妻が利家娘豪《ごう》であり、豊臣体制内における主導権掌握を目指す家康にとって、利長を中心とする家康に対抗する勢力の形成は容認できるものでなかった。

そのような状況下において発覚したのが、慶長四年（一五九九）九月の家康暗殺計画である。この計画は真実ではなく、利長を政権から排除して、親前田派を崩壊させるために捏造《ねつぞう》されたもので、家康による一種のクーデターであった（谷二〇一四b、大西二〇一六）。最終的に利長や忠興・長政も人質を提出し、家康との関係は改善に向かった。そのうえ、長政は奉行職から外れて国許《くにもと》（甲斐《かい》国）へ蟄《ちっ》居《きょ》した。上洛《じょうらく》を強行しようとした清正に対しても迎撃態勢がとられたが、清正が強行上洛することはなく、騒動は鎮静化した。

この騒動の過程で、慶長四年正月に秀頼に供奉《ぐぶ》して利家が大坂に下向して以降継続していた「二大老」が伏見《ふしみ》（徳川）・大坂（前田）に分かれて並立する体制にも変化が生じた。慶長四年九月に家康がクーデター的に大坂城西の丸へ入城したのである。入城後、家康は秀頼のためとして置目改《おきめあらた》めを実行し、家康への権力集中を明示した（水野二〇一六）。家康は「天下殿」とみなされる権力を獲得したのである。

これ以降、一義的には訴訟処理権限を有さなかった家康が、裁決を下すケースが増え、寺社・大名領宛行《あてがい》も単独で行うものがみられるようになる（谷二〇一四b）。上方に残っていた「大老」輝元や、三成・長政を除く「三奉行」は、家康主導による政権運営に協力姿勢をみせた。さらに、慶長四年末から翌年初頭にかけて起こった宇喜多氏家中の内紛（宇喜多騒動）は、「大老」宇喜多秀家の行動を大きく制限し、かつ、騒動に介入して一時的な収束に導いた家康は、秀家らに対する優越を顕示することに成功した（大西二〇一〇）。

このようにして、慶長五年初頭の家康は、豊臣「公儀《こうぎ》」と一体化する（矢部二〇一四）ことによって、公儀意思決定権をほぼ独占したのである。

2　関ヶ原の戦い

会津征討

慶長四年（一五九九）閏三月の石田三成失脚の際、家康への接近を図った上杉景勝は、同年八月、前年に移封されていた会津《あいづ》へ帰国した。帰国した景勝に対して家康は九月、

25—上杉景勝画像（米沢市上杉博物館所蔵）

十月、十一月に、秀忠《ひでただ》（家康の三男。秀吉生前から家康後継者の地位にあった）も八月に書状を送り、上杉氏との友好関係を保とうとした。その背景には、親前田派を崩壊させるために、前田・上杉連合形成を阻止する必要性があったと考えられる。景勝の帰国は、十月の家康書状（「上杉家文書」）に「そこもと仕置《しおき》仰せ付けらるの由もっともに候」とあり、家康の承認を得たものであった。豊臣政権の掌握を狙う家康にとって、形式的には同輩である「大老」の一人を政務から排除することが可能となる景勝の帰国は好ましいものであり、景勝不在の間に、親前田派を崩壊させたのである。

慶長五年に入ると、家康は景勝に対して上洛を命じたが、景勝はこれを拒否した。この上洛拒否を家康に伝えた文書として名高いのが、いわゆる「直江状《なおえじょう》」である。「直江状」については原本を確認することができず、現段階において、その内容の真贋《しんがん》を確定することはできない。しかし、景勝が上洛命令を拒否したことによって、家康が上杉氏討伐の大義名分を得たことは明白である（矢部二〇一四）。なぜならば、上洛命令は家康の私的命令ではなく、「三奉行」や、この時点で「三奉行」に準じた役割を果たしていた大谷吉継も関与した、豊臣政権として組織決定した命令だったからである。

一方、なぜ景勝は拒否したのか。石田三成との密約に基づき、徳川氏・親家康兵力を上方から離れさせて、三成に挙兵の機会を与えるためとする理解もかつては有力であったが、五月半ば頃に、景勝は一旦上洛を決意しており、軍事衝突が必然だったわけではない。六月十日付け景勝書状（「越後《えちご》文書《もんじょ》宝翰集《ほうかんしゅう》」）によると、景勝は移封に伴う家中の疲弊と領国整備を理由に上洛の延期を申し入れたが、逆に謀反の疑いありとみなされたため、上洛を決意したとする。次に、上洛にあたっての条件として、謀反の疑いありと讒言《ざんげん》した者（越後堀《ほり》氏）の糺明《きゅうめい》を要求したところ、無条件、かつ、日限を定めて上洛を命じられた。その結果、交渉が決裂したとしている。

家康も和戦両様の構えで交渉していたのであり（阿部二〇一六）、上杉氏が前田氏同様に屈服すれば赦免する選択肢もあった。ただし、前田氏のケースとは異なり、上杉氏に荷担する勢力が多いとは考えられず、上杉氏を赦免するハードルは故意に高く設定した。この征討は豊臣政権の機関決定であり、かつ、朝廷から「御使《おつかい》」が派遣された朝敵討伐の威容をともなうもの（矢部二〇一四）であった。ゆえに、諸大名は従軍せざるをえなかった。その征討軍の指揮を家康がとることによって、豊臣「公儀」の軍事的統率権を掌握できるというメリットを考えると、家康にとって、上杉氏との軍事衝突は必ずしも避ける必要のないものであった（水野二〇一六）。ゆえに、厳しい条件を突きつけて、完全服従か、対決かを迫ったのであろう。

石田三成の挙兵と家康の真意

景勝上洛問題の当初から、上杉氏と石田三成とが連携して、家康を会津方面へ誘い出したとは考えがたい。一方で、三成を挙兵させて、反家康勢力を一掃するために、家康が故意に上方から離れたとする見解も否定される。家康は徳川政権への移行の障害になる勢力を個別に除去していこうとしたのである。三成は引退後、家康に協力的な姿勢をみせており（水野二〇一六）、留守中の上方における謀反は想定していなかった。

ところが、六月十六日に大坂を発った家康が容易に上方まで引き返せない距離に達するのを待ち構えたかのように、三成・大谷吉継・安国寺《あんこくじ》恵瓊《えけい》の三者は三成の居所佐和山《さわやま》（滋賀県彦根市）において密会し、反徳川闘争決起を企てた。毛利氏の参画に関する従来の通説では、この企てを主君毛利輝元の承認を得ずに恵瓊が独断で行ったとしてきたが、七月十二日付け「三奉行」からの上坂《じょうはん》要請連署状を、十五日に受け取った輝元が即時に上坂を決断して、通常では考えられない高速航行で大坂に到達したこと、大坂にいた輝元の従兄弟毛利秀元《ひでもと》が十七日には大坂城西の丸を預かっていた家康の留守居《るすい》を追い出して、西の丸を占拠していることなどから推測すると、輝元は上坂要請以前から反徳川闘争計画に直接関与していたと考えられる。

この計画がいつから練られたものなのか、誰が首謀者なのかを確定することは困難であるが、輝元のほか、宇喜多秀家が反徳川闘争に積極的であったため、三成・吉継も決起に踏み切ったとする見解（水野二〇一六）が注目される。三成の失脚によって、一旦は家康への融和姿勢に転じた輝元であったが、前田氏の屈服、上杉氏への不当な圧力を目にして、近い将来、次の標的が毛利氏であることを認識して、決起に踏み切った。秀家については、積極的であったとする見解（布谷二〇〇七）、家中騒動の影響で深く関与することはできなかったとする見解（大西二〇一〇）があり、現段階では結論を留保する。

上方における決起の情報は、会津征討に向かっていた軍勢に五月雨式に伝わったようである。まず、三成・吉継らの決起という情報を受け、黒田長政らが鎮圧に向かった。長政が反転出発した二十一日前後には、輝元の関与が確かでなかったため、長政ら限られた大名が対応したのである。ところが、その後輝元の関与が確かになったため、新たな対応が必要となった。輝元の大坂到着と「三奉行」による家康弾劾も同時期であるが、輝元関与の風聞《ふうぶん》は先行して東国に伝わっていたため、家康をはじめとする東軍諸将は輝元関与を確信した。一方で、三奉行の参画は風聞に過ぎず、確信を抱くことはできなかった。そこで、家康は豊臣系諸将の一部を先行させる一方、自らは待機し、三奉行参画が確定情報となった段階で、江戸へ帰陣したと考えられる。

この間に家康は輝元に書状を発している。その内容は不明であるが、輝元決起の情報を得た後に記されたと考えられる。

26—石田三成画像（杉山丕氏所蔵）

反徳川闘争の決起は家康にはまったくの想定外であり、前方に上杉景勝、後方に上方の決起軍、周囲には動向不明の豊臣系諸将が存在するという危機的な状況から、家康は弱気になり、毛利氏との和解を模索していた可能性もあろう。

関ヶ原における戦闘突入の真相

会津征討を中止した家康は、八月五日に江戸へ帰城したが、それに先立つ八月四日付けで、西上した豊臣系諸将に対して、井伊直政《いいなおまさ》を派遣したことを伝えて、家康出陣以前には直政の指示に従うように命じた。自らは江戸にとどまったが、直政を通じて、豊臣系諸将を統制下に置こうとしたのである。

ところが、八月十三日付けで、再度、諸将に対して書状を発し、情勢を探るために村越直吉《むらこしなおよし》を派遣したこと、直吉とよく談合することを告げた。この書状から、家康自身が豊臣系諸将や井伊直政らの西上時点において、明確な作戦を決定できておらず、慎重に情勢を見極めようとしていたこと、直吉からの報告を待って、自らの行動を決定しようと考えていたこと、西上した諸将を完全に信用していたわけではないことがうかがえる。「三奉行」による家康弾劾状が発せられたことによって、家康は豊臣体制下における公儀意思決定権を失っていた。公儀意思決定権を有するとする「三奉行」や「大老」（輝元・秀家）の命令に、豊臣系諸将が従う可能性もあり、拠点である江戸を離れた場合のリスクは小さくなかった。

このような家康の態度にしびれを切らした豊臣系諸将は、徳川関係者を抜きに犬山城《いぬやま》（愛知県犬山市）を攻略するための押えの城を築くことを決定した。豊臣系諸将が家康の指示に基づかない作戦行動を決定したことによって、家康の主導権は揺らぐ事態に至ったのである（下村二〇一三）。この後、村越直吉が到着したことにより、犬山方面への進出という消極的な策は覆された。木曽川《きそがわ》を渡河して、西軍主力の存在する美濃国《みののくに》に進出するという積極策へ転換させることによって、家康は方針決定の主導権を取り戻した。

一か月近く江戸にとどまっていた家康は、八月二十三日に豊臣系諸将らが岐阜《ぎふ》城を攻略して、石田三成・島津《しまづ》義弘《よしひろ》・宇喜多秀家・小西行長らが在城していた美濃国大垣《おおがき》城（岐阜県大垣市）方面にまで進出しているという情報に接して、九月一日、ようやく西上を開始した。家康出馬の理由については、豊臣系諸将らの予想を超えた戦果に驚いた家康が、家康ぬきで東西決戦の決着がついてしまうと、家康の武将としての威信は失墜し、戦後政治における発言力も指導力も喪失してしまうことを恐れたためとされる（笠谷二〇〇七）。それに加えて、岐阜城攻撃における主将を務めた福島正則と池田《いけだ》照政《てるまさ》（輝政）の関係が良好とはいえないなど、豊臣系諸将は一丸とはいえず、家康による統制がない場合、内部崩壊する危険性もあった。豊臣系諸将が功名心に駆られて独走するのを抑えるために、家康自身の西上が必要とされた。

隠密裡《おんみつり》に進軍した家康は、九月十四日、美濃国赤坂《あかさか》（岐阜県大垣市）に達した。隠密行動は西軍の軍勢が集結することを防ぐためと考えられ、中山道《なかせんどう》を進んで合流する予定の秀忠率いる徳川勢主力の遅滞にもかかわらず、家康は開戦を決断した。豊臣系諸将の戦意は高く、公儀意思決定権を失った家康には、彼らの軍事行動を引き留める権限はなかった。家康の到着までは待っていたものの、これ以上の開戦延期は難しかった。東軍の主力を豊臣系諸将が占めるという家康にとっては好ましくない状況であったが、開戦せざるをえなかったのである（笠谷二〇〇七）。

虚像化した関ヶ原

九月十五日、関ヶ原《せきがはら》（岐阜県関ヶ原町）において展開された戦闘は、徳川政権確立の大きな画期となった。そのため、江戸期以降、さまざまな虚像が生み出された。従来の通説では、緒戦において東西両軍は互角の戦闘を繰り広げていたが、内応を約束した松尾山《まつおやま》に籠もる小早川秀秋《こばやかわひであき》が行動を起こさないことに業を煮やした家康は、松尾山へ向けて鉄炮を撃ちかけさせた（「問《と》い鉄炮《てつぽう》」）。驚いた秀秋は「裏切り」を決断し、松尾山を下って、大谷吉継勢に襲いかかった。秀秋の「裏切り」が戦局を動かし、西軍は総崩れして、東軍の圧勝に終わった、とする。しかし、このような理解は虚像に満ちている。

秀秋の行動を中心に実際の戦闘の経過をみると、①秀秋の「裏切り」が明確になったため、危機に陥った大谷吉継《よしつぐ》を救援するために、大垣城にあった石田三成らは急遽《きゅうきょ》、関ヶ原方面に転戦した、②三成らの転戦を認識した秀秋勢は松尾山から下って布陣した、③転戦した西軍を追って東軍が関ヶ原方面へ進発し、午前十時頃に戦闘に突入した、④開戦当初から秀秋は東軍として参戦しており、家康からの「問い鉄炮」によって参戦を決断したのではない、⑤三成勢は正午頃に総崩れとなっており、関ヶ原における戦闘は比較的短時間で終結した、と考えられている（白峰二〇一一、同二〇一四）。九月十五日に関ヶ原において東西両軍が激突することは想定されておらず、突発的な出来事であった。秀秋の家康への内応は事前に合意されており、機をみて東軍であることを明確にして、松尾山に籠もり、東軍主力の救援を待つという戦略を描いていたと考えられる。ところが、突発的に戦闘へ突入してしまった結果、秀秋の行動には東軍勝利を決定づけたという劇的な効果が付与された。そして、二年後に秀秋が死没して、秀秋系小早川氏が断絶したことによって、関ヶ原における行動を正当化した「物語」を伝承させる機会を失い、汚名のみが虚像として拡大していったのである。

27―小早川秀秋画像（高台院所蔵）

次に、関ヶ原における戦闘以後に、西軍から徳川方へと転じた大名の例として、日向《ひゅうが》伊東《いとう》氏をみてみよう。伊東勢は西軍から離反した京極高次《きょうごくたかつぐ》が籠城する大津《おおつ》城（滋賀県大津市）の攻撃に加わっていたが、江戸初期に成立した『日向記《ひゅうがき》』においては、慶長四年（一五九九）初春の家康と三成・前田利家らとの対立時に、伊東祐兵《すけたけ》は朝鮮侵略時から三成の「邪佞《じゃねい》」を憎んでいたので、家康に内通したいと、黒田長政を通じて井伊直政から家康へ言上し、それ以来、伊東氏は家康の「無二《むに》御味方」であったと叙述している。

三成らの決起ののち、家康に内通しようと考えた祐兵は家康に対して使者を送り、家康からも七月十九日付けで返報があったとしている。ところが、その返報とされる家康書状は、関ヶ原の戦い以前から伊東氏が家康に内通していたことを示す根拠として『日向記』に収載されているものの、原本は確認できない。一方、各大名家などから文書類を提出させて編纂された『寛永諸家系図伝《かんえいしょけけいずでん》』には、祐兵へ宛てられた家康文書が数点収載されているが、七月十九日付けは収載されていない。この書状は、幕藩体制下における伊東氏支配の正統性を証するためには幕府へ提出する必要のある文書である。にもかかわらず、この書状が収載されていないことは、のちに偽作《ぎさく》された可能性をうかがわせる。

江戸期に大名として存続を許された大名にとって、関ヶ原の戦い以前から家康とは親密であり、東軍に荷担するつもりであったと主張すること、その傍証として西軍を主導したとされる三成との不仲を強調することが、幕藩体制下における正統性の根拠となった。文書を偽作してでも、関ヶ原の戦い前後の行動を正当化する必要があり、大名家自らが虚像を作り出していったのである。

3 私戦の復活

家康に主導された会津征討軍が、上方における反徳川闘争決起によって反転した後の上杉景勝の動向をみていこう。

奥羽・北陸における私戦

まず、七月下旬〜八月初頭に旧領越後において一揆を誘発させて、越後堀氏の動きを止めるとともに、旧領回復を狙ったが、八月下旬になると、堀氏や与力《よりき》大名村上《むらかみ》氏・溝口《みぞぐち》氏が西軍に荷担する意向を示したため、一揆は一旦沈静化した。会津征討のきっかけとなる讒言を行った堀氏でさえ、公儀意思決定権を失った家康への追従に不安を感じて、動向に迷った。完全に西軍への荷担に転じたわけではなく、家康との通交も継続しており、彼らにとって家を守ることが最優先で、西軍、東軍いずれでも有利な方に従うという方針だったと考えられる。

奥羽《おうう》方面に目を向けると、七月下旬から上杉・伊達間で戦闘が始まった。ところが、一揆鎮圧で手一杯の堀氏や、秘密裡に上杉氏と同盟関係に入った常陸佐竹《ひたちさたけ》氏はもちろん、最上《もがみ》氏も上杉氏領国への進攻に踏み切らず、伊達氏は孤立状態に陥った。そこで、伊達政宗は西軍への荷担方針を示したが、上杉氏の攻撃は続いた。その後、家康が西上方針を示すと、上杉・伊達講和交渉が始まった。上杉氏が関東へ進攻するためには、伊達氏との講和が必要だったからである。伊達氏が講和を模索したことによって、孤立を恐れた最上氏も上杉氏への接近を図り、奥羽方面は上杉氏を中心として、西軍有利な情勢に変化しつつあった。

ただし、伊達氏や最上氏の方針も、上杉氏の矛先をかわすための方便という面があり、講和交渉は容易に妥結しなかった。越後方面の情勢沈静化をうけて、八月二十五日、景勝は「家康が江戸へ引き上げたので追撃しようと思ったが、伊達政宗と最上義光《よしあき》が東軍に与《くみ》したので、まずそちらを攻撃し、家康が西上したら伊達と最上は放っておいて、すぐに佐竹氏とともに江戸へ進撃する」という戦略を西軍諸将に示した（「真田《さなだ》家《け》文書」）。

しかし、九月一日に家康が江戸を発った後も上杉氏は奥羽における戦闘を継続した。関東進攻時には、上杉氏と同盟関係にあった佐竹氏が同時に進攻することを期待していたが、佐竹氏が家中の不統一によって動かなかったことも一因と考えられる。一方で、伊達・最上氏は少なくとも表面的には膝を屈する形で講和を申し入れており、上杉氏が関東進攻を優先するのであれば、講和条件を緩和してでも完全に休戦することが可能であった。が、上杉氏が伊達・最上両氏との講和を選択することはなかった。真の狙いは、混乱に乗じて奥羽・越後を制圧することにあったと推測される。結局、上杉氏と最上・伊達氏との戦闘継続中に関ヶ原の情報が伝わったため、上杉勢は撤退して大規模な戦闘は終結した。

次に、北陸方面をみていこう。前田利長は決起した西軍に対して、母が人質になっているため、やむをえず家康への荷担姿勢を示しているとした一方で、西軍を「公儀」と記して、敵対するつもりのない旨、弁明した。しかし、八月になると軍事行動を開始して、三日には西軍に荷担した加賀《かが》大聖寺《だいしょうじ》城（石川県加賀市）を攻略した。さらに、八日になると、大聖寺から金沢への撤兵を始め、その中途の浅井畷《あさいなわて》（同小松市）において、加賀小松《こまつ》（同前）を居城とする丹羽長重《にわながしげ》勢との戦闘になった。

丹羽氏が明確に西軍方として行動したのか定かではない。長重にせよ、利長にせよ、混乱状況に乗じて、自領の拡大を図る意図があったと考えられる。九月十三日付けで家康は、前田氏と丹羽氏とが講和したことを「満足」としている（早稲田大学図書館所蔵）。家康は両者の紛争を調停することにより、前田・丹羽氏ともに、西軍に与する大名の多い越前《えちぜん》国へ進攻することを期待したのであるが、結局、前田・丹羽氏ともに関ヶ原における戦闘には参戦しなかった。両氏ともに家康の命令よりも、自領の安全を優先したのである。

このように、諸大名は東西首脳の指示に単純に従うことなく、私利を優先した行動をとっている。単純な戦国時代の復活ではないが（阿部二〇一六）、公儀の命令に基づくものとは言いがたい「私戦」が事実上展開していたのである。

毛利輝元

毛利輝元は、関ヶ原の戦いにおける西軍の総大将であったものの、①石田三成の策謀に乗せられて総大将となったに過ぎず、家中の不統一もあり積極的には戦闘に参加しなかったうえ、最終的には老獪《ろうかい》な家康に翻弄され、減封《げんぽう》処分を受けた凡庸な人物、②石田三成と結託した安国寺恵瓊の姦計《かんけい》により大坂に呼び出され、やむを得ず西軍に参加させられた被害者、とされてきた。このような輝元像は江戸期に作成された軍記類の記述に沿ったものであり、家康を神格化する徳川政権の意向、あるいは、藩祖輝元の責任を回避しようとする毛利氏の意向の影響を受けたものと

28―毛利輝元画像（大阪城天守閣所蔵）

考えられる。

輝元が反徳川闘争決起に当初から深く関与していたことについては先にみたところである。一方で、大坂城に入ったのち、輝元が戦場に赴くことはなかった。この点をどのように理解すべきであろうか。

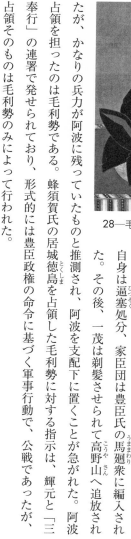

大坂入城後、輝元は大坂の親徳川派を一掃した。その際、阿波《あわ》の蜂須賀一茂は親徳川的行動をとがめられ、自身は逼塞《ひっそく》処分、家臣団は豊臣氏の馬廻《うままわり》衆に編入された。その後、一茂は剃髪させられて高野山《こうやさん》へ追放されたが、かなりの兵力が阿波に残っていたものと推測され、阿波を支配下に置くことが急がれた。阿波占領を担ったのは毛利勢である。蜂須賀氏の居城徳島《とくしま》を占領した毛利勢に対する指示は、輝元と「三奉行」の連署で発せられており、形式的には豊臣政権の命令に基づく軍事行動で、公戦であったが、占領そのものは毛利勢のみによって行われた。

続いて輝元は、会津征討に従った伊予《いよ》の大名松前《まさき》城主加藤茂勝《しげかつ》と板島《いたじま》城主藤堂高虎の所領を占領すべく調略を行い、藤堂領については一部成功したが、加藤領については失敗したため、兵を渡海させた。その際、渡海した毛利氏家臣から「加藤茂勝が家康に同心したことはけしからぬ事であるため、豊臣秀頼様が毛利勢の派遣を命じられました」という書状が発せられている（村上水軍博物館所蔵）。秀頼の命令＝公戦であることを強調しているが、この後の一連の軍事行動も含め、伊予進攻に「三奉行」が関与した形跡は確認できない。

さらに、西軍に荷担した豊前小倉城主《ぶぜんこくら》毛利吉成《よしなり》領について、豊前毛利勢が伏見城攻撃の際に大きな損害をこうむり、家中が混乱していることを理由に、門司《もじ》城（北九州市）に毛利勢を入れたのみならず、門司の町全体を支配下に収めようとした。関ヶ原における戦闘終結後には、豊前毛利氏の居城小倉城（同前）も毛利氏によって占領されている。

このように、輝元は四国から北部九州に至る広範囲で自領を拡大しようとしている。このような行動の背景には、関白豊臣秀次が失脚した文禄四年（一五九五）、「坂西の儀は輝元ならびに隆景に申し付くべく候事」（「毛利家文書」）とされていたことがあったと考えられる。ゆえに、輝元は西国方面の大名に対して西軍参加を呼びかけ、それに従わない大名に対しては懲罰権の発動として軍事侵略を企図したのである。

その意味においては、豊臣体制に規定された行動といえるが、実態的には、阿波〜讃岐《さぬき》〜伊予〜豊前ラインを制圧しようとしたものであり、秀吉の海賊停止令により失った瀬戸内海制海権を奪還し、石見《いわみ》銀山産出銀の輸出など東アジア貿易への進出など交易による利益の獲得を企図したものと推測される。輝元は豊臣奉行衆とともに表面的には豊臣政権を支える姿勢を見せながら、豊臣政権の根幹的な政策である惣無事令《そうぶじれい》や海賊停止令をも否定しようとしていた。西軍の敗因として、総大将格とされた輝元が自己権益の拡大を優先していたこともあげることができよう。

黒田如水と加藤清正

黒田家の当主長政が会津征討に従った一方で、国許の豊前中津《なかつ》（大分県中津市）にとどまっていた黒田如水《じょすい》は、反徳川闘争決起を受けて、さまざまな策謀・軍事行動を展開した。

まず、表面的には友好関係にあった細川（長岡）領豊後杵築《ぶんごきつき》（同杵築市）に残っていた松井康之《まついやすゆき》ら細川氏家臣らが、城を如水へ渡して、本領救援のために丹後《たんご》国へ帰国しようとした際、船を雇うための銀子《ぎんす》の提供を申し出た（「松井家文書」）。最終的に松井らは帰国を断念したが、如水は松井らが少人数で帰国するのであれば支援するとしていた。指揮官である松井らが帰国したのちに残された城兵を指揮して、西軍方あるいは旗幟《きし》不鮮明の豊後諸大名領へ進攻するつもりだったと考えられる。

如水は進攻に先立ち「家康の意向に従ってどこへでも軍事行動を行う」（「黒田家文書」）と伝えており、親家康方として行動するとしていた。豊後国へ進攻した如水は、まず、高田《たかだ》城（大分県豊後高田市）の竹中隆重《たけなかたかしげ》を従え、続いて、旧領回復に向けて挙兵した大友吉統《おおともよしむね》を破り、富来《とみく》城（同国東《くにさき》市、垣見《かきみ》一直《かずなお》）・安岐《あき》城（同前、熊谷直盛《くまがいなおもり》）を攻略した。さらに、府内《ふない》城（大分市、早川長政）を降伏させた。

早川長政は第二次朝鮮侵略の際の戦線縮小問題において、軍奉行として前線からの撤退を指示したため、竹中隆重・毛利友重とともに譴責の対象となっており、三成ら奉行衆と親密な関係にあったとはいえない。西軍への荷担は地理的要因によるものと考えられ、如水は早川の所領安堵を家康に願ったが、早川は改易《かいえき》処分となった。その理由として、如水の九州における影響力の拡大を家康が懸念したことがあげられよう。関ヶ原の戦い時の如水の行動は家康にとって必ずしも歓迎すべきものではなかった。家康は如水の軍事行動について東軍のためではなく、私領拡大を目的としたものとみなしていた蓋然性が高く、如水を警戒していた。早川は如水派拡大を防ぐためのスケープゴートにされたのである。

七将襲撃事件の処理をめぐって家康との関係が悪化した加藤清正は、慶長五年（一六〇〇）二月には大坂に滞在しており、上洛禁止は解除されたが、家康との関係悪化を完全に解消するには至っていなかった。このため、会津征討への従軍や上方における留守居を認められず、在国していた。

29—黒田如水画像（光雲神社所蔵）

石田三成らが決起した際、杵築城の松井康之らは、黒田如水を唯一の味方と認識する一方で、清正について「家康のお味方と言っており、木付（杵築）に加勢するとのことである」（「松井家文書」）としており、完全な信頼を置いていない。

西軍からも再三にわたって荷担を呼びかけられており、清正自身、七月二十一日付け如水宛書状（「田中家文書」）におい

30—加藤清正画像（大阪城天守閣所蔵）

て「私は、奉行衆からも秀吉様の言い残された「筋目」の実情について聞かされていません。家康様を立てるようにおっしゃったのか、そうでないのか、わかりません」と記したうえ、「安国寺恵瓊のお考えをお聞きになりましたら、そっと私にも教えてください」としている。この時点における清正は、東軍への荷担を決断しておらず、西軍への荷担も選択肢にあったことをうかがわせる。

清正が西軍方への出陣に向けて用意を始めたのは九月十三日であり、それ以前は、如水や杵築勢との連携を保ち、表面的には東軍への荷担を装いつつ、自らの権益拡大のためにはどのように行動すべきか慎重に情勢を見極めていたと推測される。清正は岐阜城陥落という東軍優勢の情報を得たのち、明確に東軍荷担を決断したのである。

その後の動向をみても、関ヶ原における戦闘終結後に徳川方へ転じて大垣城を明け渡した相良《さがら》頼房《よりふさ》（肥後《ひご》人吉《ひとよし》城主）について、家康の意向に反してでも処罰を求める意向を示して、肥後国全体の領有を要求している。清正は家康の指示に拘束されない独自行動をとっていたと結論づけることができよう。

文禄二年（一五九三）に改易されて牢浪していた大友吉統は、八月二十八日付け松井康之ほか書状案（「松井家文書」）に「豊臣奉行衆が大友吉統に対して速見《はやみ》郡を与えたため、大友勢は安芸毛利氏領まで下向してきたとのことです」とあり、豊臣政権の承認のもと、毛利氏の支援によって旧領回復を図ろうした。吉統下向の情報を得た杵築勢は村落から人質を徴収しており、大友氏改易後も豊後に残っていた土豪《どごう》層を中心とする一揆勃発が警戒されている。改易から七年経過していたが、鎌倉期から守護《しゅご》を務めていた大友氏の地域に対する影響力は強く、西軍首脳はそれを利用しようとした。

旧領を狙う戦国大名・領主

大友氏は秀吉の勘気によって改易され、秀吉が死没するまでに赦免されることはなかった。そのような大友氏に対して旧領給与を約束した豊臣奉行衆の措置は、秀吉の意思に反するものであり、秀吉によって否定された旧来の秩序を、豊臣奉行衆自らが復活させようとしたのである。大友氏の再興運動は石垣原《いしがきばる》の戦いにおいて如水・杵築勢に敗れて頓挫したが、関ヶ原における戦闘終結後の九州において、旧領回復を狙う動きは続いた。

西軍から徳川方へと転じた日向伊東氏が、相良氏らとともに大垣城において徳川方へ転じた高橋元種《たかはしもとたね》領内の宮崎《みやざき》城（宮崎市）を攻略したのである。東軍勝利の情報に接した伊東氏が、日向高橋氏の寝返りを知らずに西軍であると誤認して攻撃したと推測され、伊東氏の行動は、隣接する西軍荷担大名領を攻撃することによって、西軍荷担による改易の危機から脱することを目的としていたと考えられる。また、宮崎城は戦国期伊東氏の重要拠点の一つであり、混乱に乗じて旧領回復を図ったと評価できる。しかし、日向高橋氏が長岡（細川）忠興や徳川氏重臣榊原康政《さかきばらやすまさ》を通じて宮崎城返還を要望したため、慶長六年（一六〇一）、宮崎城は高橋氏へ返還された。私戦とみなされ、戦功とはされなかったのである。

奥羽においては東軍大名同士による紛争が起こっている。南部《なんぶ》氏領内において、和賀《わが》郡の旧領主和賀忠親《ただちか》らが蜂起して、南部氏が支配していた旧領の回復を企てたが、その背後には伊達政宗があったという（阿部二〇一六）。政宗は上杉氏との講和の道を模索し、かつ、東軍大名領を事実上侵略しようとしていた。

家康は公儀意思決定権を失っていたが、西軍の軍事行動も形式的には秀頼命令に基づくとしていたものの、幼い秀頼自身の明確な意思表示がないことは明らかであり、絶対的な公儀性を備えているとはいえなかった。そのうえ、豊臣体制を事実上差配する地位に就いた毛利輝元も、豊臣政権の安定化よりも自己の利益拡大を優先していた。公儀意思決定権の所在は実質的には不鮮明になっており、諸大名・領主は自力で所領拡大・回復を図ろうとした。「私戦」復活の戦国時代に戻ったかのような状況がみられたのである。

五　徳川政権の成立

1　徳川政権への道

関《せき》ヶ原《はら》における勝利の結果、家康は豊臣体制を差配する地位を取り戻した。家康を除く「三大老《たいろう》」毛利《もうり》輝元《てるもと》・宇喜多《うきた》秀家《ひでいえ》・上杉景勝《うえすぎかげかつ》（前年、家康に屈服した前田《まえだ》利長《としなが》を除く）、および「三奉行《ぶぎょう》」前田《まえだ》玄以《げんい》・増田《ました》長盛《ながもり》・長束《なつか》正家《まさいえ》は、いずれも西軍として活動したため、豊臣体制の中枢から外され、秀吉が定めた豊臣体制の構成員は家康一人となった。したがって、家康が公儀《こうぎ》の意思決定権を独占できる状況になったかにみえたが、豊臣体制を否定することはできなかった。

関ヶ原の戦後処理

関ヶ原における勝利は、福島正則《ふくしままさのり》ら豊臣系諸将の力に負うところが大きかったうえ、豊臣系諸将の中には、秀頼《ひでより》に対する謀反を企んだ石田《いしだ》三成《みつなり》や「三奉行」、それに荷担した毛利輝元らを排除するために、家康とともに戦ったのであり、公儀は名実ともに秀頼にあると認識している者も少なくなかったと考えられるからである。その結果、東軍として関ヶ原に臨んだ豊臣系諸将に対する論功恩賞《ろんこうおんしょう》は手厚くなった。

中でも福島正則は、毛利氏一門吉川広家《きつかわひろいえ》の調略を行った黒田《くろだ》長政《ながまさ》とともに、戦後の毛利氏との交渉に携わったほか、池田《いけだ》照政《てるまさ》や浅野《あさの》幸長《よしなが》とともに禁制《きんぜい》を発布するなど、豊臣体制の中枢を担う動きをみせている。正則・照政・幸長は、毛利氏との窓口となった長政や、家康と親密な藤堂高虎《とうどうたかとら》とともに、輝元に対する起請文《きしょうもん》にも連署《れんしょ》しており、従前の「大老」あるいは「奉行」に相当する存在になる可能性があった。

そこで家康は、正則を旧毛利氏領国の安芸《あき》・備後《びんご》へ、照政を秀吉の拠点の一つであった播磨《はりま》姫路《ひめじ》へ、幸長を秀吉の弟秀長《ひでなが》の拠点の一つであった紀伊《きい》和歌山《わかやま》へ加増転封《てんぽう》することによって、彼らの自尊心を満足させた。また、正則らに対する領知宛行状《りょうちあてがいじょう》は確認できない。豊臣系大名の中には秀頼が公儀であると認識している者が少なくないため、家康による領知宛行状の発給を避けた。その結果、公儀の所在は曖昧になった（笠谷二〇〇七）。

一方で、その後、正則らが中央政務に直接携わった形跡はない。家康が大坂城西の丸、秀忠《ひでただ》が二の丸に入って、公儀の意思決定は家康とその出頭人《しゅっとうにん》である井伊直政《いいなおまさ》・本多正信《ほんだまさのぶ》が中心となり、秀頼衆のうち、家康に従属的な小出秀政《こいでひでまさ》・片桐且元《かたぎりかつもと》らと調整しつつ進められた（福田二〇一四a）。

西軍荷担大名のうち有力大名については、徳川勢と直接的に対峙した者の改易《かいえき》が原則とされ、戦闘に加わらなかった毛利氏や、奥羽《おうう》から進攻しなかった上杉氏は減封《げんぽう》、関ヶ原で戦った義弘《よしひろ》は当主でないとして、島津《しまづ》氏に対する処分は留保された。一方で、原則に従えばいずれも改易に相当しない「三奉行」のうち、増田長盛・長束正家は改易・処罰され、前田玄以は処罰を免れた。公儀の意思決定権を握ろうとする家康にとって、長盛・正家は排除しなければならない存在であったが、京都支配に精通した玄以には利用価値があったためと推測される。また、中小大名については、戦闘時の動向に加え、家康との親疎や家康に荷担した有力諸将からの愁訴《しゅうそ》・譏訴《ざんそ》によって、処罰の有無が決されたと考えられる。

さらに、畿内以西には多くの豊臣系大名が配置され、徳川一門・譜代《ふだい》大名はまったく配置されなかった。この点にも、豊臣体制を否定できなかった家康の限界がみられる（笠谷二〇〇七）。奥羽においても、伊達政宗《だてまさむね》が制圧した刈田《かった》郡、最上義光《もがみよしあき》が制圧した庄内《しょうない》はそれぞれ彼らに与えられた。本主権を前提に自力救済によって当知行《とうちぎょう》に至った領地の安堵《あんど》であり、家康が中世的な法秩序・法慣習に拘束されていたことを示すものとされる（阿部二〇一六）。

家康の将軍就任

関ヶ原の戦い直後期において家康は、豊臣体制を完全に否定できていなかった。事実上の「天下人《てんかびと》」として、慶長五年（一六〇〇）十月に公家《くげ》・寺社領の指出《さしだし》提出を指示しているほか、慶長六年正月十五日、諸大名による家康への年頭御礼が確認される。しかし、家康への御礼に先立つ正月五日、徳川秀忠をはじめとする諸大名の秀頼への年頭御礼がみられる一方、この折、家康は病気により諸大名からの御礼を断ったとされる。

家康は仮病であった蓋然性が高く、諸大名に秀頼か家康かの選択を迫ることを避け、秀頼の体面を尊重した一方で、参礼できる大名の少ない時期を外して御礼を受けることによって、自らの権威を示そうとしたと推測される。慶長六年三月には再建された伏見《ふしみ》城へ秀忠とともに移転しており、秀頼と一体化した「公儀」から脱して、家康を頂点とする徳川「公儀」の形成を明示する効果も狙ったものと考えられる。

しかし、この時点における「天下人」は家康であるが、秀頼が成長するまでの暫定的なものとみなす者も少なくなかったと考えられ、家康は政権交代を目視化する職を必要とした。武家関白《かんぱく》職は豊臣体制の象徴であることから、これを継承することは適切でなく、前年十二月、秀次《ひでつぐ》失脚後空席となっていた関白に九条兼孝《くじょうかねたか》を就任させて、関白職を公家の職に戻している。伏見に移ったのち、慶長六年五月頃には家康が「日本将軍」に就任するとの情報もみられる（福田二〇一四a）。したがって、家康が早い時期から征夷大将軍《せいいたいしょうぐん》職を、徳川宗家《そうけ》による「公儀」独占＝徳川政権の根拠とするつもりであったと考えられるが、実際の将軍宣下は慶長八年二月であり、時間を要した。

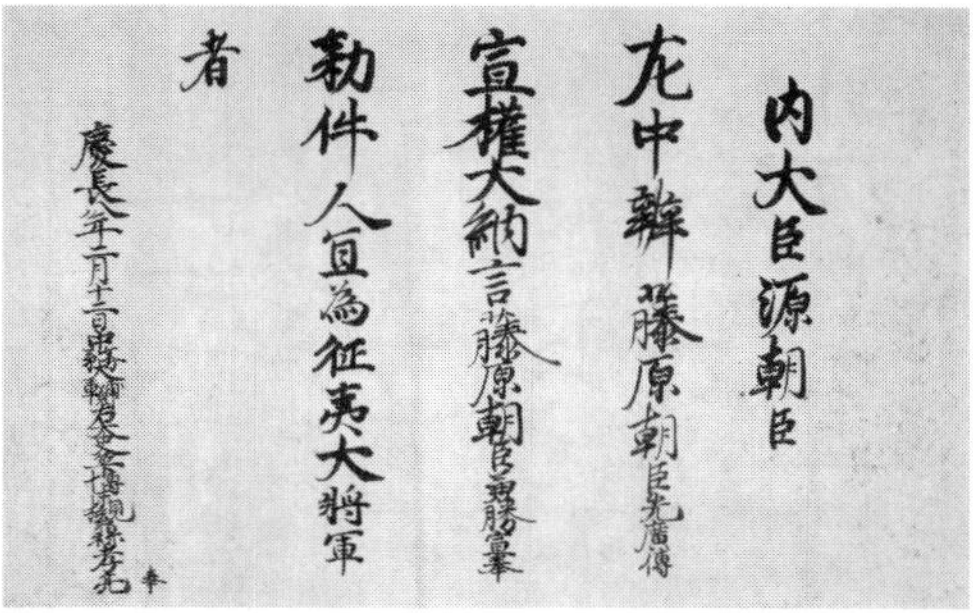
内大臣源朝臣
左中辨藤原朝臣
宣権大納言藤原朝臣
勅件人宜為征夷大将軍
者

31—征夷大将軍宣旨（日光東照宮所蔵）

この間、家康は慶長六年十月に江戸へ下向、翌年正月に伏見に戻り、同年十月に江戸へ下向したのち、十二月末には伏見に戻って、慶長八年正月は伏見で迎えている。慶長七年二月には、朝廷から源氏長者《げんじちょうじゃ》に補任《ぶにん》するとの内意を伝えられたが、「当年は慎みの間、固辞」（『言経卿記《ときつねきょうき》』）している。

慶長七年元旦は江戸に滞在することによって、秀頼との間に年頭御礼問題が生じることを避けており、家康は秀頼や豊臣系大名の反発を招かないように慎重に事を運んだ。また、島津忠恒《ただつね》の上洛・家康への拝謁が慶長七年十二月末であったことから推測すると、家康が武家の棟梁《とうりょう》と認められるためには、すべての大名を服属させる必要があったと考えられる。領知宛行状の面においても、慶長七年七月に佐竹義宣《さたけよしのぶ》、同年九月に前田茂勝《しげかつ》（玄以の子）に対する発給が確認され、有力外様《とざま》・豊臣系大名との間の主従関係が明示されるケースもみられるようになっており、慶長八年初頭にようやく機が熟したのである。

秀忠への将軍職譲与

家康の征夷大将軍就任は豊臣体制の終焉を意味したが、秀頼成長後、政権が返還される可能性を排除するものではなかった。

家康は将軍就任と同時に、右大臣《うだいじん》・源氏長者に任じられたが（慶長七年〈一六〇二〉正月、従一位《じゅいちい》に叙位）、秀頼もその二か月後に内大臣《ないだいじん》に任官（慶長七年正月、正二位《しょうにい》に叙位）しており、こののち関白職に就任して、豊臣「公儀」が名実ともに復活する可能性もあった。家康の後継者秀忠は、慶長八年当時、従二位《じゅにい》・権大納言《ごんのだいなごん》であり、年少の秀頼よりも下位に位置していた。将軍就任後、家康が秀頼に対する年頭御礼のために大坂へ赴くことはなくなったが、これ以後も、年頭を祝う勅使《ちょくし》・親王《しんのう》・公家衆・門跡《もんぜき》の大坂参向は継続しており、朝廷は徳川家と豊臣家に対して並列的な対応をとっている。家康の将軍就任の結果、秀頼への年頭御礼を行う大名が皆無となったわけでもなく、かつて秀吉の死没が権力の移行を招いたように、家康の死没によって、権力の転回が起こる危険性は少なくなかった。

そのような危機感から、家康は慶長十年四月、将軍職を秀忠へ譲る旨奏聞《そうもん》して、同月、将軍宣下《せんげ》された。将軍職は世襲が慣行となっており（山本二〇〇四）、秀忠の将軍就任は既定路線ともいえたが、体調に問題のない家康がわずか二年足らずで退任するというきわめて異例な進退であり、「天下人」の座の徳川家による世襲を諸大名に対してアピールしようとしたものと評価できよう。

一方で、秀忠の将軍就任後も勅使らの大坂参向、諸大名の秀頼への参賀はなくなっていない。また、慶長十年四月に秀頼は右大臣へ昇進したが、新将軍秀忠は秀頼の後任として内大臣に任官しており、

32―徳川秀忠画像（天崇寺所蔵）

秀頼の方が官位の面では上位にあった。したがって、秀頼は近い将来に武家関白として「天下人」となる可能性を秘めており、徳川政権に服属したとはいえなかった。また、朝廷も豊臣「公儀」復活の可能性を視野に入れた対応をとっており、家康は武家以外の社会をも包括した統治権限を獲得する必要があった。

そこで、武家の棟梁である将軍職を超越した「大御所《おおごしょ》」として、国家全体の統治者であることを示そうとしたのが、秀忠への将軍職譲与の狙いであったと考える。

将軍職を秀忠へ譲ったのち、家康は慶長十二年(一六〇七)に居所を駿府城《すんぷ》(静岡市)へ移した。一方で、将軍秀忠は江戸城《えど》(東京都)を居所とした。このため、家康死没時まで、形式的には大御所・駿府―将軍・江戸という二元的政治体制となったのであるが、源氏長者は家康のままであり、「大御所」家康が引き続き徳川政権を主導していった。

二元的政治と政権内の権力闘争

諸大名の動員や支配に関する分掌は、おおよそ家康が東海・北陸から西、秀忠が関東・奥羽であったが(本多二〇一〇)、慶長十四年の「諸国銀子《ぎんす》灰吹《はいふき》ならびに筋金吹分《すじがねふきわけ》」を禁止する命令は、駿府奉行人連署で、米沢藩《よねざわ》(上杉氏)や久保田藩《くぼた》(佐竹氏)といった奥羽大名へ伝えられているほか、慶長十八年の常陸国水戸《ひたちみと》八幡宮《はちまんぐう》領をめぐる訴訟も家康の裁定によって決しており、徳川政権を統括する権限は家康にあった。

家康奉行人の構成員は、本多正純《まさずみ》・安藤直次《あんどうなおつぐ》・成瀬正成《なるせまさなり》を中心に、大久保長安《おおくぼながやす》・村越直吉《むらこしなおよし》・米津親勝《よねきつちかかつ》・畔柳寿学斎《くろやなぎじゅがくさい》のほか、京都所司代《きょうとしょしだい》板倉勝重《いたくらかつしげ》、駿府町奉行彦坂光正《ひこさかみつまさ》らである。

これに対して、秀忠奉行人の構成員は、本多正信・大久保忠隣《ただちか》を中心に、土井利勝《どいとしかつ》・安藤重信《しげのぶ》(直次弟)・酒井忠世《さかいただよ》・青山忠成《あおやまただなり》・内藤清成《ないとうきよなり》・青山成重《なりしげ》らである(本多二〇一〇、福田二〇一一、藤井二〇一五)。

このうち、正信は家康奉行人本多正純の父であり、家康出頭人《しゅっとうにん》の代表的存在であった。出頭人とは主君の信寵《しんちょう》に基づいて取り立てられて政務に参与する者を指す。正信は秀忠奉行人でありながら、正純との連携のもと家康・秀忠間の調整にあたるとともに、家康の意向を秀忠に伝えて秀忠の政務に反映させる役割を果たしていた。

さらに、秀忠が将軍に就任してからまもない慶長十一年正月、家康の鷹場《たかば》への立ち入りを、秀忠奉行人青山忠成・内藤清成が家康に相談なく許可していたことに対して家康が激怒し、一時期、両名は失脚するという事件が起こっている。この事件を通じて、家康が「天下人」であり、江戸政府も家康の統括下にあることが明示された。

慶長十九年正月には、上洛していた大久保忠隣が突然改易されるという事件も起こっている。その理由として、忠隣が許可を得ずに養女を山口重信《やまぐちしげのぶ》へ嫁がせたことがあげられたが、この問題は前年に重信の父山口重政《しげまさ》を改易することで一旦決着しており、不可解な点が多い。

慶長十七年、本多正純の家臣岡本大八《おかもとだいはち》が肥前日野江《ひぜんひのえ》藩主有馬晴信《ありまはるのぶ》から、加増を幕閣に働きかける代償として賄賂を受け取った事件が発覚した際、本多正信・正純父子の立場は揺らいだ。出頭人本多父子と、松平《まつだいら》氏以来の譜代層の代表格大久保忠隣とは、これ以前から対立関係にあり、本多父子の失態によって、忠隣の地位が相対的に上昇する可能性を生んでいた。ところが、大久保長安が慶長十八年四月に死没すると、長安の数々の不正が摘発され、長安一党は失脚した。長安と忠隣との血縁関係はなかったが、長安は忠隣の庇護《ひご》をうけて大久保姓を賜っており、長安事件によって、逆に忠隣の地位が揺らぐこととなった。なお、長安事件に連座して秀忠奉行人青山成重も失脚している。

そのような状況下で忠隣失脚事件は勃発しており、本多父子と忠隣との対立がまったく関係なかったとは考えがたい。

事件後の二月十四日、酒井・土井・安藤ら秀忠奉行人は連署して起請文を提出した。その文言には「両御所様（家康・秀忠）に対し奉《たてまつ》り、御後闇儀《うしろぐらし》、毛頭存ずべからず事」とあり、家康・秀忠への忠誠を誓った（「御当家令条《ごとうけれいじょう》」）。あわせて、評定《ひょうじょう》の際にはお互いに隠し事なく話し合うことや法度《はっと》の順守・依怙《えこ》贔屓《ひいき》の厳禁なども誓っており、この事件は、奉行集団の結束を固めるとともに、徳川宗家へ絶対的に臣隷《しんれい》する幕藩《ばくはん》官僚制の始動へとつながっていった。行政・裁判等の機能は、「天下人」とその出頭人によって担われる構造は継続しているが、個別的人的関連を軸とした権力構造や奉行人による恣意的政治構造を否定していく方向性がみられる（藤井二〇〇二）。

豊臣体制が内部分裂によって解体していった状況をみていた家康にとって、奉行人間の対立の顕在化は看過できなかった。当面、出頭人を重用する体制を維持することによって、政権内における家康専制構造を確立して、危機を乗り切ったと評価できよう。

2　初期徳川政権の国内政策

都市支配

初期徳川政権が直轄支配を行った都市として、徳川氏の居城地江戸・家康が将軍職譲与後に居所とした駿府のほか、平安期からの首都京都、豊臣政権末期に政庁の置かれた伏見、商業都市堺《さかい》、古都奈良《なら》、伊勢《いせ》神宮門前町《じんぐうもんぜんまち》の伊勢山田《やまだ》、国際貿易都市長崎《ながさき》などがあげられる。

京都所司代として、京都の町の統治、朝廷や公家・門跡との折衝・監察、京都一帯の寺社統制を管轄したのは、豊臣期における江戸町統治に携わっていた板倉勝重である。伏見は駿府へ移る以前の家康の上方《かみがた》における居所で、江戸と並ぶ政庁として機能しており、伏見城には城番《じょうばん》が置かれていた。また、町奉行として芝山正親《しばやままさちか》・長田吉正《おさだよしまさ》が知られる。堺には奉行が置かれ、米津親勝・細井正成《ほそいまさなり》、朝倉宣正《あさくらのぶまさ》らが歴任したとされる。大坂冬の陣《おおさかふゆのじん》当時には芝山正親が奉行を務めていた。彼らはいずれも関ヶ原の戦い以前からの徳川氏家臣である。

奈良については、大久保長安の統括のもと、下代衆《げだい》が派遣されていたが、慶長十八年（一六一三）、筒井《つつい》氏改易後に徳川氏直臣《じきしん》となった中坊秀祐《なかのぼうひですけ》の子秀政《ひでまさ》が奉行に起用され、秀政は奈良に常駐した（杣田二〇〇三）。伊勢山田奉行には、伊勢国人領主長野《ながの》氏の関係者と考えられる長野友秀《ともひで》や徳川氏直臣日向半兵衛《ひなたはんべえ》が任じられている。

長崎については、慶長八年、奉行を豊臣取立大名であった寺沢正成《てらさわまさなり》から徳川氏直臣小笠原一庵《おがさわらいちあん》へと変更して、「公儀」支配から徳川政権直轄支配への転換を明示した。その後、慶長十一年頃には、伊勢国の出身であったが、妹清雲院《せいうんいん》が家康の側室となっていた長谷川藤広《はせがわふじひろ》が奉行となり、徳川政権による掌握がさらに進展した。長谷川は家康や秀忠が必要とする物品について貿易を通じて調達する役割を担っており（木村二〇一六）、徳川政権の財政基盤強化にも貢献した。

江戸や駿府を除く町はいずれも豊臣期において豊臣政権の直轄支配下にあった都市であり、初期徳川政権の直轄都市支配は豊臣「公儀」支配を継承したものであったが、奉行の変更を通じて、徳川政権による掌握を進めていったのである。

板倉勝重は山城《やましろ》国奉行や京都周辺の徳川直轄地の代官《だいかん》も務めていたほか、奈良奉行らへの指示も行っており、大久保長安とともに、畿内およびその周辺を統括する地位にあった。また、堺奉行であったとされる米津は、板倉や大久保の補佐役を務めると同時に、近江《おうみ》国奉行的役割も担っていた（曽根二〇〇八）。長崎奉行の長谷川も慶長十九年末に堺奉行を兼任している。奉行が任地に常駐していないケースもみられ、各奉行の職掌は必ずしも明確でなかった。このような特徴は、職掌が明確でなかった豊臣政権「五奉行」と同様に、個人的能力や時々の社会情勢に応じて担当職務が決定・変化していた状況を反映している。

鉱山の直轄化

次に、鉱山支配についてみていく。豊臣期における鉱山支配について、直轄支配されていた鉱山も文禄四年（一五九五）に運上《うんじょう》方式へと変更されたうえ、石見《いわみ》銀山のように大名（毛利氏）に支配が委ねられていた鉱山も少なくなかった。

これに対して家康は、関ヶ原の戦い終結からまもない慶長五年（一六〇〇）九月二十五日付け（若干遡及した可能性はある）で石見銀山周辺の村に禁制を出しており、豊臣体制を差配する地位に返り咲くとすぐに石見銀山の接収を図ったことが判明する。そのほか、豊臣体制を差配する地位を利用して、生野《いくの》銀山や摂津《せっつ》多田《ただ》鉱山など豊臣直轄鉱山も接収していき、その後、豊臣政権公領が徳川「公儀」領へと変質していったのと同様に、豊臣「公儀」直轄鉱山も徳川「公儀」直轄鉱山へと転換していった。また、佐渡《さど》相川《あいかわ》金銀山や伊豆《いず》金山など、徳川政権が主導して江戸期初頭に開発が進展した鉱山も少なくない。これらの鉱山には大久保長安ら奉行を置いて直轄支配を行った。

徳川政権は直轄鉱山などからの産出鉱物を用いて金銀貨を鋳造し、重要な財源としたが、関ヶ原の戦いにおける勝利によって、徳川政権による三貨《さんか》制度が一気に実現したとの見解は否定されつつある（藤井二〇一四）。江戸において後藤光次《ごとうみつつぐ》が金貨を鋳造したのは豊臣期に遡る。また、徳川政権が慶長期に発布した金銀に関する法令の適用地域は限定的であったと考えられ、全国を対象としたものではなかった。

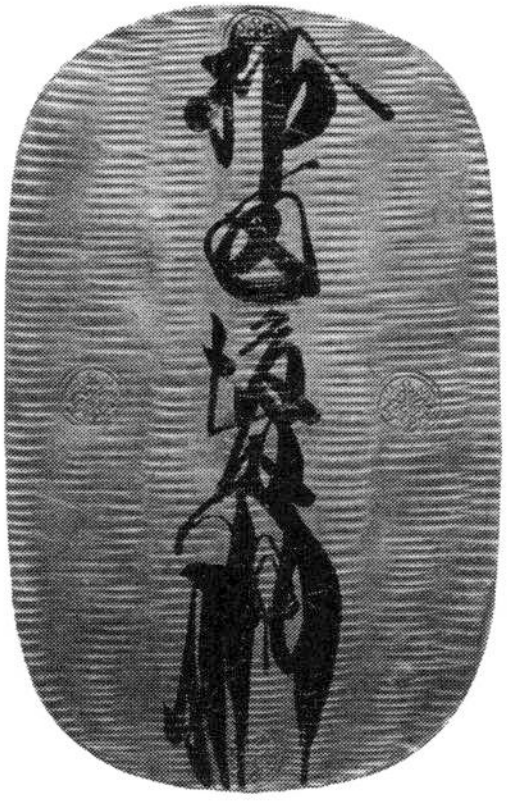
33—慶長大判金

大名領内鉱山からの産出鉱物は徳川政権へと献納したのち返付されるというケースもみられ、形式的には徳川政権による一元的支配を建前としながら、実質的には各大名による支配を認めている。貨幣についても大名領国独自の鋳造が認められており、貨幣鋳造権を中央政権が独占する状態にはなかったのである。

村落支配

豊臣政権が文禄四年（一五九五）に発布した「御掟《おんおきて》」においては、毛見《けみ》（作柄調査）を行ったうえで、収穫を地頭《じとう》（領主）が三分の二・百姓が三分の一の割合で分配して、田が荒れないように努めることを大名・領主に義務づけていた。文禄五年にも、荒田について豊臣政権から検使を派遣して調査し、荒廃状態を放置した大名の所領を没収すると定めている。また、慶長二年（一五九七）には「田麦《たむぎ》年貢三分一」徴収令が発布されたが、翌年には撤回されている（三鬼二〇一二b）。これらの法令はいずれも全国を対象に発布されたものであるが、初期徳川政権において、そのような全国を対象とした村落に関する法令は発布されたのであろうか。

結論からいうと、慶長期の徳川政権は全国を対象とした村落に関する法令を発布していない。慶長七年十二月六日付けで定められた規定を統合した青山忠成・内藤清成連署「定」が、慶長八年三月二十七日付けで発布されており、二月に家康が将軍に就任したことを契機としたと推測されるが、徳川政権直轄地を対象としたものであり、将軍職就任が他大名の領国支配への介入に直結していたとはいえない。

「定」の内容は、①代官・領主に道理に外れた行為があったために村落から退去した場合、届出があったとしても帰村しなくてよい、②年貢未進がある百姓が隣郷において完済した場合、どこに居住してもよい、③地頭に対する愁訴は退去する覚悟で行うこと、④年貢率は近郷の率を考慮すること、

⑤直訴《じきそ》は禁止、⑥代官衆に道理に外れた行為があった場合、直訴は許される、⑦百姓を軽率に殺害することは禁止、罪科がある場合、捕縛して奉行所における対決を経て罰すること、といったものであり、代官・領主の恣意的な村落支配を禁じて、百姓層を保護することを目的としている（本多二〇一〇）。

豊臣政権は、百姓の土地緊縛・農耕への専念を村落支配の政策基調としていた。実際には、年貢徴収や夫役賦課《ぶやくふか》の安定化のために基調を緩和するケースがみられたが、初期徳川政権は、現実に即した百姓層の保護政策を掲げたのである。また、①や⑥のような代官・領主の支配に問題があった場合の百姓保護規定は豊臣政権下においてもみられていたが、関ヶ原の戦い直後の慶長五年十二月、備中国《びっちゅう》において国奉行小堀正次《こぼりまさつぐ》が定めた「置目《おきめ》」や、慶長八年十一月に大久保長安が松平忠輝《ただてる》（家康六男）領で発布した「覚《おぼえ》」にも引き継がれている。したがって、初期徳川政権の村落支配は、豊臣政権下で定められた規定を一部引き継ぎつつ、村落の復興を最優先して、百姓層保護政策を展開していたといえよう。

有力大名領国における法の展開をみると、毛利氏の場合、豊臣期の村落に関する規定においては、豊臣政権の発布した法に則って定めたことを明記したケースがみられる一方で、初期徳川政権期に定めた法においては、百姓保護規定はみられるものの、「定」に則って規定したことを示す文言はない。その他、関ヶ原の戦いにおいて西軍に荷担した大名（上杉、島津など）や豊臣系大名（加藤清正、田中吉《たなかよし》政《まさ》、藤堂高虎など）が発布した村落に関する法令においても、徳川政権の「定」に則った旨の記載は見当たらない。基本的には、大名領における村落支配は各大名に委ねられており、初期徳川政権は中央政権の定めた村落政策を全国へ強制することに抑制的であった。

対朝廷政策

関ヶ原の戦い後はじめての新年である慶長六年（一六〇一）正月の公家・門跡らによる武家への参賀は、秀頼が先、家康は後、という順序であった。家康は病気であるとして名代《みょうだい》による対応とするとともに、秀頼への参賀時には後見として秀忠が同席することによって体面を保とうとしたが、関ヶ原における勝利後においても、豊臣体制が継続しているとの認識を朝廷は示したのである。

ところが、慶長七年になると、公家・門跡らは、家康が江戸から上洛してきた二月に家康への参賀、三月に秀頼への参賀を行い、家康が伏見で新年を迎えた翌年には、正月十六・十七日に家康への参賀、それ以降に秀頼への参賀を行っている。このような公家・門跡らの対応の変化はなぜ生じたのであろうか。慶長六年五月の公家・門跡らの知行地決定における家康の関与の結果、公家・門跡らは公儀の意思決定権を家康が掌握したと認識したのである。

一方で、慶長八年に将軍宣下された家康が、江戸で新年を迎えるようになると、家康の上洛を待つことなく、公家・門跡らは秀頼への参賀を先に行っている。慶長十年の秀忠への将軍職譲与以降も、家康が伏見・京都で新年を迎えることはなかったため、新年の参賀は秀頼に対してのみ行われている。

家康が上洛した際の公家・門跡らの諸礼はみられるため、朝廷が豊臣氏に傾斜していたとはいえないが、秀頼への親近感も隠そうとはしていない。

権力の正統性を求める武家は、伝統的権威を利用しようとして朝廷を庇護する。豊臣・徳川の併存状況は、両者からの支援が期待できる朝廷には好ましい面もあった。そのような朝廷の思惑に対して、家康は徳川政権の優越的地位確立に向けて、朝廷への介入・圧迫を強めた。

第一に、慶長十一年四月、家康の吹挙《すいきょ》なく武家に対して官位を授与しないように申し入れた。家康を頂点として形成された武家社会秩序に対する朝廷の介入は禁じられたのである。

第二に、慶長十四年の公家衆と天皇女房衆《にょうぼうしゅう》との密通事件の処理をめぐり、朝廷内部の問題であるにもかかわらず京都所司代を通じて家康が介入した結果、後陽成《ごようぜい》天皇は家康による処分決定を受け入れ、処分内容も天皇の意向には反するものとなった。

34—大久保長安像（大安寺所蔵）

また、後陽成天皇の譲位時期について、天皇の希望する慶長十五年三月案は家康の意向によって変更させられ、慶長十六年三月までずれこんだ。さらに同年、公家官位や門跡の基準についても家康の意向が反映された。これらの問題処理を通じて、家康は武家伝奏《ぶけてんそう》や摂《せっ》家《け》を介した朝廷統制を進めていった。摂家を公家社会の中枢に復活させたのは、秀頼の武家関白就任を阻止するための方策と考えられる。

第三に、慶長十七年、公家衆から武家伝奏に対して「家々の学文《がくもん》・行儀」を「油断なく相嗜《たしな》む」旨の文書を提出するように指示し(『言緒《ときお》卿記《きょうき》』)、その文書の内容は翌年、公家衆を対象とした法度にまとめられた。法度においては、行儀について細かく規定されたうえ、法度違反に対する処罰規定が置かれている。この法度は家康が定めたもので、処罰も武家が行うものとされており、徳川政権による朝廷統制は大きく進展した。こののちも、朝廷を対象とした法度の完成に向けての検討が続けられており、朝廷統制と豊臣氏圧迫は両輪となって進行していった。

大名統制

関ヶ原の戦い直後期の家康は豊臣体制の枠内にあった。その後、慶長八年(一六〇三)の将軍就任によって、徳川「公儀」体制が形成されたものの、徳川政権の絶対的地位が確立していたとはいえなかった。大部分の有力な外様大名・豊臣系大名に対する領知宛行状は発給されておらず、家康とそれらの大名との間の主従関係は明確でなかった(藤井二〇〇八)。また、豊臣政権下における「御掟」・「御掟追加」のようなすべての大名を統括する法令も未制定だった。

そのような明示された大名統制制度が整っていない状況において、徳川氏が大名を統制するための機構として用いられたのが「取次《とりつぎ》」である。「取次」は豊臣政権期に大名統制を担うとともに、後見人として大名を守る役割も果たしていた。このため、家康が豊臣体制を差配する地位につくと自己の側近に「取次」機能を果たさせようとし、関ヶ原の戦いの後には、徐々に「取次」機構を家康側近によって占拠させることを通じて、大名を統制していこうとした（山本一九九〇）。「取次」は徳川氏（将軍）の威光が高まるように、大名の行動を「指南」した。換言すると、「取次」の働きによって、大名側の内情に配慮しつつ、将軍の威光を高めることが可能となった（田中一九九二）。豊臣体制から家康を頂点とする徳川「公儀」体制への移行は、「取次」の交代（秀吉側近から家康側近へ）によって、漸進的に成し遂げられていったのである。

しかし、徳川「公儀」体制をさらに進めて、徳川政権のきわめて優越的な地位を確立するためには、インフォーマルな側面も有する「取次」機構に依存することなく、フォーマルな法令によって諸大名の徳川政権への服従を明示する必要があった。そのような機能をもった法令として、慶長十六・十七年に諸大名連署で誓約させた「条々《じょうじょう》」があげられる。その内容は、①将軍秀忠の発布する法度の厳守、②法度違反者・上意に従わない者を領国内に隠し置かないこと、③大名家臣が反逆・殺害人であると届出があった場合、いずれの大名も召し抱えてはならない、といったものであり、第六章でふれる「御手伝普請《おてつだいぶしん》」とともに、大名統制はさらに強化されていった。ただし、豊臣氏はこれらの法令の対象外であり、「御手伝普請」も課されていないという限界

35—本多正信画像（徳本寺所蔵）

もあった。

3　初期徳川政権の対外政策

島津氏と琉球王国

慶長七年（一六〇二）八月、島津忠恒は家康への服属のために鹿児島を出立したが、それに先立つ正月、徳川氏との講和交渉の進展によって上洛が具体化していた島津氏は、琉球《りゅうきゅう》王国に対して上洛に要する費用の負担を要求しようとした。豊臣政権によって島津氏の与力とされた琉球王国には、中央政権からの命令に基づく行動に要する費用をも応分負担する義務があるという論理であり、関ヶ原の戦いにおいて家康に敵対して動揺していた島津氏が、逆に、琉球王国に対する圧迫を強めていた状況がうかがえる（黒嶋二〇一六）。

一方で家康は、慶長七年、服属した島津氏に命じて奥州へ漂着していた琉球船乗組員を送還させ、家康の厚意に対する返礼の使節派遣を琉球王国へ求めた。琉球からの使節到来によって、家康の権威を国内・国外に示すことができ、かつ、日明《にちみん》通交再開を望む家康は、琉球王国にその仲介役を期待していたからである（黒嶋二〇一六）。ところが、琉球王国は返礼使節を派遣しなかった。その理由は定かでないが、この返礼拒否が琉球への侵略を正当化する材料に使われていく。

慶長十一年、島津氏は琉球王国支配下にあった奄美《あまみ》大島《おおしま》への侵攻を計画した。その動機については次のように考えられている（紙屋一九九〇）。慶長十年、中国の福州《ふくしゅう》から帰国しようとした琉球船が平《ひら》戸《ど》（長崎県平戸市）へ漂着した。平戸を領有する松浦鎮信《まつらしげのぶ》は、徳川政権の指示に基づき、島津氏に対して、積荷の長崎奉行への引き渡しを要請するとともに、奥州漂着の際の返礼使節未到来を遺憾《いかん》とする家康の意思を伝えた。そこで島津忠恒は、徳川政権下における島津氏の地位安定化、対琉球権益の確保（領国財政難の解消）に加え、伯父義久《よしひさ》との権力闘争を有利に展開するため、大島侵攻を企てた。

結局、この計画は徳川政権の指示によって中止された。慶長十二年に朝鮮国王からの使節が来日することとなり、日明関係改善の手がかりがみえていたことから、明国から正式に冊封《さくほう》されていた琉球王国への侵略によって、日明関係が悪化することを懸念したからである。

慶長十三年四月、琉球王国は島津家久《いえひさ》（忠恒から改名）家督《かとく》相続の祝賀として「あや（綾）船」を送ったが、家久はその返礼として使者を琉球へ派遣し、家康への返礼、日明関係の仲介を琉球王国に対して強く迫った。その背景には、領国内における権力闘争のほか、日朝関係改善において功績をあげた対馬宗《つしまそう》氏への対抗があったと考えられている（紙屋一九九〇、黒嶋二〇一六）。

琉球侵略

このような島津氏の高圧的な姿勢は琉球王国の反発を招き、交渉は決裂した。慶長十四年（一六〇九）二月、島津氏は琉球王国に対して、徳川政権の許可を得て出陣目前であること、日明関係の仲介を行うのであれば侵攻を中止することを告げた。日明関係の改善を優先課題とする徳川政権の意向を伝えているが、島津家久および家久の実父義弘《よしひろ》は、家久権力を強化する

36―朝貢使節（『琉球談記』、沖縄県立博物館・美術館所蔵）

ために、琉球への侵攻を利用しようと考えており、この書状は事実上の宣戦布告であった。

三月、島津勢は渡海を開始し、防備が不十分な琉球王国は、四月に降伏。国王尚寧《しょうねい》は鹿児島へ連行された。報告をうけた徳川政権は、異域を支配下に収めることによって、「天下人」としての権威を示すことができたため、祝意を示した。徳川政権は島津氏に対して琉球の領有を認め、仕置《しおき》権も付与したが、翌年八月、家久が尚寧を連れて江戸へ参府《さんぷ》した際には、尚王朝による琉球王国の存続を認めた。明への朝貢《ちょうこう》国である琉球王国の存在が、対明講和交渉における仲介役として必要だったからである。参府時における尚寧の処遇は朝鮮使節並とされ（鶴田二〇一三）、参府は異域の国家を従える将軍権力の偉大さを明示するイベントとして利用された。

慶長十五年、島津氏は琉球における検地《けんち》を実施して、琉球から島津氏へ上納させる年貢高基準を確定させた。また、翌年には「掟十五ヶ条」を定めて、琉球での交易を島津氏の統制下に置いた（黒嶋二〇一六）。これによって、島津氏は財政基盤の改善に成功したが、「日本同化」を進めるものではなく（豊見山二〇一三）、徳川政権の権威づけのために「異域」「異国」としての処遇が維持されたのである。

松前藩とアイヌ社会

慶長九年（一六〇四）正月、家康は松前志摩守《まつまえしまのかみ》に宛てた黒印状《こくいんじょう》（北海道博物館所蔵）を発した。松前志摩守とは蠣崎慶広《かきざきよしひろ》のことで、「松前家譜」によると、慶長四年十一月、慶広は大坂城において家康に拝謁、蝦夷《えぞ》島の地図を進上して、本拠とした松前をそれ以降称したとされるが、この逸話は家康との関係を強調しようとする江戸期の創作である蓋然性が高い。しかし、遅くとも慶長九年までに蠣崎氏は松前を称するようになっており、改姓によって、蝦夷島の島主であることを、中央政権のみならず、島内に対しても主張しようとしていたと考えられる。

家康黒印状の内容は、文禄二年（一五九三）の秀吉朱印状《しゆいんじよう》によって定められたアイヌ民族に対する非分行為の禁止・松前氏によるアイヌ交易独占権をさらに明確化したものである。しかし、二条目付則には「夷《えぞ》の儀は何方《いずかた》へ往行《おうこう》候とも、夷次第致すべき事」とあり、アイヌ民族の自由往行を認めている。したがって、蝦夷島内におけるアイヌ民族との交易は、蝦夷島の島主である松前氏による独占を認めたが、アイヌ民族の島外における交易活動まで制限するものではなかったのであり（浪川二〇一三）、そのような措置は、徳川政権の松前氏に対する警戒を反映したものと推測される。

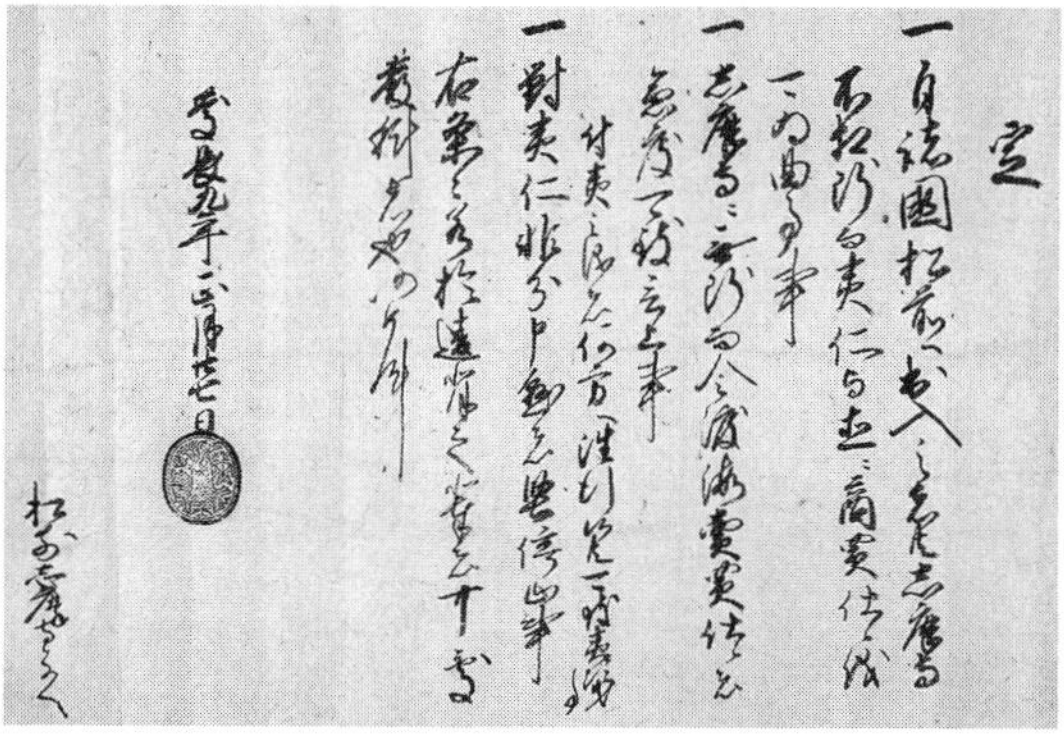

37—徳川家康黒印状（北海道博物館所蔵）

また、慶長十年に徳川政権が諸大名に命じて作成させた慶《けい》長国絵図《ちょうくにえず》において、蝦夷島は描かれておらず、この時点における蝦夷島は公的には「異域」「異国」と認識されていた。家康黒印状は、「異域」の民に対する支配権が松前氏ではなく、徳川政権にあることを示したものであった。

なお、アイヌ民族に対する徳川政権の融和的政策について、アイヌ民族との紛争発生がオランカイ（韃靼《だったん》、女真《じょしん》族）の蝦夷島侵入を誘発することを恐れたためとする見解もあるが（紙屋一九九〇）、信憑性《しんぴょうせい》の高い同時代史料によって確認することはできない。当時の地理認識では、オランカイと蝦夷島は陸続きであると考えられていた。オランカイにおいて統一戦争を進める女真族の動きが蝦夷島へ波及する可能性はあったが、切迫した危険性を家康が認識していたとは考えがたい。アイヌ民族に対する融和的政策は、蝦夷島における「平和」を実現することによって、家康が「異域」を支配する「天下人」であることを示そうとしたもの、松前氏による蝦夷島に関連する権益独占状態を避けようとしたものと理解しておきたい。

日朝講和と日明講和

朝鮮侵略戦争は秀吉の死没によって事実上終結したものの、公式な講和は成立していなかったため、朝鮮国・明国との国交回復を成し遂げることによって、家康は豊臣体制から徳川政権への移行を国際的にも認知させようと考えた。また、国交回復の先には、明・朝両国との公的な交易関係を形成して、徳川政権の財政的基盤強化を図ることも狙っていた。

家康は慶長六年（一六〇一）、対馬宗氏を通じて朝鮮国に対して、①侵略反対派であった家康が政権を掌握したため、講和が可能になった、②朝鮮国の仲介によって明国とも講和したい、③交渉の遅滞によって再派兵の危険がある、と申し入れた（鶴田二〇一三）。朝鮮国は家康の真意を警戒して交渉は容易に進展しなかったが、慶長七年頃から、日本の情勢を偵察するため、朝鮮国からの使者が対馬まで来訪するようになり、交渉好転の兆しがみえ始める（荒木二〇一三）。

宗氏も戦争時に連行していた朝鮮人を帰国させることによって誠意を示した。その結果、慶長九年、朝鮮国は対馬島民の釜山浦《プサンポ》における交易を許可するとともに、年末には再び使者を対馬へ派遣した。宗義智《よしとし》はその使者を連れて上洛し、慶長十年三月、伏見において家康との対面が実現した。その後、家康からの将軍職譲与に伴う秀忠の上洛行列を、公家や門跡に加えて、朝鮮国の使者にも観覧させたという。この時期に合わせて朝鮮国からの使者を上洛させたのは、秀忠の将軍職就任を「異国」も祝しているという権威づけに利用するためと考えられる。ただし、この段階においては、徳川政権の認識は別として、正式な講和が成立したわけではなかった。

そこで、宗氏は朝鮮王朝からの正式な通信使《つうしんし》の派遣を要請したが、朝鮮側は家康からの国書送付と王室陵墓《りょうぼ》を犯した者の送致を条件とした。東アジア社会における慣例では、敗戦国から国書を送付することとなっており、この条件を家康が受け入れるとは考えがたかったため（荒木二〇一三）、宗氏は差出名義を「日本国王源家康」とした国書を偽造した。また、対馬島内の犯罪者を、陵墓を犯した者として送致した。朝鮮側は偽造を観取したが、北方における女真勢力の台頭をふまえ、対日本関係の安定化が必要であったため（六反田二〇一七）、慶長十二年、正式な使節を日本へ派遣した。江戸において使節と対面した秀忠は、朝鮮国王の国書を受け取ったが、これも偽造されたものだった。

いずれにせよ、豊臣体制を完全に超克しようとする徳川政権、対日本関係の安定化を図る朝鮮王朝、日朝関係の改善によって対朝鮮交易における利益を得ようとする対馬藩という三者の思惑の合致により日朝講和は成立した。

慶長十四年には己酉約条《きゆうやくじょう》が締結され、日朝貿易は正式に再開された。朝鮮王朝によって通交を認められたのは、「日本国王」（徳川将軍家）、「対馬島主」（宗氏）などに限定され、釜山倭館《わかん》での交易に限られるといった制約はあったが、特権を得た宗氏や、日本国の統治者であることを国際的に認知された徳川氏には大きな成果となった。

日明講和についても、豊臣体制の超克や、国交回復による「勘合《かんごう》」の復活とそれに伴うポルトガル貿易の相対化を図るため、成し遂げる必要のある懸案であった（荒野二〇〇三）。

先にみたように、琉球を仲介役とする計画は琉球王国の拒否により挫折し、慶長十四年の琉球侵略につながった。しかし、朝貢国である琉球王国を、事実上、徳川政権に服属させたことは、明国の徳川政権に対する警戒心を高めることにつながった（荒野二〇〇三）。

徳川政権の意をふまえ島津氏は、①中国に日明の出会《であい》貿易地を設ける、②琉球を日明の出会貿易地とする、③日明両国が通使を派遣しあう、という三つの選択肢を提示して、琉球に対して明国との仲介を務めるように申し入れた。一方で、それを拒否する場合、中国への軍勢渡海を告げたが、琉球王国は明国への仲介を行わなかったと考えられる（豊見山二〇〇四）。しかし、琉球王国の動向に不信を抱いた明国は、慶長十七年、従来の二年に一度の貢期を十年に一度に改め、その結果、琉球ルートによる講和交渉の進展は遠のくこととなった（荒野二〇〇三）。

朱印船貿易とキリシタン禁令

秀吉は中国大陸の制圧とともに、南蛮《なんばん》諸国を服属させようとしていた。したがって、家康が豊臣体制を超克して徳川政権を形成するためには、明国・朝鮮国との講和に加えて、南蛮諸国や、その地域への進出を図っているヨーロッパ諸国との関係を再構築する必要があった。以下では先行研究（荒野二〇〇三、鶴田二〇一三、藤井二〇一五など）に学びながら、徳川政権の対外政策（明・朝鮮以外）をみていきたい。

関ヶ原の戦い以前の慶長三年（一五九八）十二月、家康はスペイン船の浦賀《うらが》寄航を依頼するなど、新たな貿易相手国を生み出そうとしていた。家康の狙いは、ポルトガル勢力を中心とした従来の南蛮貿易体系を相対化することにあった。また、関ヶ原の戦い後の慶長六年には、東アジア・東南アジアへ渡航しようとする商船について、家康朱印状を携行しない者の貿易を禁止して、民間レベルで展開していた通交・貿易ネットワークを国家レベルのネットワークに組み替えて、海外貿易を統制しようとした。

このような朱印船貿易体制と併行して家康は、安南《アンナン》（ベトナム北部）・呂宋《ルソン》・太泥《パタニ》（タイ南部）・東埔寨《カンボジア》・占城《チャンパ》（ベトナム中部）・暹羅《シャム》（タイ北部）といった東南アジア諸国との通交・親善関係の樹立を図っている。この目的として、朱印船貿易における日本船の安全確保に加えて、倭寇《わこう》的勢力の禁圧・統制を求める国際社会に応えうる政権であることを示すことによって、国内支配の正当性の源泉にしようとしたことがあげられる。

徳川政権の発した慶長十年代までの書簡の宛先をみると、呂宋が最多であり、家康はスペインとの関係、具体的には、フィリピンやメキシコとの通交・貿易を重視していた。慶長十五年には、前年に漂着した前フィリピン臨時総督デ・ビベロをアカプルコまで送り届ける際に、京都の町人田中勝介らを同行させて、メキシコ貿易に関する交渉を行わせようとしている。これに対してスペインは、翌年、答礼使を日本へ送ったが、その目的は、金銀島の発見と日本沿岸の測量にあった。このことを認識した家康はスペインに対する警戒を強めていった。また、カトリック国であるスペインは日本における布教活動の活発化も目論んでいたが、西日本を中心とする布教活動は実質的に黙認状態にあったものの、朱印状や書簡の上では布教禁止とする方針を示しており、スペイン側に日本との貿易を拡大していくメリットは大きくなかった。

このように、スペインとの貿易は容易に拡大しなかったが、カトリック国と敵対するオランダについては、慶長五年三月のリーフデ号漂着以来、家康は厚遇する方針をとった。慶長十四年に肥前国平戸へ入港したオランダ船が、日本との貿易を求めた際には、ポルトガルの反対にもかかわらず渡航朱印状を与えられ、オランダに許可された日本における活動も、ポルトガルやスペインに比べて優遇されていた。なお、同様にカトリック国と敵対するイギリスについても慶長十八年に貿易許可を得て、平戸に商館《しょうかん》を設置し、また、オランダと同等の優遇措置を得たが、オランダに比べると、日本との貿易において十分な成果を得ることはできなかった。

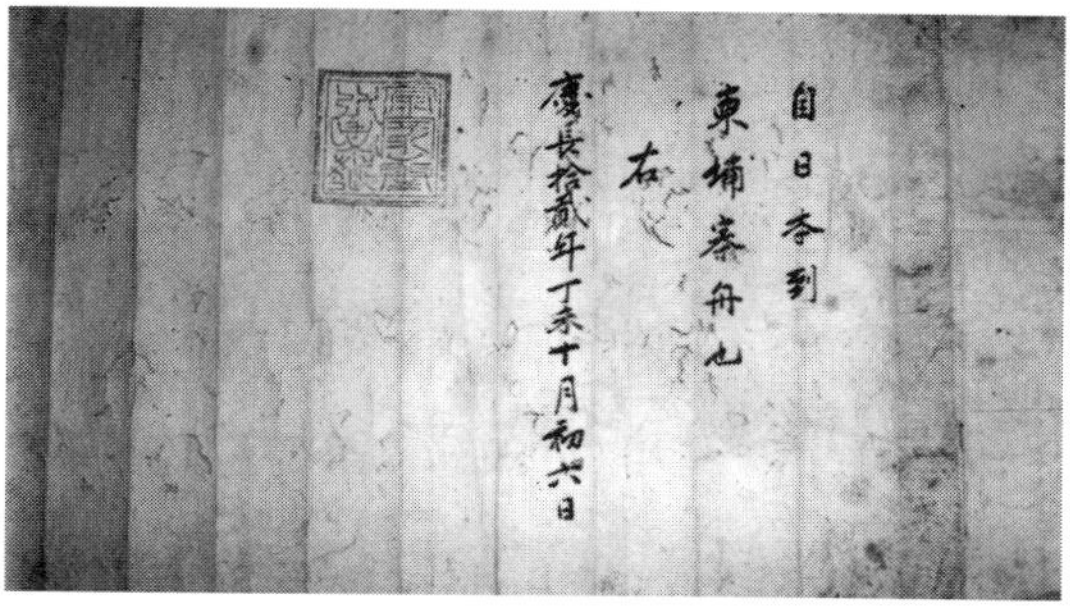

38—家康異国渡海朱印状（個人蔵）

ポルトガルは日本との貿易において先行していたが、慶長十三年、有馬晴信の派遣した朱印船との間でマカオにおいて起こったいさかいを契機に、有馬氏や長崎奉行長谷川藤広との関係が悪化していき、慶長十四年、長崎港に停泊中のノサ・セニョーラ・ダ・グラッサ号が有馬氏によって撃沈させられるという事件が起こった。その結果、ポルトガルとの貿易は一時中断した（慶長十六年、再開）。

また、キリスト教布教を黙認していた家康をキリスト教の禁止へと踏み切らせる事件が慶長十七年に起こった。岡本大八事件である。贈収賄事件の当事者である岡本と有馬晴信の両者ともキリシタンであったことから、家康は三月、京都・長崎・江戸・駿府など徳川直轄地においてキリシタンを御法度とする命令を発した。この禁令は豊臣政権のバテレン追放令とは異なり、身分を問わずキリスト教信仰を禁じた点に特徴があった（岡二〇一四）。翌年十二月、禁令は全国へと拡大し、宣教師《せんきょうし》やキリシタンの国外追放処分が実施された。その中には高山右近《たかやまうこん》や内藤如安《ないとうじょあん》（小西《こにし》氏旧臣）といった旧大名・領主層が含まれるなど厳しい弾圧であったが、一方で、カトリック国との貿易も継続したため、キリシタンの撲滅には至らなかった。

六　大坂の陣と地域国家

1　二重公儀体制と大名

「二重公儀体制」論

「二重公儀《こうぎ》体制」論とは、関ヶ原《せきがはら》の戦い後の政治体制について、将軍制度を基軸として天下支配を行おうとする徳川「公儀」体制と、関白《かんぱく》制度を基軸として将軍と対等の立場において政治的支配を行う潜在的な可能性をもった豊臣「公儀」体制とが併存していたと評価する見解である。その証左として、畿内以西における徳川一門・譜代《ふだい》大名領の不存在、秀頼《ひでより》に対する諸大名の伺候《しこう》、勅使《ちょくし》・公家《くげ》衆の大坂参向のほか、次のような事実があげられている（笠谷二〇〇七）。

①慶長期の伊勢《いせ》国絵図《くにえず》において、独立大名と同列的に豊臣氏直臣《じきしん》が記載されている、②秀頼領とされた摂津《せっつ》・和泉《いずみ》・河内《かわち》三国以外（備中《びっちゅう》など）に豊臣氏直臣の知行地《ちぎょうち》が存在する、③徳川政権が諸大名に命じた手伝普請役《てつだいぶしん》が秀頼に課されていない、④江戸城の普請奉行に豊臣直臣が参加している、④慶長十六・十七年（一六一一・一二）に諸大名が連署《れんしょ》で作成した法度《はっと》や上意に従うなどを誓った条目に、秀頼が署名していない。

また、家康は「天下人《てんかびと》」としての書札礼《しょさつれい》として、秀吉が関白就任後に用いていた朱印状《しゅいんじょう》ではなく、黒印状《こくいんじょう》を用いた。一方で、将軍職就任後においても秀忠《ひでただ》は、毛利輝元《もうりてるもと》や上杉景勝《うえすぎかげかつ》に対して、花押《かおう》を用いた書判状《かきはんじょう》という厚礼《こうれい》の書札礼を用いている。家康は黒印状を薄礼《はくれい》な書札礼に位置づけ、朱印状の薄礼化を推し進めたが、将軍であっても「天下人」ではない秀忠は朱印状よりも厚礼な書札礼に位置づけられた書判状を用いざるをえなかった。これに対して、秀頼は毛利氏や上杉氏に対しても黒印状を発給している。かつて秀吉が用いた朱印状ではなく、家康が用いている黒印状を用いた点は、秀頼の家康への対抗意識を反映したものと評価される（福田二〇一四a）。

このような事例から、秀頼が他の大名とは別格の存在であり、少なくとも征夷大将軍《せいいたいしょうぐん》の指揮下に包摂されていなかったことは明白である。しかし、秀頼に対する諸大名の祗候が家康から秀忠への将軍職譲与の頃からほとんどみられなくなる一方で、慶長十三年以降、徳川一門・譜代大名の畿内以西あるいは畿内近国への配置がみられるようになっており、徳川政権の優位性は徐々に高まっていった（本多二〇一〇）。

ただし、慶長十八年になっても、秀頼に対して諸大名（金沢《かなざわ》藩主前田《まえだ》利光《としみつ》、久保田《くぼた》藩主佐竹《さたけ》義宣《よしのぶ》）や将軍秀忠の使者が大坂へ伺候して、年頭の祝儀を届けている。家康は将軍職を秀忠へ譲与することによって、国家全体の統治者として豊臣氏を支配下に収めようとしていったが、将軍秀忠が秀頼の上位に位置することを明示できておらず、家康死没後の豊臣「公儀」の復活の可能性を視野に入れていた大名も存在した。したがって、潜在的な意味も含めると、豊臣氏滅亡以前は「二重公儀体制」であったといえよう。

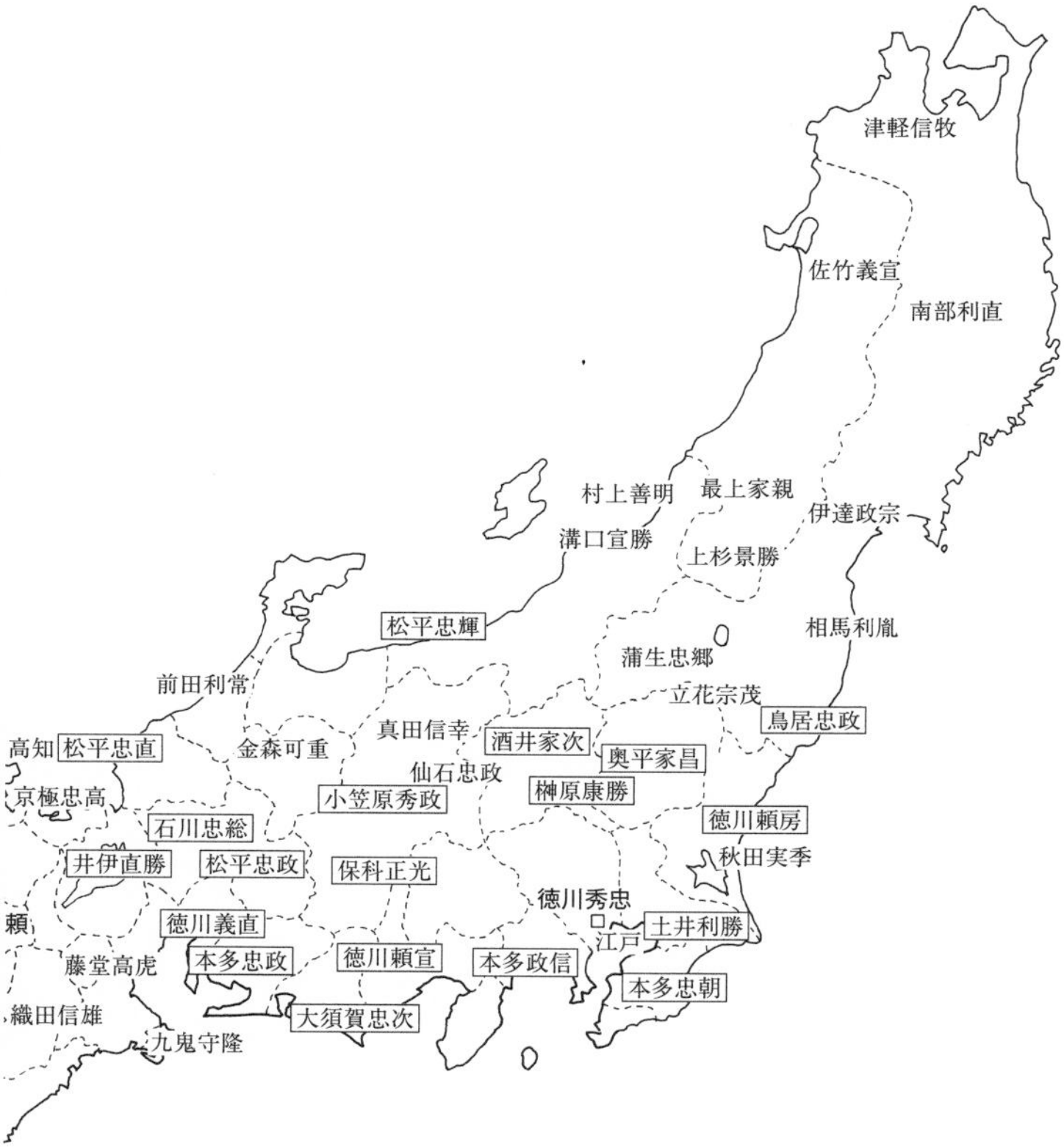

（笠谷和比古 2007 より作成）

39―関ヶ原合戦後の大名配置

関ヶ原の戦い後の豊臣氏

関ヶ原の戦いの後、豊臣氏は摂津・和泉・河内三国のみを領する一大名になったのであろうか。この問いに答える前提として、関ヶ原の戦い後における豊臣直轄地の変化に着目したい。豊臣期における豊臣直轄地には、豊臣家の私領と豊臣政権公領とがほとんど分別されることなく存在していた。関ヶ原の戦いにおける勝利に加えて、福島正則《ふくしままさのり》ら豊臣系大名を戦後の中央政務から排除することによって、家康が豊臣体制内における公儀の意思決定権を独占すると、豊臣「公儀」を徳川「公儀」へと徐々に変換していき、豊臣政権公領を徳川「公儀」領へと変質させていった。

関ヶ原の戦い直後期においては、大久保《おおくぼ》長安《ながやす》ら徳川奉行人《ぶぎょうにん》の関与も確認できるが、秀頼衆である片《かた》桐且元《ぎりかつもと》と小出秀政《こいでひでまさ》が中心となって直轄地の支配にあたっていたが、慶長九年（一六〇四）の秀政死没後は且元が中心となり、慶長十年以降には、家康が統括する方式へと変化している（曽根二〇〇四）。将軍職を超越した国家全体の統治者となったゆえに、家康は「公儀」領を掌握しえたのである。また、「公儀」領の支配を担った国奉行には、片桐且元を除くと、小堀政一《こぼりまさかず》（正次《まさつぐ》の子）・板倉勝重《いたくらかつしげ》・大久保長安といった徳川奉行人が任じられた。結果として、豊臣政権公領は徳川政権に接収されていった。

また、豊臣氏直臣層に分類される者も、豊臣家の私的な家臣か、豊臣「公儀」の家臣か、分別されるものではなかったため、豊臣政権公領の徳川「公儀」領への変質後も、豊臣氏直臣層の知行地はかつて豊臣直轄地であった地域に散在していた。したがって、秀頼の支配地域は摂津・和泉・河内三国に限定されていない。山城《やましろ》・近江《おうみ》・備中・信濃《しなの》・美濃《みの》・大和《やまと》・丹波《たんば》・伊勢など、畿内およびその周辺部のみならず、周縁部にも散在していた（福田二〇一四a）。逆に、摂津・和泉・河内三国の中にも徳川「公儀」に掌握された地があった。

家康は「公儀」の意思決定権を独占することによって豊臣政権公領を掌握することに成功したが、「公儀」概念を利用せざるをえなかったために、広範な豊臣氏支配地や豊臣氏直臣層の残存を許す結果となった。そのほか、多田《ただ》鉱山といった大きな財源も引き続き豊臣氏が掌握していた。軍事力の源泉となる財政力の面からみても、豊臣「公儀」復活の芽は残されていたのである。

豊臣系大名の動向

関ヶ原の戦い後の豊臣系大名について、①官位、羽柴《はしば》名字・豊臣姓《とよとみ》、②城郭普請、という二つの観点からみていきたい。

①について（黒田一九九七、下村一九九八）、まず、関ヶ原の戦い時における豊臣系諸将の双璧であった福島正則と池田《いけだ》照政《てるまさ》（輝政）の官位昇進がみられる。前者が慶長七年（一六〇二）に従四位下《じゅしいのげ》・左近《さこん》衛少将《えのしょうしょう》、後者が家康への将軍宣下直後である慶長八年三月に従四位下・右近衛《うこんえ》少将に叙任されており、両者の均衡は保たれている。また、照政叙任時点における他の公家成大名は、結城《ゆうき》秀康《ひでやす》（家康次男）と松平忠吉《まつだいらただよし》（家康四男）のみであり、家康が将軍に就任したとはいえ、官位面からみると、家康を頂点として、豊臣系有力大名とともに「公儀」を構成するという構造であったといえる。

さらに、三月の家康参内時には、譜代大名の叙任のほか、豊臣取立大名（加藤清正《かとうきよまさ》、堀尾《ほりお》忠氏《ただうじ》、黒田《くろだ》長《なが》

40—福島正則画像（大阪城天守閣所蔵）

政《まさ》、山内一豊《やまうちかずとよ》、田中吉政《たなかよしまさ》、浅野幸長《あさのよしなが》、蜂須賀《はちすか》豊雄《とよちか》、生駒一正《いこまかずまさ》ら）がそれぞれの領国の受領名に任官して、国持《くにもち》大名としての地位を保障され、かつ、従四位下に叙位された。また、彼らの多くは豊臣姓・羽柴名字を称していたと考えられ、豊臣「公儀」体制は形式的には消滅していなかった。そのうえ、加藤清正の嫡子《ちゃくし》清孝《きよたか》や池田照政の嫡子照直《てるなお》（利隆《としたか》）・福島正則の子正長《まさなが》・忠清《ただきよ》（忠《ただ》勝《かつ》）が羽柴名字を称しており、豊臣「公儀」体制が再生産されていく可能性を示していた。

ところが、慶長十年代になると、十年四月の加賀《かが》前田利光（利常《としつね》、利長《としなが》弟）を初見として、越後《えちご》堀《ほり》・播磨《はりま》池田・伯耆《ほうき》中村《なかむら》・土佐《とさ》山内・筑前《ちくぜん》黒田といった大名の嫡子あるいは若年の当主に対して、松平名字が授与されていく。慶長二十年正月には、蜂須賀豊雄（至《よし》鎮《しげ》）が羽柴から松平へ名字を改称している。前田利光への松平名字授与は、家康から秀忠への将軍職譲与にあわせて行われており、将軍の代替わりによって、豊臣「公儀」体制の再生産を断ち切っていくことが可能になった面もあったのではなかろうか。

また、堀・中村・山内・蜂須賀は家康養女、前田は秀忠娘、池田は秀忠養女を娶《めと》っており、黒田ものちに秀忠養女を娶った。豊臣系大名と家康・秀忠との間の主従関係形成には障害が少なくなかったため、主従関係の代替として、徳川家との婚姻関係を成立させることによって、擬制徳川一門による「公儀」体制を形成したのである。

②について、いわゆる「御手伝普請」と大名城郭普請の規制についてみていきたい。

多くの豊臣系有力大名に対して「公儀」の普請であるとして役が課された「御手伝普請」の初見は慶長八年三月に始まった江戸市街地の拡張工事である。江戸城については、その後、慶長十一年、慶長十九年の普請においても、豊臣系有力大名の動員が確認できる。

そのほか、慶長十二年からの駿府《すんぷ》城、同十四年の丹波篠山《たんばささやま》城、同十五年の名古屋《なごや》城、丹波亀山《かめやま》城などの普請において、豊臣系有力大名の動員がみられるが、このうち、篠山城普請において大名自身の現地出向が秀忠の権限によって命じられている点に、画期性が認められる（穴井二〇〇四）。

一方、福島正則が徳川政権に無断で「端城《はじろ》」（支城）の改修を行い、慶長十四年に家康の機嫌を損ねた際には、家康に対して、毛利期の状態にまで破却することを申し出たところ、家康の機嫌が直り、破却した箇所の修復を認められた。このような経緯は、慶長十年代半ばに徳川政権は豊臣系大名に対する統制を強めつつあったが、元来は同格的であった最有力豊臣系大名との関係においては、絶対的な地位に至っていなかったことをうかがわせる（福田二〇〇一）。

敗者復活

関ヶ原の戦いの際、筑後柳川《ちくごやながわ》城主立花親成《たちばなちかなり》（宗茂《むねしげ》）は大津《おおつ》城攻略後、西軍の敗報に接して国許《くにもと》へ帰ったが、西軍から離反した隣国肥前佐賀《ひぜんさが》の鍋島《なべしま》勢と合戦になった。そののち、家康からの赦免方針を伝えられて降伏したものの、結局、改易《かいえき》されることとなった。改易後の宗茂は、当初、肥後《ひご》加藤清正領内、その後、上方《かみがた》において浪牢《ろうろう》生活を送りつつ、立花氏再興を要望し続けた結果、慶長十一年（一六〇六）頃、陸奥《むつ》国南《なん》郷《ごう》（福島県棚倉町）に所領を与えられ、ようやく大名への復帰を果たした。家康から秀忠への将軍代替わりが契機になったとされる（中野二〇〇一）。宗茂の弟高橋重種《たかはししげたね》（直次《なおつぐ》）も同様に改易されていたが、慶長十八年頃に常陸柿岡《ひたちかきおか》（茨城県石岡市）に所領を与えられ、復帰を果たした。なお、両家ともに家康死没後、旧領筑後へ復帰している。

41—立花宗茂画像（大慈院所蔵）

立花・筑後高橋氏の場合、降伏ではなく講和による決着であり、本来、家の存続は認められる予定であった。しかし、島津《しまづ》氏征討の中止による所領不足や、柳川城を攻撃した鍋島氏への配慮などから、一旦、改易せざるをえなかったと推測される。一方で、秀忠への将軍職譲与は、徳川政権が征夷大将軍職を支配の源泉にしていくことを表明したものであり、関白職を源泉とした豊臣政権とは異なり、武家の棟梁《とうりょう》として「武」を重視する姿勢をみせる必要があった。そこで、関ヶ原における戦闘終結後も、西軍であることを貫いて戦った勇将立花宗茂一族を優遇することにしたのではなかろうか。

加賀小松《こまつ》城主丹羽長重《にわながしげ》は明確な西軍荷担大名ではなかったが、隣国前田利長と戦闘したことが影響して、関ヶ原の戦いののち改易された。九月十三日付け家康からの書状を受け取っており、関ヶ原における戦闘以前に家康に誼《よしみ》を通じていたにもかかわらず、改易という厳罰に処せられた要因として、家康の前田氏への配慮があげられよう。

東軍に荷担した細川幽斎《ほそかわゆうさい》が籠城した丹後田辺《たんごたなべ》城（京都府舞鶴市）を攻撃した大名の大部分は改易を免れた。しかし、田辺城攻撃軍の主力であった小野木公郷《おのぎきみさと》は、関ヶ原における戦闘終結後に居城福知山《ふくちやま》城（同福知山市）を幽斎の子細川忠興《ただおき》らに攻撃され、開城したものの、切腹させられている。この処分も田辺攻撃の報復を主張する忠興の意向に配慮したものと考えられる。

家康は関ヶ原において勝利したものの、豊臣系諸将の戦功に依《よ》るところが大きく、一方で、西軍有力大名の中には、毛利氏や島津氏など、主たる軍事力を温存している者も少なくなかったため、有力諸大名への配慮によって、安定的状況を作り出す必要性に迫られていた。ゆえに、鍋島・前田・細川氏と戦闘を行った大名に厳罰を科さざるをえなかった。丹羽長重は改易に相当する行為がなかったにもかかわらず、安定化を優先した家康の思惑の犠牲とされた。そのような事情をふまえ、長重は慶長八年という早い時期に、常陸国古渡《ふっと》（茨城県稲敷市）に所領を与えられ、大名への復帰を果たしたのである。

2　大坂の陣

二条城会見

慶長十年（一六〇五）の秀忠将軍就任時に、家康は秀頼の上洛、家康・秀忠との対面を望んだが、豊臣氏の拒否によって実現しなかったとされる。家康自身もそうであったように、上洛して対面することは服従したことを示す象徴としての一面を有していた。ゆえに、家康にとって、秀頼を上洛させることは念願であった。

慶長十六年三月、後陽成《ごようぜい》天皇の譲位と後水尾《ごみずのお》天皇の即位にあわせて、家康は東国諸大名の兵五万を引き連れ上洛した。西国諸大名も家康を迎えに山科追分《やましなおいわけ》（滋賀県大津市）まで参上したが、行幸への諸大名の供奉《ぐぶ》は予定されておらず、諸大名の行動は、家康による諸大名の軍事指揮権掌握を顕示するためのパフォーマンスだったと考えられる（福田二〇一四a）。

大坂城から京都へ向かった秀頼の迎えとして、家康の子義利《よしとし》（義直《よしなお》）・頼将《よりのぶ》（頼宣《よりのぶ》）が鳥羽《とば》（京都市）まで遣わされ、浅野幸長・加藤清正が供をした。二条城《にじょうじょう》までは藤堂高虎《とうどうたかとら》も供をし、そこで池田輝政が合流して会見に及んだ。他の大名が出迎えした形跡はなく、秀頼の上洛に多くの大名が供奉する事態を阻止するという家康の意図がみられる。秀頼が諸大名を引き連れて上洛する事態になれば、まさに豊臣「公儀」の復活を誇示することとなってしまう。秀頼の家康への服従をみせつけるつもりが逆に作用することを家康は恐れた。

実際に、この会見を通じて、家康の側近的存在になっていた高虎や、家康の娘婿輝政は別として、幸長や清正のほか、病気で出迎えできなかった福島正則ら秀吉によって取り立てられた大名と豊臣家との紐帯《ちゅうたい》を、家康は実感することとなった。さらに、会見後に家康が義利・頼将を返礼として大坂へ遣わした際、義利・頼将からの進物については秀頼との間に互酬《ごしゅう》関係が成り立っているが、家康からの進物に対する秀頼からの返礼は確認できず、片敬《かたけい》という非礼対応をとった（福田二〇一四a）。秀頼は上洛したものの、家康に対して服従したのではないことを片敬によって示したのである。

42―豊臣秀頼画像（養源院所蔵）

その背景には、豊臣家・秀頼に対する敬慕の念を持ち続けている豊臣系大名も少なくないことを再確認したことがあったと考えられる。二条城会見は表面的に徳川・豊臣両家の融和を示すものであったが、水面下においては、豊臣氏の徳川政権への対抗心を増長させ、一方の家康は早期に豊臣氏を完全屈服あるいは殲滅《せんめつ》する必要性を認識する結果となった。

ところが、二条城会見の際に秀頼に供奉した加藤清正が会見直後の六月、浅野幸長が二年後の慶長十八年八月に病没した。この二人の死は家康の豊臣氏への圧迫を加速化させることとなる。

大坂の陣勃発

慶長十九年（一六一四）六月、五千石ずつを加増された秀頼に仕える片桐貞隆《さだたか》（且元弟）・大野治長《おおのはるなが》が礼のために駿府へ下向している。この時点における家康は、秀頼の知行宛行権《あてがい》を実質的に自らの統制下に置きつつあった（福田二〇一四a）。そのような豊臣「公儀」の否定を完成・固定化するための仕掛けとして利用されたのが、方広寺鐘銘《ほうこうじしょうめい》事件である。

秀頼の父秀吉は「国土安全万民快楽」をスローガンにして刀狩《かたなが》りを行い、集められた刀剣類などは方広寺大仏の材料に用いられた。したがって、方広寺大仏は豊臣「公儀」の象徴的存在であり、慶長七年の火災によって大仏が焼失したことは、豊臣氏の衰退を象徴する出来事とも思われた。ゆえに、慶長十四年、秀頼は大仏および大仏殿の再興を企てた。再興にあたっては土佐山内氏領内から材木を調達するなど、豊臣系大名に対して、豊臣家との紐帯を再確認させる効果もあった。

家康も大仏再興によって豊臣氏の財を消費させることができることから、協力的であったが、慶長十九年七月、翌月に大仏開眼供養《かいげんくよう》を行うことが決まった矢先、大仏殿鐘銘が「駿河（家康）の御気色《みけしき》に合わず」（『舜旧記《しゅんきゅうき》』）として開眼供養は延期になった。棟札《むなふだ》の文面も「無調法《ぶちょうほう》」とされていることから推測すると、家康は豊臣氏への圧迫を正当化する理由を探していたと考えられる。

すぐに片桐且元が弁明のために駿河へ下向したが、家康への対面が当分の間かなわなかったため、さらに、大蔵卿局《おおくらきょうつぼね》（秀頼の生母茶々《ちゃちゃ》の乳母《うば》）も駿河へ向かった。家康の対応は、片桐兄弟を豊臣氏から引き離すための戦略だったと推測される。実際に、九月半ばに帰還した且元は、大野治長ら反家康派によって命を狙われた。また、切腹を命じられるという風聞も流れている。且元は豊臣氏からの弁明に対する家康の返事を伝えたが、豊臣氏首脳部は承引せず、且元に反逆の疑いがあるとみなした（『舜旧記』）。

家康の返事の内容は豊臣氏の家康への完全屈服を求めるものであり、その条件は、十月八日付け秀頼宛福島正則書状（「大坪文書」）から推測することができる。正則は茶々の江戸下向を勧め、その後、秀頼も茶々への見舞いのため江戸へ下向すれば、茶々を同行して上洛できるとしている。したがって、家康の提示した条件とは、茶々を人質として江戸へ下向させること、秀頼も江戸へ参府することであったと考えられる。正則は茶々が永久的な人質ではないことを示唆しているが、この条件を拒否していた秀頼を説得するための方便であろう。また、茶々の江戸からの帰還を「上洛」と表現しており、大坂城からの退去も条件だったと推測される（福田二〇〇七、曽根二〇一三）。

これらの条件の受諾は、豊臣「公儀」復活路線の放棄を求めるものであり、豊臣氏として受諾しがたいものであった。茶々は且元に対して、害する意思のないことを告げて登城を要請し

43―伝淀殿画像（奈良県立美術館所蔵）

たが、警戒した片桐兄弟は自邸に籠り、結局、十月一日、大坂から退去した。片桐兄弟と相前後して織田常真《おだじょうしん》（信雄《のぶかつ》）・石川貞政《いしかわさだまさ》も大坂城から退去しており、豊臣氏首脳部は反家康派で占められた。

鐘銘に家康を貶《おとし》める秘めたる意図があったにせよ、この時点において徳川政権を武力打倒する意思が豊臣氏にあったとは考えがたく、逆に、年齢上、家康には豊臣氏の完全屈服あるいは殲滅を急ぐ必要があった。家康には、豊臣「公儀」の復活を象徴する方広寺大仏開眼供養を執行させるつもりは当初からなかったのではなかろうか。正当化できる理由を付けて開眼供養を中止に追い込み、豊臣氏に厳しい条件を提示して、完全屈服か、断交かを迫った。二条城会見時から家康への対抗心を露わにしていた秀頼やその側近には、完全屈服という選択肢はなく、大坂の陣《おおさかのじん》へと突入していったのである。

豊臣氏滅亡

家康との対決を決意した秀頼は、阿波《あわ》蜂須賀氏・和泉岸和田《きしわだ》小出氏・播磨池田利隆《としたか》（輝政の子）・淡路《あわじ》池田忠長《ただなが》（利隆弟）といった豊臣系大名や、薩摩《さつま》島津氏・肥前鍋島氏といった関ヶ原の戦いにおいて西軍に荷担した大名に対して、助勢を呼びかけたが、助勢に駆けつける大名はなかった。しかし、島津氏の場合、池田利隆や細川忠興らを通じて情報収集に努めており、情勢によっては豊臣氏に荷担する可能性を残していた。

豊臣系大名や外様《とざま》大名の多くは、自らの家・領国を守るために徳川氏への荷担姿勢をとったに過ぎず、情勢の変化によっては、豊臣氏への荷担も選択肢に入っていたと推測される。九月に毛利・鍋島・島津氏のほか、西国諸大名に対して、家康・秀忠への忠誠を誓う起請文の提出が命じられたこと

44―大坂夏の陣図屏風（部分、大阪城天守閣所蔵）

も、彼らの去就に警戒すべき点があったことを示している。

したがって、豊臣方のとった大坂城およびその周辺の都市や港を確保して守備に徹するという作戦は理にかなわないものではなかった。長期戦に持ち込み、豊臣氏に荷担する大名の蜂起や在地における一揆《いっき》が勃発するのを待とうとしたのである。現実に、紀伊浅野氏領内においては一揆が勃発している。

ところが、十一月下旬に物流拠点として重要な木津川《きづがわ》河口を徳川方が掌握すると、長期戦に持ち込む豊臣方の戦略は破綻し、豊臣氏は講和に傾いた。結局、大坂城の「惣構《そうがま》えの堀・二の丸の堀いずれも埋め候て、本丸ばかり」にする（『本光国師日記《ほんこうこくしにっき》』）という条件で、講和が成立した。なお、二の丸堀を埋めることは違約で徳川方の罠《わな》にはまったとする説は誤りである（笠谷二〇〇七、曽根二〇一三）。当初から本丸のみとする予定で、豊臣氏もそれを受諾していたのであるが、この条件を受け入れた段階で、豊臣氏の命運は尽きたのも同然であった。

翌年四月になると家康・秀忠は、豊臣氏が真田信繁《さなだのぶしげ》・長宗我部盛親《ちょうそがべもりちか》・後藤基次《ごとうもとつぐ》ら牢人《ろうにん》衆を大坂城から退去させず、そのうえ、合戦の用意をしているとして、大坂城から退去して大和あるいは伊勢への国替え（減封《げんぽう》と考えられる）、それに合意できないのであれば、牢人衆すべての退去を求め、いずれも受諾しない場合は攻撃することを通告した。

牢人衆は関ヶ原の戦いの結果所領を失った者（真田・長宗我部ら）、主君との不和によって出奔した者（後藤ら）で構成されており、大坂入城を所領回復の最後のチャンスと見定めていた。大坂城からの退去はもちろん、豊臣氏の減封も受忍できない牢人衆の意向に加えて、それら牢人衆と従来の大坂衆とが結びついて数派のグループを形成するという内部分裂状況に陥っており、徳川氏からの通告を受け入れる意思決定は不可能であった。

交渉は決裂して、慶長二十年（一六一五）四月、「戦国」最後の戦闘が始まったが、圧倒的な兵力差を前に牢人衆らは力尽き、五月七日、大坂城は焼失。助命を拒否された秀頼・茶々らは、八日に自害して豊臣氏は滅亡した。

大坂の陣の戦後処理

関ヶ原の戦い後、西軍に荷担した大名の多くは改易・減封処分となったものの、その親族や家臣団に対する厳罰は科されなかった。処刑された石田三成でさえ、子女は処罰の対象となっていない。

大坂の陣の戦後処理においても、豊臣秀頼の男児国松《くにまつ》が斬首、女児が仏門に入れられた（のち天秀《てんしゅう》尼《に》）こと、大坂からの逃亡後に捕縛された大野治胤《はるたね》（治長弟）ら有力部将が処刑された点については、一般的な戦後処理ルールの範囲内といえるが、通例と異なる処理もみられた。

第一に、畿内やその周辺部において、大坂からの落人《おちうど》（紀伊国おいては一揆勢も含む）の捜索・捕縛に加えて、大坂に籠もった者が寺社に預けた財物をも厳重に調査・没収しようとしている。秀頼は関ヶ原の戦い以降も寄進《きしん》・造営などを行い、寺社への影響力を維持していた。このため、大坂落人やその財物を差し出させることによって、徳川政権への服従を明示させたのである。

第二に、五・六月には西国、九月になると東国の諸大名に対して、大坂落人の捕縛・移送を命じている。この命令は落人の捕縛そのものより、徳川政権による全国の大名支配強化を目的としたものと考えられる（曽根二〇一三）。換言すると、豊臣氏の滅亡によって徳川専制体制が自動的に実現したのではなく、大坂の陣が終結しても、家康あるいは秀忠とすべての有力外様大名・豊臣系大名との間に明確な主従関係が形成されているとはいえなかった。なお、十月には島津氏を通じて琉球《りゅうきゅう》も捜索の対象とされており、大坂落人捕縛は琉球支配の強化にも利用されている。

また、豊臣氏直臣や旧大名・領主クラスの牢人衆のみならず、大名領から大坂へ流入していた武家奉公人《ほうこうにん》層も取り締まりの対象とされた。ただし、大名ごとに大坂へ流入した武家奉公人の名簿を作成させて報告させているが、落人への対応とは異なり、大坂への移送を明確に指示した文言はみられない。慶長十八年（一六一三）以降に大坂へ流入した者が取り締まりの対象となっていることから推測すると、江戸における「一季居《いっきおり》」（年期奉公人）規制の延長線上に、大坂奉公人も置かれたと考えられる（高木一九九〇）。

豊臣・徳川対立の激化に伴い、働き口を求めて多くの雑兵《ぞうひょう》が全国から大坂へ流入し、豊臣氏は彼らを雇傭《こよう》したが、大坂の陣の終結によって、一部の者は国許へと逃亡した。そのような武家奉公人牢人層の存在は、地方における治安の不安定化を招くとともに、大名層の軍事力として利用される危険性もあった。そこで、大坂周辺の復興にあたって必要となる「日用《ひよう》」（日雇層）の不足を補うために、武家奉公人牢人層の一部を畿内へ移送し、残る者は村落の労働力維持のために、国許において百姓層へと回帰・編入させることを企図して、徳川政権は各大名に武家奉公人牢人名簿の作成を命じたのである。

3　徳川政権と地域国家・朝廷

初期御家騒動

江戸期大名の「家」は、当主（藩主）と家臣との主従関係に基づき形成された社会集団と定義される。江戸中期頃になると、主従関係は上下の関係に単純化された一方で、個々の家臣が忠義を尽くす対象は主君個人ではなく、「御家」という社会集団へと変質していった。これに対して、江戸前期までは、家臣は主君個人との関係性、とりわけ、主君の「器用《きよう》」（器量、能力）を重視していた。したがって、主君に能力がないと評価した場合、家臣が主従関係を解消して「家」から離脱する、あるいは、主君を排除することもしばしば生じたのである（福田二〇〇五）。このような大名「家」内の対立が激化し表面化したものを「御家騒動《おいえそうどう》」という。

江戸期初頭の大名の「家」のうち、「御家騒動」の勃発可能性が高い大名として、①中世国人《こくじん》層を出自としており、本来同格であった家との国人領主連合的性格が残存していた大名、②織豊期における急速な家の拡大に応じて、多様な出自を持つ有能な人材を召し抱えた大名、があげられる。

①については、豊臣期に大名当主を頂点とする一元的な支配構造への転換が進んでいたものの、関ヶ原の戦いにおいて西軍に荷担したことによって当主の権威が低下していた大名の「家」にみられた。毛利氏の場合、慶長十年（一六〇五）に旧有力国人領主層らを誅伐する事件が起こっている。島津氏の場合、戦国後期に本宗家《ほんそうけ》を継承した伊作《いざく》家が庶家であったこと、江戸期初頭の当主忠恒《ただつね》が前当主義《よし》久《ひさ》の弟義弘《よしひろ》の子であったことから、①に類似した形態とみなすことができ、慶長七年の忠恒による伊《い》集院忠真《じゅういんただざね》殺害や慶長十五年の平田《ひらた》増宗《ますむね》誅伐も、「御家騒動」の類似例である。いずれも、事件を通して、当主の権力基盤安定化に成功しており、徳川政権による介入はなかった。

②については、初代当主からの家督《かとく》継承後における騒動の勃発が顕著である。家臣は初代当主との人格的結合関係に基づき奉公していたが、後継者が「器量」を欠くと判断した場合、主従関係を解消して、自らの能力を買ってくれる新たな主君を求めた。後継者やその周辺は、権力基盤安定化のため、自律指向をみせる家臣を排斥した。慶長八年の中村一忠《かずただ》による横田《よこた》村詮《むらあき》誅伐、慶長十三年の松江《まつえ》騒動（堀尾《ほりお》氏）・筒井《つつい》騒動（筒井氏）・前田《まえだ》茂勝《しげかつ》（玄以《げんい》の子）による尾池定安《おいけさだやす》誅伐、慶長十五年の越後福島騒動（堀氏）・慶長十八年の蒲生《がもう》騒動などが典型的な事例である。このうち、筒井・前田・堀は改易されたが、その他の大名に処分はなかった。

豊臣氏滅亡後に発布された武家《ぶけ》諸法度《しょはっと》第十三条には「国主《こくしゅ》、政務の器用撰《えら》ぶべき事」とあり、当主個人の能力が支配者たりうるか否かの判断基準とされている。秀吉死没後、幼い秀頼に代わって家康が「天下人」となりえたのも、「器用」を重視する当時の社会通念に沿ったものであり、武家諸法度の規定は豊臣氏の滅亡を正当化（秀頼に「器用」が欠けていた）するものであった。

一方で、能力のみを判断基準として、伝統的な家職世襲を否定した場合、徳川家による「天下人」の地位継承さえも保障されないことになる。徳川政権安定化のため、「器用」の有無を問わず、将軍職は徳川氏による世襲にすることを他大名にも納得させるためには、大名当主の地位も世襲であることを保障する必要があった。このような矛盾が、②にみたような処分の不統一性を招いた。改易の有無は、徳川氏と大名との力関係・縁戚関係や、地理的要因が影響したと考えられるが、徳川政権の絶対的な地位が確立されていない慶長期においては、大名の「家」内部への介入に抑制的であることを基本にせざるをえなかったことも影響している。①の西軍に荷担した有力外様大名の場合、「御家騒動」を理由に改易する選択肢もありえたが、改易によって発生する不満牢人の増加による不安定化ではなく、大名当主権力の強化による安定化を徳川政権は望んだのである。

一国一城令

有力大名の地域国家的性格を示す指標の一つとして、中央政府による大名領国内の城郭統制があげられる。豊臣政権における城破り命令の強制力に限界があったこと、大名領国内の城破り政策が独自に展開したことは先にみたとおりである。

初期徳川政権における城郭政策も、福島正則の事例でみたように、不快感を示す程度にとどまり、強制的に破却を命じることは難しかった（福田二〇〇二）。一方で、慶長十七年（一六一二）六月、加藤清正の子加藤忠広《ただひろ》年寄《としより》衆に宛てた本多正信《ほんだまさのぶ》・酒井忠世《さかいただよ》・土井利勝《どいとしかつ》・青山成重《あおやまなりしげ》連署条書において、支城のうち、水俣《みなまた》・宇土《うと》・矢部《やべ》城の破却や、残存させる八代《やつしろ》・内牧《うちのまき》城の管理に関する指示が発せられている。これは、清正の死没によって忠広が若年で加藤家を継承したことに伴い、徳川政権が内政に介入した事例であり、特殊な事情に基づくものであったが、加藤清正家のような有力な豊臣系大名が自律性を大きく制限された点に画期性が認められる。とりわけ、徳川政権による城郭管理、支城削減が進んだことは、一国一城令《いっこくいちじょうれい》につながる政策として注目される。

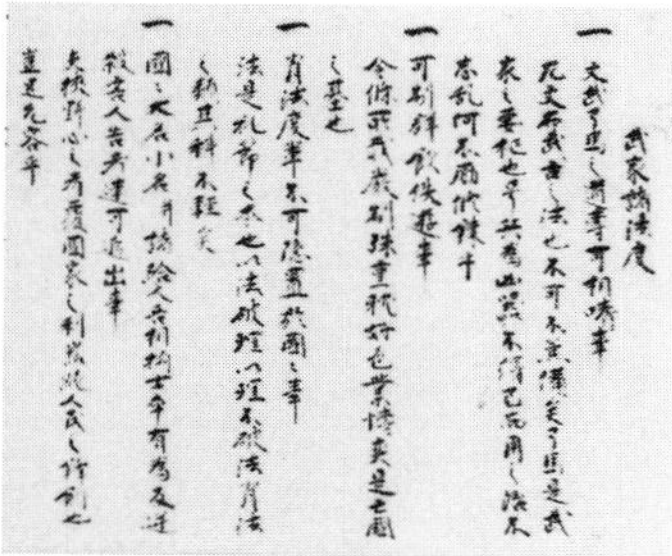

　そして、豊臣氏滅亡後の慶長二十年閏《うるう》六月、西国有力大名（毛利・山内・黒田・鍋島・島津など）に対して「御分国（領）中、居城をば残し置かれ、そのほかの城は悉《ことごと》く破却あるべきの旨、上意《じょうい》に候」といういわゆる「一国一城令」が発せられた。

城郭の軍事施設としての側面に鑑みると、居城以外のすべての支城の破却は、諸大名の徳川政権に対する絶対的服従を意味する行為であり、有力大名の地域国家的性格の縮小につながった。他方、支城主がしばしば大名に対する自律性を有し、大名当主への集権化に抵抗する存在であった点に着目すると、「一国一城令」は領国内に

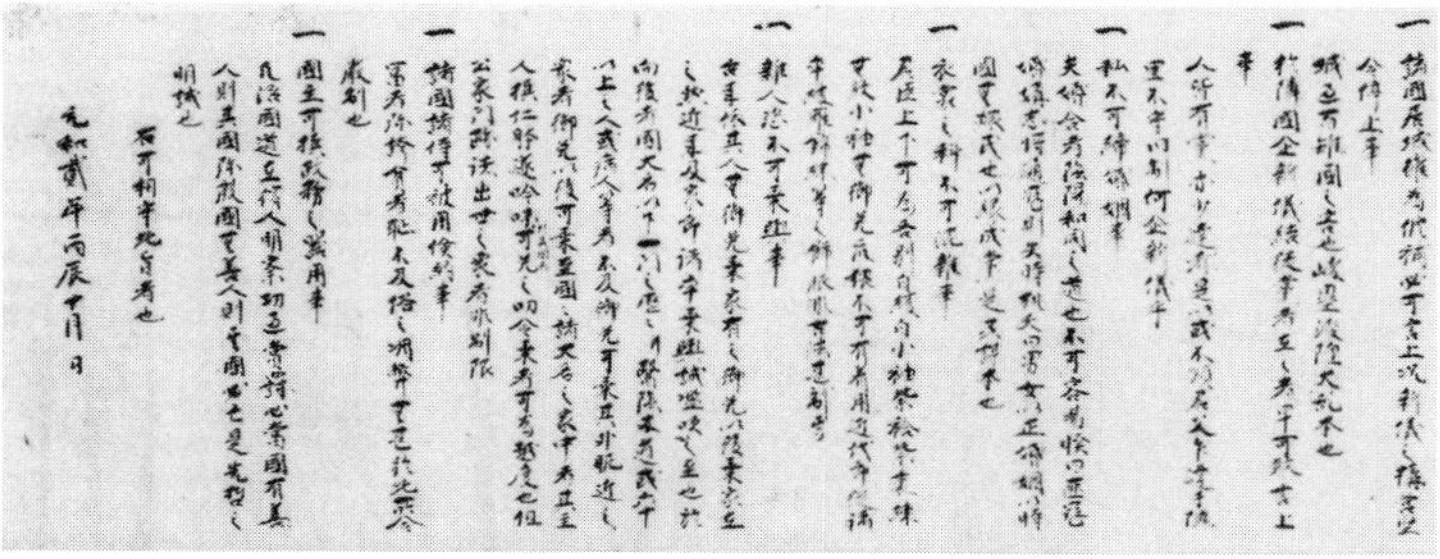

45—武家諸法度草稿（金地院所蔵）

おける一元的ヒエラルヒー体系確立に寄与する政策であった。慶長十七年の加藤忠広領国における支城削減も、統制力が不十分な若年当主就任による家中分裂・領国の不安定化を防止するための施策と評価できよう。

また、一国一城令は全国統一令として発布されたものではなく、個々の大名に対して、秀忠年寄（酒井忠世・土井利勝・安藤重信《あんどうしげのぶ》）奉書《ほうしょ》の形式で伝えられた。秀忠年寄衆奉書によってなされた点は、家康の保持してきた諸大名に対する軍事指揮権を秀忠へ委譲することを示すとともに、将軍が直接伝えないことによって、将軍の地位上昇をもたらした（藤井一九九一、同二〇一五）。ただし、個別に出された点については、この段階における徳川政権法度の限界といえよう（藤井一九九二）。

武家諸法度

そのような限界を克服する一歩となったのが、同年七月に発布された「武家諸法度」である。この法度は伏見《ふしみ》に集められた諸大名に対して申し渡す形式で発布された。慶長十六・十七年（一六一一・一二）の「条々」のような諸大名が誓約する形式や、「一国一城令」のような個々の大名に伝える形式でなく、一方的・統括的に制定しており、徳川将軍権力の優越性が進展したことを示すものと評価される。

法度の内容は、①武家のたしなみ、②日常の行儀、③法度違反者隠匿禁止、④反逆・殺害人の追放、⑤自国と他国の分別、⑥居城修補届出制、新たな築城の禁止、⑦隣国の監視、⑧婚姻規制、⑨参勤《さんきん》作法、⑩服装、⑪乗輿《じょうよ》、⑫倹約、⑬国主の器用、である。豊臣政権の「御掟」「御掟追加」や慶長十六・十七年の「条々」に類似した規定もあるが、⑥・⑦のような厳格な大名統制規定は、徳川政権のきわめて優越的な地位を示すものといえる。

一方で、第五条に「国人のほか、他国者交置《こうち》すべからざる事」とあることは、大名家臣が自分を高く評価してくれる主君を求めて、諸大名を渡り歩くことを困難にし、結果的に、大名権力の強化につながった。同条には、国によってその風俗が異なることを認め、自国の密事を他国に告げること・他国の密事を自国に告げることを「佞媚《ねいび》」とする規定もあり、大名領国の自律性はある程度容認された。徳川政権は専制体制を極める方向ではなく、徳川将軍権力が優越的地位をもつ封建体制を指向したのである。

禁中并公家中諸法度

慶長二十年(一六一五)五月八日の豊臣秀頼自害からわずか八日後の十六日、「公家衆行儀法度」の草案が武家伝奏《ぶけてんそう》を通じて公家衆に示され、在官中の公《く》卿《ぎょう》に対して意見書を提出するように指示があった。朝廷統制を強化しようとする徳川政権を牽制《けんせい》する

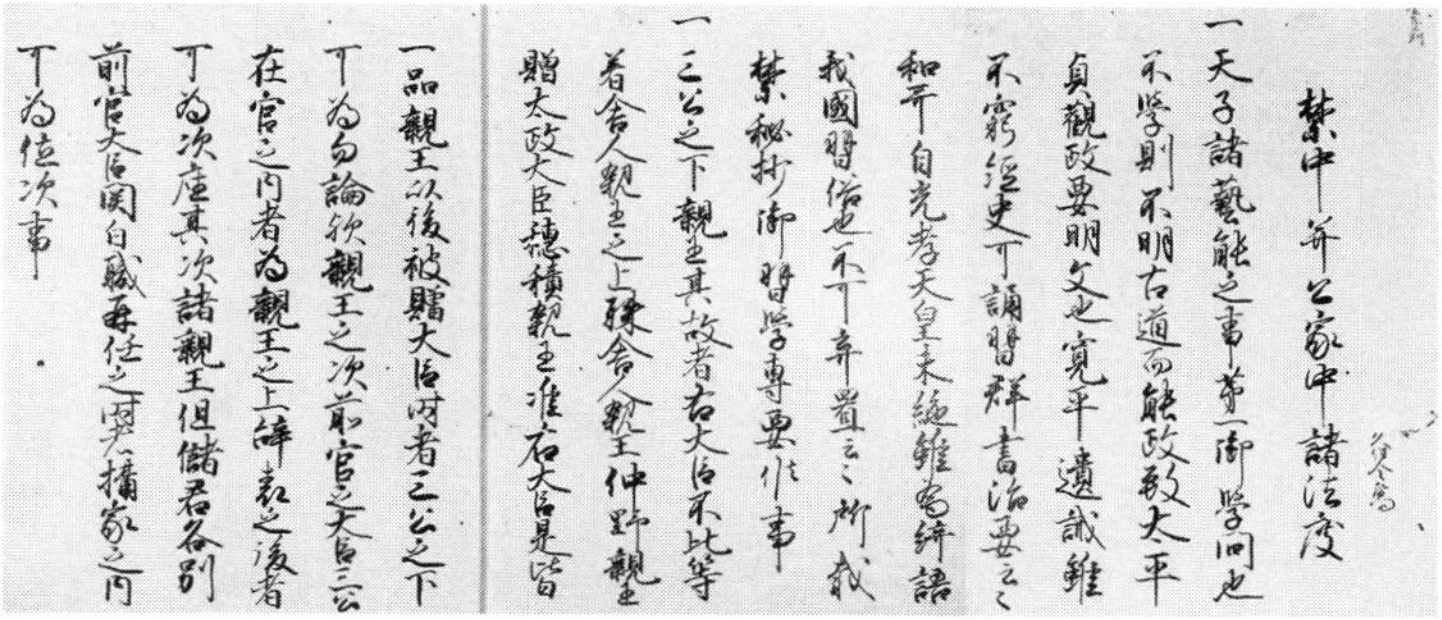
禁中并公家中諸法度
一天子諸藝能之事第一御學問也
不學則不明古道而能政致太平
貞觀政要明文也寛平遺誡雖
不窮經史可誦習群書治要云々
和歌自光孝天皇未絶雖爲綺語
我國習俗也不可棄置云々所載
禁秘抄御習學專要候事
一三公之下親王其故者右大臣不比等
着舎人親王之上殊舎人親王仲野親王
贈太政大臣穂積親王准右大臣是皆
一品親王以後被贈大臣時者三公之下
可爲勿論歟親王之次前官之大臣三公
在官之内者爲親王之上辞表之後者
可爲次座其次諸親王但儲君各別
前官大臣關白職再任之時攝家之内
可爲位次事

46―禁中并公家中諸法度（明治大学博物館所蔵）

ために、公家・門跡《もんぜき》らは豊臣秀頼への新年参賀を続けていたが、豊臣氏の滅亡によって、前年から検討が進められてきた朝廷を対象とした法度の完成に抵抗することは不可能になっていた。

一方で、慶長十八年の公家衆を対象とした法度は、家康が定めた内容を摂家《せっけ》衆の賛同を得て、公家衆へ発布したものであったが、慶長二十年の法度は、公卿からの意見を聴取して定めようとしたところに相違点がみられる。また、内容をみると、前者が公家衆の責務や行儀について定めたものであったのに対して、後者は、①天皇の修養、②親王・公家上層・門跡の序列、③公家の官位・任用・家督継承・処罰、④門跡・僧侶の官位・任用、⑤武家官位、⑥改元、⑦儀礼における服装、と多岐にわたっている（橋本二〇〇二）。

とりわけ、天皇の行動を規制する規定が設けられた点が注目される。第一条において、天皇が学ぶべき芸能として学問と和歌があげられている。学問では唐の太宗《たいそう》の言行録とされる『貞観政《じょうがんせい》要《よう》』の文も引用されており、政治に関する学問を修養することが天皇に求められたと解釈できるが、現実の政治に活かすことは想定されておらず、天皇が修養すべき学問的知識の一つに政治があったに過ぎない。この法度によって、天皇の家業は学問と和歌に限定されたのであり、政治への介入は禁じられたと解すべきであろう（藤井二〇一五）。

また、策定にあたって公家衆の意見を聴取したこと、七月に発布された際に家康・秀忠に加えて関白二条昭実《にじょうあきざね》が連署していることによって、この法度が徳川政権の一方的な押しつけではなく、公家社会の同意を得て策定されたものであるという体裁が整えられ、朝廷にもこの法度を遵守すべき義務が生じたのである。さらに、「禁中并公家中諸法度《きんちゅうならびにくげちゅうしょはっと》」と呼ばれているこの法度には、武家や寺社・改元といった朝廷以外に関する規定も存在するが、儀礼に関するものや官職叙任など形式的には朝廷が権限を有していたものに限定されている。したがって、この法度は朝廷の権限を限定的に明記したものであり、朝廷統制という側面を軽視すべきではなかろう。

しかし、このような法度を発布したことは、徳川政権が公武結合王権の枠組みに拘束されることを意味した（堀二〇一〇）。ただし、連署の日下《にっか》（日付の下の位置）に署名した関白が連署者の中で最下位、奥の家康が最上位に位置づけられており、朝廷は武家優位、徳川政権による政治運営を認めている。武家官位を公家官位と切り離すことが制度化された点も含め、征夷大将軍職を世襲する徳川宗家を頂点とする武家が政治を担う公武結合王権体制を家康は選択したのである。

江戸期の大名領国には、個別領有的立場を重視した「藩国《はんこく》」の側面と、将軍権力と一体化あるいは従属して徳川政権を輔翼《ほよく》する「藩輔《はんぽ》」の側面があったとされるが（高野二〇〇二）、徳川政権の確立過程にあった江戸期初頭の大名領国においては、どのような「藩国」と「藩輔」の側面がみられたのであろうか。毛利氏領国を対象に考察していこう。

「藩国」と「藩輔」

豊臣期の毛利氏領国においては、豊臣政権に対する有力大名権力、大名権力に対する国人領主という二重の自律性が秀吉の天下一統後も残存していた。後者は朝鮮侵略戦争への動員や豊臣秀吉死去による政局の流動化を利用して、有力大名権力が領国内における自己の権力の絶対化を図ったことによって解消に向かった一方で、前者は関ヶ原の戦い時点においても解消されていなかった。したがって、秀吉の専制志向にもかかわらず、秀吉死没前後期における有力大名領国は地域国家的性格を強めていたのである。つまり、この段階では藩「国」としての側面が勝っていたといえよう。

ところが、関ヶ原の戦いの結果、毛利氏は改易を免れたものの減封され、毛利輝元の当主としての権威は弱体化した。一方で、防長二国への移封《いほう》は、領知宛行状ではなく、輝元・秀就《ひでなり》父子へ宛てた家康起請文の形式で行われており、家康との間の主従関係は明確化していない。新たな居城を萩《はぎ》に定めた経緯についても、徳川政権によって希望しない不便な地への築城を強制されたという通説は否定される。その意味では、関ヶ原の戦いがすぐに毛利氏領国の藩「輔」的要素を急拡大させたとはいえない。

その後、藩「輔」的要素は徐々に拡大していった。慶長六年(一六〇一)九月に輝元の嫡子秀就が事実上の人質として江戸へ下向し、輝元も慶長八年に江戸へ参府して、その頃までに江戸屋敷を設置している点、慶長八年の江戸市街地の拡張工事・慶長十一年の江戸城改築・慶長十二年の駿府城築造などにおいて「御手伝普請」を務めている点がその証左としてあげられる。輝元は駿府城普請について「この御普請は公儀向きの事にて候」(「譜録」)と記しており、「御手伝普請」を務める根拠を大名が公儀を補弼《ほひつ》する存在である点に求めていたことをうかがわせる。

他方、慶長十年、輝元は有力国人領主層を出自とする熊谷元直《くまがいもとなお》・天野《あまの》元信《もとのぶ》を誅伐するとともに、その親類縁者をいっせいに処罰した。この処罰はキリシタンであった元直らが棄教しなかったことも一因とされるが、輝元の権威低下と反比例して、地位上昇がみられた旧有力国人領主層への弾圧によって、輝元・秀就父子を頂点とする一元的な指揮命令系統を回復しようとしたものであった。実際に、年末には毛利氏家中八百二十名連署の起請文を提出させて、一元的ヒエラルヒー体系が確立された。また、起請文の内容は、家臣としての心得、家臣団の「イエ」運営指針に加えて、百姓逐電の禁止・牛馬・山川大道・井手《いで》・鹿の扱いといった村落統治の基本方針を定めたものであり、在地支配の面においても、給人《きゅうにん》の自律性を否定している。これ以降、慶長期にもさまざまな法令が発布され、大名の定めた法に基づく統治構造が確立していった。

このようにして退潮していた藩「国」的要素が再び拡大していったのであるが、家康次男結城秀康娘を将軍秀忠養女として秀就に娶《めあわ》せて、秀就に松平名字を授与した点や、熊谷党誅伐事件を不問にしている点、大名領国の在地支配法の制定に介入していない点など、「藩輔」たる毛利氏を当主のもとに安定化させようとする徳川政権の後援策が「藩国」を確立させたともいえる。

肥前鍋島氏についても、慶長十五年の名古屋城普請役賦課を大名存立の危機的状況と捉えたうえで、そのような対外的危機意識を背景に、対内的には蔵入地《くらいりち》の増加、家臣団統制、知行制改革を進めた。徳川政権は、公儀普請のほか、江戸参府・人質差出を鍋島家に命じることによって、鍋島家に領国支配権があることを公認していった（高野二〇一四）。初期徳川政権は「藩輔」を培養するために、「藩国」的要素が拡大するような後援策をとっていたのである。

七　「天下人」の時代の社会と文化

1　町と村――兵と農

「天下人」の城郭と城下町

賤ヶ岳《しずがたけ》の戦いにおいて柴田勝家《しばたかついえ》を破り、「天下人《てんかびと》」への道を歩み始めた羽柴秀吉《はしばひでよし》は、天正十一年（一五八三）九月頃から、上町《うえまち》台地の北端に位置する大坂本願寺《おおさかほんがんじ》旧地に自らの居城大坂城の普請を開始した。それに先立ち、大坂の地にあった生《いく》国魂《くにたま》神社を移転させるとともに、古代からの港津《こうしん》都市渡辺《わたなべ》にあった坐摩《いかすり》神社も移転させて、城下町の整備を進めていった。また、大坂と天王寺《てんのうじ》・堺《さかい》とをつなぐ町場の建設を構想して、堺までは到達しなかったものの、平野《ひらの》町までを一体的な城下町として整備し、最終的には内裏《だいり》を天満《てんま》へ移転させるプランを構想していたが、内裏移転は断念した。その結果、政治拠点として京都に聚楽第《じゅらくてい》を建設することとなった（大澤二〇一三）。

武家屋敷の状況をみると、秀吉の側近・重臣層は早い時期から屋敷を建設する者が多かったが、「宿」という形態で居宅を確保する者もあった。豊臣政権に服属した大名についても、人質の居住場所として屋敷を建設した者もあったが、「宿」形態の者もあった（大澤二〇一五）。

天正十四年二月頃から普請《ふしん》が始まった聚楽第は、「惣無事《そうぶじ》」の理念のもと、有力大名の自律性を容認したまま、伝統的権威に基づく序列化によって武家を統合しようとした秀吉にとって、官位などの秩序体系を視覚的に自己確認させる儀礼を行いうる首都に諸大名を集住させる必要性から建設されたものである。「諸国大名衆」はすべて聚楽第に妻子を伴い在京することを命じられ（『多聞院日記《たもんいんにっき》』）、実際に、徳川家康や毛利《もうり》輝元《てるもと》といった有力大名層についても、東日本・西日本を問わず、京都に屋敷を構えた。一方で、豊臣取立大名層は在大坂が基本とされ、大坂は豊臣「家中」を結集した豊臣家の拠点、京都は有力大名層も集住する「公儀《こうぎ》」の首都となったのである（横田二〇〇一）。

47—大坂城図屏風（大阪城天守閣所蔵）

さらに、「御土居《おどい》」築造や京中屋敷替《やしきがえ》といった京都改造計画が進められたが、「唐入り《からい》」に伴う天皇移徙計画などによって、秀吉にとっての京都の重要性は相対的に低下した（谷二〇一九）。秀吉は関白《かんぱく》職を秀次《ひでつぐ》へ譲ると、天正二十年八月から伏見《ふしみ》城の普請を開始し、文禄二年（一五九三）閏《うるう》九月、誕生した秀頼《ひでより》に大坂城を譲って伏見を居所とした。その結果、伏見城下にも諸大名の屋敷が建設され、大名屋敷の面においても、京都・伏見の二重首都体制となった。ところが、文禄四年に秀次が粛清されると、聚楽第は破却され、諸大名の公的な京都居住は否定され、伏見へと移転することとなった。豊臣政権の首都は伏見に一元化したのである（横田二〇〇一）。

伏見城と大坂城

一方、秀頼が文禄三年（一五九四）十一月に伏見へ移住したことによって、大坂の位置づけに変化がみられた。朝鮮侵略戦争の講和交渉において朝鮮半島南部の領有を目論んだ秀吉は、大坂を上方《かみがた》から九州・朝鮮半島へ至るルートの流通拠点に位置づけ、伏見と大坂を淀川《よどがわ》水運も利用して一体化した巨大首都圏にしようとしたのである（曽根二〇一五）。そのために、伏見城のみならず、大坂城においても大規模な普請が行われている。

その後、伏見城は文禄五年閏七月の大地震による大破によって、指月《しづき》山から伏見山へ移転して再建されたが、秀吉の死没、慶長四年（一五九九）正月の秀頼大坂移徙を経て、同年閏三月の石田三成《いしだみつなり》失脚直後に徳川家康が西の丸へ入城したことによって、実質的に家康の居城化していった。さらに同年九月、家康は大坂城西の丸へ入城して、伏見・大坂首都圏における事実上の統括者となった。

また、秀吉の遺命によって「東国衆の儀は在大坂、西国衆の儀は在伏見」（「長府毛利家文書」）とされたため、東国大名が大坂へ屋敷を構えるケースも増えたと考えられ、伏見・大坂首都圏は大名屋敷の面においても膨張を続けた。

伏見城は関ヶ原《せきがはら》の戦いの際に西軍に攻撃されて焼失したが、家康は勝利後ただちに再建に取り掛かり、慶長六年三月、大坂から伏見へ移った。これ以後、慶長十二年に駿府《すんぷ》へ居所を移すまで、江戸での越年を通例としていたこと（慶長八年のみ伏見で越年）を除くと、家康の居所は伏見であり、この段階における武家の首都は伏見だったのである。

天正十八年に家康が入部して以降、徳川家の居城が置かれた江戸は、慶長六年四月に伏見から下向した徳川秀忠《ひでただ》の居所とされたが、外様《とざま》大名が江戸に屋敷を建設するようになったのは慶長七〜八年以降である（毛利氏の場合、慶長八年）。他方、伏見城下における大名屋敷のうち、西軍荷担大名の屋敷は関ヶ原における戦闘直後に焼き払われ、その後、改易《かいえき》された大名の屋敷地が東軍諸大名や徳川氏家臣に与えられるなど、城下町の再編成が行われている（山田二〇〇一）。したがって、首都の面からみても、家康将軍期の国制は、豊臣体制、あるいは、その延長線上に位置する徳川「公儀」体制と評価でき、徳川専制体制の確立に至っていなかったといえよう。

江戸は、慶長八年の市街地拡張工事以降、ようやく首都にふさわしい都市となっていった。

大名の城郭と城下町

戦国期には在地領主制《ざいちりょうしゅ》が強固に残存しており、戦国大名城下町には一部の家臣が集住していたに過ぎなかったが、豊臣期に入ると、家臣の在地性が否定されて大名城下町への定住が命じられるとともに、町屋《まちや》部分では戦国期城下町の二元性が克服されて、身分・職業別の都市空間がつくり出されたとされる（小島一九九三、仁木一九九七）。

戦国大名が豊臣大名に移行するためには、統一された政策＝「豊臣大名マニュアル」を受容する必

48—芸州広嶋城町割之図（山口県文書館所蔵）

要があったとする説も主張されている。この説によると、豊臣政権が大坂や京都（聚楽）、伏見などで実現した形態を受容することにより、戦国大名は家臣団への強い統制や領民支配が可能になったとするのであるが、実際には、豊臣政権マニュアルの受容には地域差や時期差があった。毛利氏領国を事例にみていこう。

毛利輝元は天正十六年（一五八八）に初上洛し、従四位下《じゅしいのげ》・侍従《じじゅう》・参議《さんぎ》を任官したことにより、「公儀」から領国内の統括的支配権を認められた。その象徴として広島城を建設し、領国内の首都としての広島城下町を整備しようとした。また、安土《あづち》城や大坂城に匹敵する豪壮雄大な天守を備えたことは、軍事力で領国内の国人領主層《こくじんりょうしゅ》を圧倒する輝元専制体制が確立したことを示そうとしたものであった。輝元は国人領主城郭の延長に過ぎない吉田《よしだ》郡山城から広島城に移転することにより、国人領主連合の盟主としての毛利氏の性格を否定し、領国内の統括的支配者としての毛利氏に変容したことを国人領主や領民に印象づけようとしたのである。

広島城下町においては、吉田に屋敷地を有しなかった有力国人を含む主要な家臣団の屋敷地を、毛利氏当主の居住する本丸を中心にして同心円的に配置して、毛利氏当主を頂点とする家臣団秩序が形成されるとともに、当主の家臣団に対する絶対的権威を誇示し、その秩序を可視化した。

一方で、広島城がほぼ完成して輝元が入城した天正十九年頃の広島城下集住の実態についてみると、中下層家臣団の集住率は低く、常住率については上層家臣団でも高くなかった。安定的な地域統治を実現するためには、課役《かやく》の賦課《ふか》・徴収や勧農、治安維持、百姓管理など村落統治において重要な役割を担ってきた小規模領主・土豪層の在地居住を容認せざるをえなかったからである。

商工業者の集住も十分でなかった。有力国人当主の主たる居所は自己の城館であり、その家臣団の一部も有力国人の城下町に居住していたため、彼らの生活物資を供給する商工業者もその城下町に居を構え、広島城下町へと移転することは少なかったからである。

関ヶ原の戦い後に毛利氏は防長二国へ減封《げんぽう》され、慶長九年（一六〇四）から新たな居城として萩城《はぎ》を普請して、その年の末に輝元は移住した。しかし、その後も普請は続いており、慶長年間において萩城下への家臣団集住を強制したとうかがわせる史料は確認できない。寛永十九年（一六四二）になっても萩に在住する武士が少ない状況であったため、翌年には家臣が萩へ召し連れる人数に関する基準が定められている。にもかかわらず、明暦三年（一六五七）時点でも萩に屋敷を有していない家臣が存在しており、萩藩において法制が集大成された万治《まんじ》制法《せいほう》においては、在郷が公認されることとなった。結局、毛利氏領国においては、城下集住を目指す指向性はあったものの、完全に実現することはなかった。

このような状況は毛利氏領国に特異な事例だったわけではない。土佐《とさ》国では、関ヶ原の戦い以前の長宗我部《ちょうそがべ》期、それ以降の山内《やまうち》期いずれにおいても、家臣の在村が確認され、城下集住は徹底していない。慶長四年の駿河《するが》国中村一氏《なかむらかずうじ》領や慶長十五年の伊予《いよ》国脇坂安治《わきざかやすはる》領における法度《はっと》などをみても、武士の在村が完全に禁止されていたとは考えられず、すべての家臣を城下集住させることが豊臣・初期徳川政権の政策であったとは評価できない（平井二〇一七）。

兵農分離の実像

豊臣政権は太閤検地《たいこうけんち》や刀狩《かたなが》り・身分法令などによって兵農分離《へいのうぶんり》を実現したとするかつての通説に対して、近年では、豊臣政権の兵農分離政策はそのまま実際に全国に貫徹したわけではないとする新たな見解が主張されている（牧原二〇一四、平井二〇一七）。そこで、豊臣期に兵農分離が実現した根拠の一つとされてきた人掃令の原本が伝来する毛利氏領国を対象として、兵農分離の実像について考えてみたい。

備中国《びっちゅうのくに》荏原郷《えばら》（岡山県井原市）においては、十六世紀半ば頃まで代官《だいかん》による直接的な年貢徴収が行われていた。国人領主伊勢《いせ》氏の被官《ひかん》代官平井《ひらい》家は、荏原郷全体を統括していたとはいえないものの、年貢高の算定などを通じて影響力を確保していた。その後、平井家は毛利氏による惣国《そうこく》検地および伊勢氏の給地替えにより代官職を喪失したが、在地にとどまり毛利一門宍戸《ししど》氏の被官となった。平井家は豊臣期末期においても武士身分でありながら広範な農業経営を行う状態にあり、経済上は兵農分離していない存在であった。一方、毛利氏はその状態を容認して村落支配に活用した。

しかし、平井家のほか、周防国《すおうのくに》山代《やましろ》衆など領国内の中間層の多くは、豊臣期になると武士身分に分類され、次第に村請《むらうけ》の主体から排除されていった。一方で、慶長四年（一五九九）の出雲国《いずもの》古志《こし》村（島根県出雲市）の状況をみると、年貢その他の諸役は村単位で請け負われているが、国人領主熊谷《くまがい》氏の被官代官、かつ、農業経営者であったと考えられる竹内惣右衛門・加藤与兵衛・槇原神右衛門が、年《とし》寄《より》＝有力名主《みょうしゅ》層とともに年貢その他の諸役請負の主体となっている。竹内・加藤・槇原は兵であり、かつ、農であるという兵農未分離の典型例であった。

とはいえ、惣国検地・兼重蔵田《かねしげくらた》検地という二回の検地およびそれに伴う給地替えによって、兵農未分離状態にあった中間層も国家身分上は兵か農に確定されつつあった。さらに、慶長四年十二月、毛利氏家臣団の給地総入れ替え計画に伴い発せられた「定」（『萩藩閥閲録《はぎはんばつえつろく》』）には「扶持人《ふちにん》の儀は新知行所へ召し連れ相越すべき事」「百姓の儀は一人も先様《さきさま》へ相越すまじき事」とあり、自ら農業経営を行っていた小規模給人や国人領主被官などのいわゆる土豪層は、さらなる給地替えを契機に兵を選ぶか農を選ぶかの選択を迫られた。兵を選べば土地の直接的な支配権を失い、伝統的な在地との関係も絶たれ、一方、農を選べば支配階級たる武士の地位を喪失することになる。

ただし、武士が農地を所有することや村に居住することは禁じられておらず、経済上、居住上も分離しようという意図はうかがえない。実際に、防長減封後の江戸期に入っても経済上、居住上の分離は貫徹されていたわけではない。毛利氏領国における兵農分離政策は武士身分に確定した者を従来の在地から排除し、百姓身分に確定した者の武力を剝奪することにあったと考えられる。

このような状況も毛利氏領国に特異な事例だったわけではない。土佐長宗我部氏領国や、関ヶ原の戦い後に土佐国へ入部した山内氏領国においても経済上、居住上の分離は貫徹されていない（平井二〇一七)。豊臣政権や初期徳川政権下においては、兵農分離を全国的に貫徹しようとする政策はなかったと結論づけることができよう。

村落共同体と法

豊臣政権の農政の基調は、百姓の逃亡・逃散の禁止、共同耕作の義務づけなど、農民支配を徹底強化する方向にむけられていたとされる(三鬼二〇一二b)。豊臣政権の定めた法令(刀狩令、身分法令、人掃令など)は百姓の土地緊縛・農耕への専念を基調としており、その点を重視すると、百姓層は支配の客体として、支配者の生活維持のために一方的に収奪・搾取される存在と位置づけられる。

しかし、過度の収奪・搾取は百姓層の集団的抵抗を招くおそれがあるのみならず、村落の荒廃を引き起こし、結果的には収奪・搾取量の減少につながる可能性があった。ゆえに、先にみたように、百姓の逐電規制について、状況に応じて厳格化と緩和を使い分けたのである。荒田対策に関する法令をみると、文禄四年(一五九五)の「御掟追加」における村落に関する規定は収穫高配分に加えて「兎《と》角田地荒《かくでんち》らさぬよう申し付くべき事」とあるのみで、村落の復興を最優先課題としている。それを実現するための方策として、文禄五年、荒田を生じさせた大名・領主の所領を没収するという厳しい罰則が秀吉から下知《げち》された。そこで、秀吉の命令を受けた大名の対応について、下知があったことを明記している毛利氏領国を事例に、領国内で発布された法令をみていこう。

百姓の土地緊縛を明記するとともに、逐電百姓は給主《きゅうしゅ》(給人《きゅうにん》)に返還された場合でも処罰するという厳しい規定もみられるが、年貢を三分の一以上納めた場合は処罰されないという救済規定があり、処罰規定は百姓の逃散を防止して、農業生産の維持・拡大を企図したものであった。また、荒田を耕作する百姓に対する年貢・公役《くやく》などの減免規定を設けている。逆に百姓が処罰の対象となるのは、年貢を減額されたにもかかわらず田地を荒らした場合や年貢を免除された田地を放棄した場合に限定されており、荒廃した村落の復興を優先課題として取り組む姿勢がうかがえる。このように百姓には妥協的な姿勢をとった一方で、給人に対しては過大な年貢を徴収した結果、田地の荒廃を招いた場合に処罰するとしたほか、逐電した百姓だけでなくその百姓を返還しなかった給人をも処罰の対象としており、給人には厳しい姿勢をとっている。

毛利氏の場合、給地替えによって在地領主制の解体を図り、従来の村落統治体制を変革しようとしたが、変革後の村落運営にまで直接的な統治を及ぼすことは物理的に困難であり、疲弊した村落の回復を図るには村落の実情に最も精通した百姓層を活用せざるをえず、村落共同体の実質的な運営権をのちの庄屋《しょうや》をはじめとする村落上層に委任していく方向にあった。村落共同体が自らの責任で年貢の徴収・収納に努めるためには、その村落からの百姓の逃亡を防止し、村落共同体の構成員が一体となって田畠の正常な耕作を維持しなければならない。つまり、村落共同体の自律的な運営権の獲得と引き換えに、百姓層は百姓身分への固定、土地への緊縛を受け入れる傾向にあったと考えられる。

百姓成立

先にみた出雲国古志村の事例において、下百姓《げびゃくしょう》が村請の主体から除外されているものの、村落上層による下百姓に対する恣意的な支配も禁じられていた点に注目して、江戸期初頭の村落共同体内部の構造について考えてみたい。

備中国平井家は毛利氏の防長減封に随伴することなく、国奉行小堀《こぼり》氏領となった荏原郷にとどまり、百姓身分に移行した。家父長的大土地所有農業経営者の色彩を強めていた平井家にとって、所有地を放棄することは有益でなかったためと推測される。一方で、百姓身分に移行した直後の平井家は東荏原村を主導する立場には就いていない。慶長七年（一六〇二）の「備中国後月《しつき》郡東えばら御検地帳」において、平井家の所有面積を上回る土地所有農民が多数存在し、中でも庄屋である孫左衛門家は平井家の約二倍もの土地を所有しており、豊臣期においても多くの小作人《こさくにん》あるいは下人《げにん》を抱える村落共同体内の有力者であったと考えられる。すでに庄屋を中心とした村請制が確立されており、中世に代官として村落を主導してきた平井家の村落内における役割は低下していた。そこで、平井家は農地の買得《ばいとく》などによって大土地所有農業経営を強化していった。結局、江戸期初頭においても、庄屋孫左衛門や平井家など村落上層による中間搾取（加地子《かじし》収取）は残存しており、一地一作人制は貫徹されていない。村落上層が下層農民を従属させる構造に大きな変化はなかったのである。

同じ旧毛利氏領国であった隠岐《おき》国別府《べっぷ》村（島根県西ノ島町）における慶長十八年年検地をみると、零細農も高請《たかうけ》し、小農自立が進展している状況がうかがえるが、惣村《そうそん》における沙汰人《さたにん》の出自で、十五世紀以降に公文職《くもん》を獲得した近藤家が、公文・庄屋といった村落共同体を主導する地位であり続けている。

徳川氏直轄地に発布された法令や、毛利氏をはじめとする大名領国において江戸期初頭に発布された法令には、天候不順などによって収穫量が減少した場合の年貢減免措置は明記されるものの、村落共同体内部の運営に関する規定はみられないケースが多い。村落共同体の自律的な運営を重視して、支配者層が村落運営に直接介入することに抑制的であったことを反映したものと考えられる。

支配者層にとっては、村落における再生産システムさえ維持できればよいのであって、村落内部の構造を抜本的に転換させるための政策（たとえば小農自立政策）を強制的に導入する意図は乏しかった。一方で、長期間にわたって断続的に展開した国内における戦乱や、統一政権下における夫役《ぶやく》動員などによって荒廃した村落を復興し、再生産システムを維持するために、小経営体を含む農業経営体の安定化が不可欠であることは、支配者層・被支配者層共通の認識であった。その結果、支配者層の追認・促進のもと、小農自立は自生的に発展していった（渡辺二〇〇四）。

家父長的大土地所有農業経営を行いつつ、軍役も負担していた中間層が、「士農分離」によって村に残った場合、旧来の支配的立場に基づく特別な権利・待遇を主張して、村落共同体内における対立を惹起《じやつき》させることもあったが、次第に、村民一体の村運営の中に吸収・包摂されていった（深谷二〇〇三、水本二〇一五）。

いずれにせよ、各共同体における歴史的経済的要因に規定され、村落共同体の内部構造には相違がみられるが、農業経営体の自立が支配体制の存続要件であるという「百姓成立《なりたち》」（深谷一九九三）は社会に共有されていったのである。

2 「桃山」文化と伝承された「桃山」時代

豪商と茶の湯

織田信長は蒐集《しゅうしゅう》した名物茶道具の下賜《かし》、さらに、その茶道具などを用いた茶会《ちゃかい》の開催許可（茶会開催禁止の解除）を通じて、自らの権威を示すとともに、織田政権をめぐるヒエラルヒー体系を可視化しようとした。また、蒐集の対象となった茶道具は、京都や堺などの富裕な町人（豪商《ごうしょう》）が所持していたものも少なくなかったが、信長は強引な蒐集を行うとともに、自らの開催した茶会においてそれらの茶道具を豪商や公家にみせつけることによって、自治都市や公家衆の統制を図った（谷端一九九九、竹本二〇〇六）。

49—千利休画像（大阪城天守閣所蔵）

信長から茶会開催を許可されていた秀吉は、天下一統に向けて茶《ちゃ》の湯《ゆ》の政治的利用を進めた。天正十一年（一五八三）

から十三年三月までは、信長旧蔵の名物茶道具を蒐集・披露することによって、信長の後継者たる地位を確立していこうとしている。大徳寺《だいとくじ》茶会は「織田体制」の超克を確定的にした直後の天正十三年三月に開催されており、秀吉による政権樹立を顕示するイベントであったと評価できよう（竹本二〇〇六）。

この茶会には信長旧臣層の文化人のほか、茶頭《さどう》を務めた千宗易《せんのそうえき》（利休《りきゅう》）・津田宗及《つだそうぎゅう》・今井宗久《いまいそうきゅう》に加えて、山上宗二《やまのうえそうに》・万代屋宗安《もずやそうあん》・住吉屋宗無《すみよしやそうむ》・重宗甫《じゅうそうほ》といった堺の豪商が参加しており、秀吉が茶道具の蒐集や茶会を通じて、豪商とのつながりを強めて、彼らを御用商人（特権商人）として活用しようとしたことをうかがわせる。

御用商人は豊臣政権の経済活動を担って、政権の財政基盤を強化する役割を果たしたのみならず、商業・流通活動を通じて形成していたルートを用いて、諸国の大名と秀吉との仲介役もしばしば務めた。千宗易の豊臣政権内における役割もその典型例であったが、「取次《とりつぎ》」の役割が石田三成ら秀吉側近奉行衆へと移行していくにつれ、宗易の政権内における存在意義は低下して、失脚させられた。

また、茶会に対する秀吉の位置づけは大徳寺茶会を契機に変化していったという（竹本二〇〇六）。信長が創出した名物飾りの茶会、政権樹立に向けての服従確認の場として活用されていた茶会の性格は変質して、わび茶の趣向が取り入れられるとともに、諸大名を饗応《きょうおう》する服属儀礼の一つとされた。わび茶志向は、障壁画《しょうへきが》などにみられる黄金志向と対比的なものであるが、秀吉自身の土着性を反映した美意識を示すものとされる（水林一九八七）。

茶の湯と諸勢力との関係に着目すると、毛利家や島津《しまづ》家など豊臣政権への服属以前から、茶の湯をたしなんでいた大名も少なくない。また、神屋《かみや》宗湛《そうたん》・島井《しまい》宗室《そうしつ》といった博多《はかた》を拠点とする豪商も、豊臣政権期以前から茶人として著名であった。したがって、秀吉による天下一統が茶の湯文化を全国に一気に伝播させたと評価することはできない。

一方で、天正十三年十月の禁中《きんちゅう》茶会や天正十五年十月の北野《きたの》大茶湯の開催は、町人や武家の文化であった茶の湯の公家社会への普及を促進した。また、わび茶志向は趣味・教養としての茶の湯への回帰を進めた（谷端一九九九）。このようにして、茶の湯は上層階級の身につけるべき文化的素養の一つとして定着していったのである。

家康も名物茶道具の蒐集や家臣への下賜を行っており、茶の湯の政治的利用という面においては、豊臣政権期と大きな差異はみられない（矢部誠一郎二〇〇五）。茶の湯をたしなむ豪商と徳川政権・諸大名との密接な関係も確認され、家康によって茶の湯文化が大きく転換させられたとはいえない（谷端一九九九）。

「桃山」建築と障壁画

戦国大名の城郭は十六世紀中頃を画期として、平地の方形居館から、山上と山麓《さんろく》に御殿《ごてん》・櫓《やぐら》・庭園などをもつ広大な山城へと変容した。それは地域国家を防衛するための要塞性を高めたものであったが、織田信長は堀の内部に天主《てんしゅ》・御殿・庭園・堂《どう》

50—広島城跡出土金箔瓦（広島市所蔵、公益財団法人広島市文化財団文化財課提供）

塔《とう》などを持つ政庁《せいちょう》としての城郭、「天下人」の権威を可視化する「見せる城」として、安土城を築城した。秀吉の築城した大坂城・二条城《にじょうじょう》・伏見城や、家康の築城した江戸城などもその延長線上にあり、それらの普請が公儀からの役として諸大名に賦課された結果、城郭の縄張《なわばり》、石垣の積み方、建造物の配置・工法・装飾、室内に飾る障壁画・調度品《ちょうどひん》などが一定方向に収斂《しゅうれん》したとされる（藤田二〇一七）。

ただし、秀吉政権下における金箔瓦《きんぱくがわら》の使用が許可制であったとする見解については、疑問が残る。明確に許可したことを示す史料は確認できないうえ、広島城のように金箔瓦の葺《ふ》かれた時期が豊臣期に遡るか定かでないものも存在する。いずれせよ、金箔装飾が「桃山《ももやま》」城郭を彩るものとして、全国的に展開したものであることは間違いなく、同様に、金箔障壁画も「桃山」文化を代表する美術の一つであった。

金箔濃彩《のうさい》（障壁）画は、金箔を雲や地面に貼り敷き、派手な原色を厚く塗ったものであり、画材として、和漢折衷《わかんせっちゅう》様式の花鳥図《かちょうず》・花木図《かぼくず》と風俗画《ふうぞくが》が流行した。画材の持つ現実的な性格が武士階級の嗜《し》好《こう》にかなっていたためで、室町文化を継承した面もあるが、観念性・象徴性が後退、現実感が導入され、勁直《けいちょく》さ、力感、生命感にあふれた表現が貴《たっと》ばれた点において、大きな変化があったと評価される。

また、豪壮絢爛《ごうそうけんらん》な装飾効果の発揮に力が注がれ、画面の遠心的《えんしんてき》な広がりと量的印象が強調された（辻二〇一三）。

「桃山」画壇において中心的な地位を占めていたのは、織田期に引き続き、狩野《かのう》派であった。聚楽第や天正十八年（一五九〇）の御所《ごしょ》造営の障壁画制作を担ったのは狩野永徳《えいとく》らであり、御所障壁画制作へ長谷川等伯《はせがわとうはく》が参入しようとした際も、永徳らの働きかけによって排除されている。天正十八年九月の永徳死没後、夭折《ようせつ》した秀吉の子鶴松《つるまつ》を弔うために建立された祥雲寺《しょううんじ》の襖絵《ふすまえ》（智積院《ちしゃくいん》に現存）製作が等伯に委ねられたこともあったが、関ヶ原の戦い後の徳川政権下においても狩野派が画壇の中心にあった。慶長十七年（一六一二）に始まった御所造営の際の障壁画制作が永徳の次男孝信《たかのぶ》によって担われたほか、孝信の兄光信《みつのぶ》は徳川家、永徳の弟子山楽《さんらく》は豊臣家の御用を務めている（五十嵐二〇一七）。なお、等伯は水墨《すいぼく》障壁画の分野においても「松林図屏風《しょうりんずびょうぶ》」などの作品を残している。

「天下人」の城郭における障壁画は服属儀礼における装置としても機能した（太田二〇〇三）。儀礼空間が三段階に分けられて格差づけされるとともに、障壁画の画材は下段の花鳥から上段の人物へと差別化されていたという。最上段には、故事に基づき帝王教育のマニュアルとして中国においても用いられ、日本へ伝えられた「帝鑑図《ていかんず》」などの人物像が描かれたと推測されている。国家統合の神話が描かれたこれらの絵画は、支配・服従モデルを可視化したものであった。

さらに、対面儀礼の場を重要視した秀吉やそれを引き継いだ家康によって、固定された着座位置からの視点を最重要視した座《ざ》観式《かんしき》庭園が造られた。後《ご》陽成《ようぜい》天皇の行幸《ぎょうこう》での対面に用いる御殿に対応するデザインで秀吉によって計画された醍醐《だいご》寺《じ》三宝院《さんぼういん》庭園や、将軍就任後の家康に対する大名・公家衆らの拝賀儀礼の場となった二条城二の丸庭園がその典型例である。二条城二の丸庭園は、さまざまな色彩と表面のテスクチャーを持つ大ぶりの石をふんだんに用いた豪壮華麗なデザインに、覇者の庭としての美意識がみられるとされる（小野二〇〇九）。

「桃山」期の庭園

一方で、千宗易を中心として、茶室《ちゃしつ》と一体となって茶の世界を構成する露地《ろじ》が、茶事のために必要な設備を備えた外部空間として確立されていった。露地は延段《のべだん》（石敷きの園路）、飛石、蹲踞《つくばい》、石灯籠、塵穴《ちりあな》などで構成され、山里《やまざと》の風情を演出するものであった。

これに対して、宗易の弟子古田《ふるた》織部《おりべ》は、意志的な造形を重んじ、自由奔放なデザインの露地を好んだ（小野二〇〇九）。茶の湯は「桃山」期上層階級の社交において中心的な地位を占めており、織部流の斬新なデザインは見せる要素を重視する「天下人」や大名の庭園との親和性が高かった。たとえば、織部グループの武将茶人上田《うえだ》宗箇《そうこ》は、関ヶ原の戦い後改易されて阿波《あわ》蜂須賀《はちすか》氏に寄寓していた際に徳《とく》島《しま》城表御殿庭園、その後、紀伊《きい》浅野《あさの》氏に召し抱えられ、和歌山城西の丸庭園や粉河寺《こかわでら》庭園を造ったとされる。さらに、浅野氏に課された「御手伝普《おてつだいぶ》請《しん》」の一環として、名古屋城二の丸庭園の作庭にも携わったという。大坂《おおさか》の陣《じん》以降に広がっていく回遊式庭園が歩いてめぐることを前提としていたのに対して、「見る」「見せる」ことを第一義としていたことが「桃山」庭園の到達点だったといえよう。

儀礼と芸能

天正十六年（一五八八）四月の後陽成天皇による聚楽第行幸を事例に、豊臣期の儀礼における芸能行事の特徴を分析した研究によると、永享九年（一四三七）の後花園《ごはなぞの》天皇による室町第《むろまちてい》（将軍足利義教《よしのり》邸）行幸には公家社会の伝統文化がそのまま受け継がれていたが、豊臣期には、新興武家の教養や趣味を反映して、簡略化と娯楽本位な趣向がみられたという（二木二〇〇三）。

行幸の際の儀礼には取り入れられなかったが、武家に愛好されていた芸能として、能《のう》をあげることができる。秀吉も能を愛好した武将の一人であるが、当初は茶の湯への関心が高く、能への強い愛好は千宗易処罰後とされる（原田二〇一八）。

天正十六年の毛利輝元初上洛の際も、秀吉対面前に輝元を歓待した毛利吉成《よしなり》・毛利重政《しげまさ》邸においては能が演じられたが、秀吉との対面の場では謡《うたい》のみであった。八月四日・八月二十二日に聚楽第を訪れた際にも謡のみであり、参内を果たした後日の有力大名（浅野長吉《ながよし》・豊臣秀長《ひでなが》・豊臣秀次・宇喜多秀家《うきたひでいえ》）邸における歓待の際に能が演じられていることから推測すると、秀吉は意図的に歓待の場に能を取り入れなかったと考えられる。秀長や秀次・秀家邸における歓待には秀吉も列席しており、秀吉が能を冷遇していたわけではない。能は足利将軍をはじめとする武将に愛好されたが、禁裡《きんり》における能は手《て》猿楽《さるがく》（非専業）の役者が務め、賤視《せんし》されていた専業の役者は参上しない慣例であった（天野一九九七）。

関白となった秀吉が、他の武家大名との差異を強調し、自己の権威を高めるために、歓待の場に能を取り入れなかった可能性を指摘しておきたい。

ところが、文禄二年（一五九三）十月、秀吉は禁裡において三日間にわたる大規模な能の催しを行った。この催しには二つの特徴があるとされる（天野一九九七）。第一に、秀吉をはじめとする多くの武将が自ら出演し、とりわけ、秀吉が全二十五番のうち、十二番においてシテを演じている。第二に、金春安照《こんぱるやすてる》ら専業の役者が出演している。

専業の役者は禁裡における能に出演しないという慣例を破った点については、従来の王権構造に拘束されない豊臣王権を誇示する意図があったと考えたい。前年の後陽成天皇による秀吉渡海中止を願う「叡慮《えいりょ》」は秀吉の方針に反したものでなかった蓋然性が高いが、表面的には「叡慮」に秀吉が従ったようにみえる結果となっていた。中国大陸制圧が容易に実現しない状況にもあり、秀吉が日本国天皇をも麾下《きか》におさめる皇帝に君臨する計画も頓挫しようとしていた。そのような秀吉の権威の揺らぎを糊塗《こと》する朝廷に対するデモンストレーションとして、禁裡能は催された。

翌年四月の二回目の禁裡能においては、秀吉が作らせた新作能が演じられるとともに、文禄二年の禁裡能に参加した金春に加えて、観世《かんぜ》・金剛《こんごう》・宝生《ほうしょう》の専業役者四座がそろって出演しており、秀吉による新たな文化創造がより明確に示されている。また、文禄二年閏九月に四座に対して配当米を支給し、さらに、慶長二年（一五九七）十二月には四座への支給配当米を各大名に分担させる制度を整備した。中国大陸制圧どころか朝鮮侵略さえ苦戦する状況で、武威の発揚に失敗しつつあった秀吉が、文化の創設・保護者であることを誇示することによって、国内における権威保持を図ろうとしたと考えられる。

家康も秀吉同様に能の政治的利用を図った。将軍宣下され伏見から上洛して参内した直後の慶長八年四月、二条城において諸大名・公家を集めて四座の大夫《たゆう》が演能する将軍宣下祝賀能が催されている。これ以降、将軍宣下を祝う能は十四代将軍家茂《いえもち》まで必ず催されており、徳川家による将軍職世襲に不可欠な行事として定着した。

描かれた「桃山」時代・記録された「桃山」時代

「桃山」時代がどのように描かれ、どのように記録されたのか、「桃山」時代の記憶がある程度鮮明であったと考えられる江戸期初頭を下限としてみていくとともに、そこに込められた意味について考えてみたい。

第一に、死没後に神格化された豊臣秀吉の肖像画「豊国大明神《とよくにだいみょうじん》」画像をとりあげる。秀吉死没後の慶長期に作成された画像は、秀吉を祭神《さいじん》とする豊国《ほうこく》社の諸国への分祀《ぶんし》にあわせて制作されたと考えられる（北川一九九八）。その特徴として、①像主の写実性から離れ、制作段階の意識や願望を反映してデフォルメされた神像的肖像であり、独自の崇拝の対象となったこと、②中華皇帝のイメージが重ね合わされていること、③「豊国大明神　秀頼八才」と書かれた豊臣秀頼自筆書がセットとなっていたこと、が指摘されている（黒田二〇一七）。このような特徴は、家康が「天下人」

51—聚楽第行幸図屏風（堺市博物館所蔵）

たる地位を確立していく状況に対抗して、秀頼権威の正統性を主張しようとする戦略を反映したものであった。

第二に、豊臣期における京都・大坂の景観を描いた二つの類型の屏風が注目される。一つ目の類型は洛中洛外《らくちゅうらくがい》を中心とする伝統的構図を踏襲しつつ、後陽成天皇の聚楽第行幸を主要なモチーフとして描いたもので、内裏と聚楽第、天皇と「天下人」秀吉とが対比的に描かれている。二つ目の類型は大坂城を中心とする秀吉によって建設された新たな首都大坂を大きく描き、古都京都と対比させるもので、伏見城が描かれているものもある（黒田二〇一七）。どのような経緯で製作されたのか詳《つまび》らかでないため、制作意図を明確にすることはできないが、前者が従来の王権との関係性の中で豊臣家を称揚する意図がうかがえるのに対して、後者は徐々に徳川政権への傾斜を強めていく京都権力への対抗として、大坂権力を強調しようとした可能性を指摘できる。

第三に、関ヶ原の戦いを描いた屏風のうち、家康死没以前に制作され、家康養女満天姫《まてひめ》が津軽信枚《つがるのぶひら》へ嫁した際に持参したといわれてきた大阪歴史博物館所蔵「関ヶ原合戦図屏風」（「津軽屏風」）について考察する。その特徴として、家康以外の武将名が特定できないこと、描かれた幟旗《のぼりばた》もいずれの大名のものか判然としないものが多いことがあげられ、関ヶ原の戦闘における東軍勝利について、実際には、豊臣系諸将の働きによるところの大きかったにもかかわらず、徳川氏の力による勝利であったことをアピールする描写となっている（高橋二〇一四）。ただし、満天姫持参とする津軽藩の由緒を証する同時代史料は確認できない。このため、家康の意向による描写なのか、家康死没後に家康を称賛するために制作されたのか確定できない。満天姫持参という通説化した由緒でさえ、家康死没後に偽作された可能性があることを指摘しておきたい。

次に、秀吉の事蹟《じせき》を記した軍記類のうち、秀吉生前に成立していたと考えられる『天正記《てんしょうき》』（大村由己《おおむらゆうこ》著）と『大かうさまくんきのうち』（太田牛一《おおたうしかず》著）をとりあげ、寛永二年（一六二五）に成立した『太閤記《たいこうき》』（小瀬甫庵《おぜほあん》著）と比較して、その特徴をみていく。

『天正記』においては、人間に働きかける超越的存在・力として、人間の道徳的あり方に応じて人間に賞罰を与え、道徳的秩序づけをなす「天」や、人間の道徳的あり方に関係なしに人間に影響力を及ぼす「運」「天運」などが描かれているのに対して、『太閤記』における人間は歴史を実質的に担う責任主体として描かれているとされる（玉懸二〇〇七）。『大かうさまくんきのうち』においても「天道」という非科学的説明によって秀次事件などが描かれている（矢部二〇一二）。

南北朝期に成立した『梅松論《ばいしょうろん》』にみられるように、中世的神秘的歴史観からの脱却は徐々に進行しており、『太閤記』成立期が近世的合理主義的歴史観への移行の画期となったのであるが、『天正記』や『大かうさまくんきのうち』は神秘的歴史観からの脱却が成し遂げられていない（玉懸二〇〇七）。『天正記』の執筆には秀吉の積極的関与があったと考えられ、『大かうさまくんきのうち』は秀次失脚を必然化するために執筆された。そのため、作者の歴史観を貫くことより、秀吉のプロパガンダ、あるいは、秀頼への「天下人」の座継承を正当化することが優先され、史料としての信憑性《しんぴょうせい》という点においては、いずれも高いとはいえない。一方で、権力者がしばしば自ら虚像を創出して支配の正当化を図ろうとすることを示す事例として注目され、そのような観点からの研究を深化させる必要があろう。

「天下人」の時代から幕藩制国家へ——エピローグ

神となった「天下人」と藩祖の神格化

慶長三年（一五九八）八月十八日に死没した豊臣秀吉の遺体は、慶長四年四月十三日、京都東山《ひがしやま》の阿弥陀ヶ峰《あみだがみね》山頂に移され、十七日には「豊国大明神《とよくにだいみょうじん》」の神号《しんごう》が宣下《せんげ》された。しかし、秀吉は生前、「新八幡《いまはちまん》」の神号を望んでおり、「豊国大明神」の神号は秀吉の意に沿わないものであった（河内二〇〇八）。秀吉の意向を変更した主体について、①八幡が軍神であるとともに天皇家に関わりのある神であったことから、朝廷によって忌避されたとする見解（藤井二〇一五）、②源《みなもと》への改姓を企図していた家康が、秀吉の源氏氏神化《うじがみ》によって豊臣体制の枠内にとどめられることを避けようとしたとする見解（野村二〇一五）がある。②の見解では、家康の意図に加えて、後陽成《ごようぜい》天皇や豊臣家にも着目しており、とりわけ、秀吉が冊封《さくほう》されたことによって日本国が明《みん》国に従属した形になっていた状態からの解放を図るために、日本国の存在を強調した「豊国大明神」という神号が、天皇・豊臣家・家康三者の受容する神号として創出されたとする点は卓見である。

52―豊国祭礼祇園観桜図屛風（右隻、部分、名古屋市博物館所蔵）

卑見を付加するならば、「豊国大明神」という神号には、日本国という枠組みを超越しようとした秀吉路線の否定としての一面もあった可能性を指摘しておきたい。豊臣家も、日本国内の公・武・寺社・領民すべてを守護する神＝秀吉のもとに統合することによって、「唐入《からい》り」・朝鮮侵略の挫折により傷ついた威信を回復する意図から、この神号変更を受容したのではなかろうか。

家康の場合も、曲折を経て神格化に至っている（藤井二〇一五、野村二〇一五）。元和二年（一六一六）四月十七日の死没後、一旦、唯一宗源神道《ゆいいつそうげんしんとう》（吉田《よしだ》神道）に従って、久能山《くのうさん》（静岡市）に埋葬されたが、家康の側近僧南光坊天海《なんこうぼうてんかい》の事後介入によって、「権現《ごんげん》」として祀《まつ》られることとなり、「東《とう》照大権現《しょうだいごんげん》」となった。家康が生前仏法《ぶっぽう》を好んでいたことに鑑み、「三宝《さんぼう》」（仏・法・僧）と対立する神（「大明神」）はふさわしくないため、「両部習合《りょうぶしゅうごう》」（神仏《しんぶつ》習合）の神として、山王神道《さんのうしんとう》に従って祀るべきとした天海の主張を、家康の後継者徳川秀忠《ひでただ》が容《い》れ、「禁中《きんちゅう》并《ならびに》公家中《くげちゅう》諸法度《しょはっと》」の発布によって武家（将軍）優位を容認していた朝廷は、将軍の意向に従わざるをえなかった。秀忠の判断は、神国思想によらず、儒教《じゅきょう》と仏教を中心に据えた思想を軸とした政権運営志向に依《よ》ったものとされ、「神国」であることを基盤とする天皇権威への牽制《けんせい》も意図していたのではなかろうか。

53―徳川家康画像（大阪城天守閣所蔵）

藩祖の神格化は近世中期に進んでいった。たとえば、佐賀《さが》藩主鍋島治茂《なべしまはるしげ》は明和九年（一七七二）、日峯《にっぽう》社を創建して、鍋島直茂《なおしげ》を祭神とした。直茂が神として鎮座した三か月後に治茂は藩政改革の方針を示しており、改革に向けて家臣団を統合するための象徴として、直茂の神格化を図ったと考えられる（高野二〇一四）。同時期に藩政改革を進めた萩《はぎ》藩主毛利重就《もうりしげなり》も、毛利元就《もとなり》の神格化を図っている。支藩長府《ちょうふ》毛利家（元就四男元《もと》清《きよ》・元清の子秀元《ひでもと》系）出身の重就と本宗家《ほんそうけ》（元就長男隆《たか》元《もと》・隆元の子輝元《てるもと》系）家臣との対立を超克して改革を進めるため、重就は本宗家と長府毛利家共通の祖である元就を神格化して、藩主と家臣との一体性を高めようとしたのである（岸本二〇一七）。

近世初頭の大名領国においては、人格的結合関係に基づき統合されていた初代当主期、家臣団との対立を乗り越えることによって権力の強化を図ろうとした二・三代目の当主期、いずれにおいても神格化を「家」の安定化に利用する必要性は乏しかった。一方で、自らの力で「天下人《てんかびと》」となった秀吉・家康の死没後においては、「天下人」後継体制をめぐるさまざまな思惑によって、秀吉・家康の神格化問題も利用されたのである。

元和偃武

慶長二十年（一六一五）五月の豊臣氏滅亡以降、結果的に、幕末に至るまで、支配階級同士が軍事力の直接行使によって領土を奪い合う事態は出来《しゅったい》しなかった。一旦、戦乱の時代は終結したのであり、これを「元和偃武《げんなえんぶ》」という。

しかし、豊臣「公儀《こうぎ》」の完全な消滅＝徳川「公儀」体制の超克・徳川専制体制の確立とはいえない。大坂《おおさか》の陣《じん》においては、ほとんどの大名階級が徳川氏を支持しており、軍事的屈服を伴わなかったため、将軍とすべての大名との間の明確な主従関係形成の契機とはならなかった。「武家諸法度《ぶけしょはっと》」は、大名階級に対する徳川将軍権力の優越性を明示した一方で、大名階級の自律性をある程度容認していた。「禁中幷公家中諸法度」においては、将軍が公武結合王権の枠組みに拘束されることを容認していた。したがって、両法度の発布時点においても、徳川将軍を絶対君主的存在に位置づけようとする指向性はうかがえない。

その後、元和三年（一六一七）六月、東国諸大名や譜代《ふだい》大名を率いた徳川秀忠の上洛にあわせて、西国大名らも相次いで上洛し、西国の有力外様《とざま》大名に対して、はじめて領知朱印状《りょうちしゅいんじょう》・判物《はんもつ》が発給された。ようやく将軍と有力外様大名との間の主従関係が明示されたのである。また、元和五年には、豊臣取立大名の筆頭格である福島正則《ふくしままさのり》が広島城の無断修補という「武家諸法度」違反を理由に改易《かいえき》された。この事件によって大名層は、その軍事力が徳川政権の厳しい統制下に置かれていることを認識した（福田二〇一四b）。主権国家には当然備わる独自の軍事力を制限されたことは、大名領国の地域国家的性格のさらなる縮小を意味していた。大名層は、徳川「公儀」を構成する一員であるという意識を喪失して、日本国家全体の「公儀」を掌握する徳川政権を支える「藩輔《はんぽ》」として、徳川政権から統治を委任された領域について、地域「公儀」を掌握するという意識へと変化していった。

豊臣政権の専制的権力化は、主として、「取次《とりつぎ》」といった人による統制と大名層の斟酌《しんしゃく》によって成り立っており、潜在的には不安定であった。一方、徳川政権は明確な法令を定めて、大名・朝廷（寺社）統制の基準としており、一定の安定性を重視した。その結果、江戸期の国制は徳川将軍権力が優越的地位をもつ封建体制に確定していったのである。

近世的身分制度

日本近世社会における身分制度は「士農工商《しのうこうしょう》」という伝統的理解で単純に区分できるものではなく、さまざまな身分的周縁が存在し、かつ、武士・平人・賤民《せんみん》という階級区分は戸籍《こせき》制度によって明確化されたものの、その戸籍制度も職業・居住地を固定化する機能を持たなかったとされる（横田二〇一四）。家康死没後における身分制度の展開について、その全体像を示すことは紙幅の関係もあり不可能であるため、ここでは、身分的周縁の一類型として、豊臣政権が規制の対象としていた「日用《ひよう》」・武家奉公人層に着目してみたい。

豊臣政権は文禄五年（一五九六）、直轄的地域に「日用停止令」を発布して、百姓が「日用」へ新たに転化することを禁じた一方で、町村内における「日用」の雇傭《こよう》、出稼ぎによる「日用」労働を容認した。大名領国への直接適用はなかったが、村落復興策の一環として「日用」を規制するケースもみられた。

家康「大御所《おおごしよ》」期には、慶長十四年（一六〇九）以降、再三にわたって江戸における「一季居《いっきおり》」規制令が発布されているが、「日用」層の存在を否定する意図はなく、武家奉公人牢人《ろうにん》層の江戸への滞留禁止を主旨とし、かつ、「先規《せんき》」以前からの「一季居」は江戸町奉行《まちぶぎょう》の許可を得ることによって容認された（高木一九九〇）。

大坂の陣終結後には各大名に武家奉公人牢人名簿の作成が命じられており、大名領国における「日用」・武家奉公人統制に乗り出したかにみえたが、大坂牢人取り締まりのための一時的措置に過ぎず、徳川政権下における大名領国の「日用」・武家奉公人政策は、それぞれの大名に委ねられた。江戸など徳川政権直轄地を対象とする「一季居」規制令は、元和期においても再三発布され、大名が江戸で武家奉公人を雇傭する場合、規制令の適用はあったが、国許《くにもと》をも対象としたものではない。

武家奉公人の供給源となったのは、村や在町・城下町にあふれていた浮浪層や小作貧農層・無高民《むだか》(水呑《みずのみ》)などであり、それは都市における「日用」の供給源でもあり、村請《むらうけ》として負担する夫役《ぶやく》の代役も務めた(木越二〇〇八)。支配階級は年貢確保のために、百姓層の農業経営専念を望んだ。したがって、本百姓《ほんびやくしよう》の代納した夫米《ぶまい》・夫銀《ぶぎん》を財源にして代役を雇傭することは、支配階級にとっても都合のよいことであり、治安悪化の要因ともなる浮浪層の雇傭対策としても有効であった。浮浪層の存在や村における貧困層の流出は、支配階級や支配の基礎単位である村・町の維持に不可欠な身分的周縁を確保するために事実上公認され、そういった身分的周縁が国許と江戸、藩内と藩外、藩内における村と町とを循環する構造が形成されたのである(吉田一九九八、森下二〇〇七)。

東アジア社会の変動と日本型華夷秩序

家康死没後の秀忠政権下では、外交方針に変化がみられるようになった(荒野二〇〇三、鶴田二〇一三、木村二〇一四)。懸案事項であった日明講和について、秀忠政権下においては国交樹立への積極性はみられず、東アジア諸国宛の書翰《しよかん》や来航者との会見が激減している。その要因として、対内的問題・東アジア情勢の変化、の双方があげられる。

前者としては、家康個人の力量や家康との人格的結びつきに依存していた大名統制から脱却して、将軍という職や徳川政権そのものに権威を持たせて、法に基づき統制する体制への移行が求められており、朝貢《ちょうこう》を前提とした明国との国交樹立が、将軍権威を低下させる危険性を考慮したと考えられる。また、同格の者同士が直接関係を持つという「敵対《てきたい》の礼」を守るといった「国体《こくたい》」重視の姿勢も将軍の権威づけにつながった。

後者としては、第一に、一六一九年のサルフの戦いで後金《こうきん》軍に大敗した明・朝鮮の衰退・変容である。朝鮮国においては、一六二三年のクーデターによって反後金を掲げる仁祖《じんそ》が即位したために一六二七年の後金による朝鮮侵攻を招き、これ以降、朝鮮国は後金国への従属を強め、最終的には、一六三七年に降伏した。明国も一六四四年に滅亡して、中国大陸は「異民族」国家による支配＝「華夷変態《かいへんたい》」という大変動を迎えた。

第二に、日本に来航していたヨーロッパ諸国間の東アジア海域における衝突が頻発するとともに、海外に展開していた日本人（傭兵《ようへい》など）がその衝突に巻き込まれるケースが増えた。海外における紛争への日本人の関与を防ぐことによって、ヨーロッパ勢力の日本列島への干渉を抑止することが徳川政権の懸案となっていた。

このような情勢もふまえ、徳川政権は対外関係の縮小・主権の及ぶ範囲の明確化を、外交基調としていく。しかし、主権範囲の明確化は、アイヌ民族を「夷《い》」として徳川政権の撫育《ぶいく》下に置くことにつながるとともに、日清両属の琉球《りゅうきゅう》王国、清《しん》国の冊封国家である朝鮮国という実態を糊塗《こと》して、謝恩《しゃおん》使《し》・慶賀使《けいがし》（琉球）、通信使《つうしんし》（朝鮮）の来日を服属儀礼であると対内的にみせかけることによって、日本国家を周辺の異民族を従える「華《か》」であるとみなす「日本型華夷秩序」を生み出した。中国大陸における「華夷変態」が、「夷」である日本が「華」に転じたとする意識を正当化することにもなった。

秀吉の目指した中国大陸の制圧による「帝国」構想は、日本列島を中心とする小型の疑似帝国へと形を変えて実現した。「帝国」路線の放棄は、天皇制の存続を必然化し、伝統的な神国思想をアイデンティティとする「異域」に優越する日本「国民」意識の形成へとつながっていったのである。

あとがき

本シリーズは、政治史のみならず、経済史・文化史、さらに対外関係にまで視野を広げて、戦国時代を総合的に描き出すことを目的に企画された。そのような編集方針に基づき、私は本書に通底する視角として「権力」に着目した。ここで、私が共感を覚えたミシェル・フーコーの言葉を引用したい。

この権力メカニズムの分析は、権力とは何かというような一般理論ではまったくないということです。この分析は、そのような一般理論の一部でもなければ端緒ですらない。この分析で問われるのは単に、そいつはどこを通るのか、どのように起こるのか、そしてその効果はどのようなものかということです。

（ミシェル・フーコー著・高桑和巳訳『ミシェル・フーコー講義Ⅶ　安全・領土・人口』筑摩書房、二〇〇七年）

本巻のタイトルに「戦国の終焉」とあるように、分立していた地域「権力」は、「天下人」のもと、統合されていったのであるが、地域国家内部においても、大名「権力」への集権化が進み、国人領主層は自律性を否定されていった。また、国家統合を成し遂げた支配「権力」は、統合の源泉となった暴力性のはけ口を求めて、国家の拡大へと暴走した。一方、国内における戦乱や、統一政権下における夫役動員などによって荒廃した村落を復興するために、百姓層の土地緊縛が進展していった。村落共同体はある程度の自律的な運営を手に入れる代替として、支配「権力」の固定化を容認したのである。文化さえも「権力」の可視化として利用された。

このような「天下人」の時代における「権力」のあり方は、現代とも無縁ではない。「権力」はしばしば自らを維持するために、さまざまなシステムを社会に張り巡らしていく。そして、それは被支配者層の支持を獲得するための「罠」を仕掛けつつ、巧妙に社会へ浸透していく。グローバル化の進展、貧富の格差拡大に加えて、新型コロナウイルスの感染拡大によって、社会が大きく変動しようとしている今こそ、歴史に学ぶことの重要性を指摘しておきたい。

私の研究が多くの学恩に支えられてきたことは言うまでもない。とりわけ、通史の執筆、シリーズ最終巻という大役のお誘いをいただいた企画編集委員の池享氏・久保健一郎氏に、感謝申し上げたい。期待に応えることができたか自信はないが、地域にも視点を置いて統合の時代を描き出すという狙いの一端は果たせたのではないかと思っている。そのほか、参考文献に掲載させていただいた方以外にも学恩を賜った方は少なくないが、紙幅の関係上、網羅できなかったことをお詫びしたい。

また、この場を借りて山本博文氏に対して、これまでの学恩への感謝をお伝えしたい。十数年前に豊臣秀吉関係文書研究会への参加をお誘いいただいて以来、史料調査に同行することも多く、ふとした雑談の中でも多くを学ばせていただいた。ところが、山本氏は本年三月、急逝された。まだまだ学びたいことが多く、残念でならない。本書においても山本氏の研究成果に依拠した見解が少なくない。一方で、本書においては終期を大坂の陣に設定した関係上考察することはできなかったが、山本氏の提唱された「徳川絶対主義国家論」には共感できる点も多く、山本氏のご意見を拝聴しながら、今後の課題として取り組みたいと考えていた矢先の、突然の訃報であった。直接お渡しすることは叶わなかったが、本書を山本氏の御霊前に捧げたい。

さらに、本書執筆のお誘いをいただいた当時に参加していた、二〇一六～二〇一八年度科学研究費・基盤B「戦国軍記・合戦図屛風と古文書・古記録をめぐる学際的研究」（代表研究者：堀新）にふれておきたい。文化史について、それまで大学の授業で担当したことはあったものの、専論はなく、執筆できるか不安に感じたが、この研究への参加を通じて、文学史・美術史の研究者の方々からご教示いただければ何とかなるだろうという他力本願で、執筆を決断した。実際に、研究報告や史料調査などを通じて多くのご教示を賜ったおかげで、脱稿にこぎつけることができた。感謝申し上げたい。

なお、本書の一部は、以下の拙稿をもとにしている。

『中近世移行期大名領国の研究』（校倉書房、二〇〇七年）
『関ヶ原前夜―西軍大名たちの戦い』（日本放送出版協会、二〇〇九年）
『毛利輝元―西国の儀任せ置かるの由候』（ミネルヴァ書房、二〇一六年）
「織豊大名論」（織豊期研究会編『織豊期研究の現在〈いま〉』岩田書院、二〇一七年）

『小早川隆景・秀秋—消え候わんとて、光増すと申す』（ミネルヴァ書房、二〇一九年）

豊臣期や江戸期初頭については、近年、研究が大いに進展している分野であり、脱稿後も、多くの著書・論考が発表されたが、本書に反映することはできなかった。ご海容願いたい。また、脱稿後に明らかになった新出史料や発掘調査の研究成果についても活用できていない。今後さらなる研究に邁進することを誓って、擱筆する。

二〇二〇年九月十五日

光成準治

参考文献

秋山伸隆「戦国大名毛利氏の石見銀山支配」(岸田裕之編『中国地域と対外関係』山川出版社、二〇〇三年)
朝尾直弘『将軍権力の創出』(岩波書店、一九九四年)
跡部　信『豊臣政権の権力構造と天皇』(戎光祥出版、二〇一六年)
穴井綾香「慶長十四年丹波篠山城普請の意義」(『日本歴史』六七二、二〇〇四年)
阿部哲人「関ヶ原合戦と奥羽の諸大名」(高橋充編『東北の中世史5　東北近世の胎動』吉川弘文館、二〇一六年)
天野文雄『能に憑かれた権力者』(講談社、一九九七年)
荒木和憲「対馬宗氏の日朝外交戦術」(荒野泰典・石井正敏・村井章介編『日本の対外関係5　地球的世界の成立』吉川弘文館、二〇一三年)
安良城盛昭『太閤検地と石高制』(日本放送出版協会、一九六九年)
荒野泰典「江戸幕府と東アジア」(同編『日本の時代史14　江戸幕府と東アジア』吉川弘文館、二〇〇三年)
五十嵐公一「御所の障壁画制作」(野口剛・五十嵐公一・門脇むつみ『天皇の美術史4　雅の近世、花開く宮廷絵画』吉川弘文館、二〇一七年)

池　享『戦国・織豊期の武家と天皇』（校倉書房、二〇〇三年a）
池　享「天下統一と朝鮮侵略」（同編『日本の時代史13　天下統一と朝鮮侵略』吉川弘文館、二〇〇三年b）
池　享『日本中近世移行論』（同成社、二〇一〇年）
池上裕子『日本の歴史15　織豊政権と江戸幕府』（講談社、二〇〇二年）
池上裕子『日本中近世移行期論』（校倉書房、二〇一二年a）
池上裕子『織田信長』（吉川弘文館、二〇一二年b）
市村高男『戦争の日本史10　東国の戦国合戦』（吉川弘文館、二〇〇九年）
伊藤真昭『京都の寺社と豊臣政権』（法蔵館、二〇〇三年）
稲葉継陽「兵農分離と侵略動員」（池享編『日本の時代史13　天下統一と朝鮮侵略』吉川弘文館、二〇〇三年）
榎森　進『アイヌ民族の歴史』（草風館、二〇〇七年）
遠藤ゆり子「文禄三年の伊達領「金山一揆」」（池享・遠藤ゆり子編『産金村落と奥州の地域社会』岩田書院、二〇一二年）
大澤研一「上町台地の中世都市から大坂城下町へ」（中世都市研究会編『中世都市から城下町へ』山川出版社、二〇一三年）
大澤研一「文献史料からみた豊臣前期大坂城の武家屋敷・武家地」（『大阪歴史博物館研究紀要』一三、二〇一五年）
太田昌子「服属儀礼と城郭の障壁画」（池享編『日本の時代史13　天下統一と朝鮮侵略』吉川弘文館、二

〇〇三年）
大西泰正『豊臣期の宇喜多氏と宇喜多秀家』（岩田書院、二〇一〇年）
大西泰正「織豊期前田氏権力の形成と展開」（同編『シリーズ・織豊大名の研究3　前田利家・利長』戎光祥出版、二〇一六年）
岡美穂子「キリシタンと統一政権」（『岩波講座日本歴史10　近世1』岩波書店、二〇一四年）
尾下成敏「清須会議後の政治過程」（『愛知県史研究』一〇、二〇〇六年）
尾下成敏「九州停戦命令をめぐる政治過程」（『史林』九三―一、二〇一〇年）
小野健吉『日本庭園―空間の美の歴史』（岩波新書、二〇〇九年）
梯　弘人「豊臣期関東における浅野長政」（『学習院史学』四九、二〇一一年）
笠谷和比古『関ヶ原合戦と近世の国制』（思文閣出版、二〇〇〇年）
笠谷和比古『戦争の日本史17　関ヶ原合戦と大坂の陣』（吉川弘文館、二〇〇七年）
笠谷和比古『徳川家康』（ミネルヴァ書房、二〇一六年）
片山正彦『豊臣政権の東国政策と徳川氏』（思文閣出版、二〇一七年）
勝俣鎮夫『戦国時代論』（岩波書店、一九九六年）
加藤益幹「天正十年九月三日付惟住（丹羽）長秀宛柴田勝家書状について」（『愛知県史研究』一〇、二〇〇六年）
紙屋敦之『幕藩制国家の琉球支配』（校倉書房、一九九〇年）
河内将芳「宗教勢力の運動方向」（歴史学研究会・日本史研究会編『日本史講座5　近世の形成』東京大学出版会、二〇〇四年）

河内政芳『シリーズ権力者と仏教　秀吉の大仏造立』（法蔵館、二〇〇八年）
川岡　勉「戦国・織豊期における国郡知行権と地域権力」（『四国中世史研究』八、二〇〇五年）
川戸貴史『中近世日本の貨幣流通秩序』（勉誠出版、二〇一七年）
神田裕理『戦国・織豊期の朝廷と公家社会』（校倉書房、二〇一一年）
岸本　覚「近世後期における歴史編纂事業と祖先顕彰」（『歴史学研究』九五九、二〇一七年）
岸本美緒『東アジアの「近世」』（山川出版社、一九九八年）
木越隆三『日本近世の村夫役と領主のつとめ』（校倉書房、二〇〇八年）
北川　央「豊臣秀吉像と豊国社」（黒田日出男編『肖像画を読む』角川書店、一九九八年）
北島万次『豊臣秀吉の朝鮮侵略』（吉川弘文館、一九九五年）
木下　聡『中世武家官位の研究』（吉川弘文館、二〇一一年）
木村直樹「近世の対外関係」（『岩波講座日本歴史11　近世2』岩波書店、二〇一四年）
木村直樹『長崎奉行の歴史』（KADOKAWA、二〇一六年）
久保健一郎『戦国大名と公儀』（校倉書房、二〇〇一年）
久留島典子「『人掃令』ノート」（永原慶二編『大名領国を歩く』吉川弘文館、一九九三年）
黒嶋　敏『琉球王国と戦国大名』（吉川弘文館、二〇一六年）
黒田　智「天皇と天下人の美術戦略」（高岸輝・黒田智『天皇の美術史3　乱世の王権と美術戦略』吉川弘文館、二〇一七年）
黒田基樹「慶長期大名の氏姓と官位」（『日本史研究』四一四、一九九七年）
黒田基樹『中近世移行期の大名権力と村落』（校倉書房、二〇〇三年）

桑田和明『戦国時代の筑前国宗像氏』（花乱社、二〇一六年）
石畑匡基「増田長盛と豊臣の「公儀」」（谷口央編『関ヶ原合戦の深層』高志書院、二〇一四年）
小島道裕「戦国城下町から織豊期城下町へ」（『年報都市史研究』一、山川出版社、一九九三年）
小林清治『奥羽仕置と豊臣政権』（吉川弘文館、二〇〇三年a）
小林清治『奥羽仕置の構造』（吉川弘文館、二〇〇三年b）
齋藤慎一『戦国時代の終焉』（中央公論新社、二〇〇五年）
柴　裕之『徳川家康』（平凡社、二〇一七年）
清水有子「豊臣秀吉政権の神国宣言」（『歴史学研究』九五八、二〇一七年）
清水　亮「秀吉の遺言と「五大老」・「五奉行」」（山本博文・堀新・曽根勇二編『消された秀吉の真実』柏書房、二〇一一年）
下村　效『日本中世の法と経済』（続群書類従完成会、一九九八年）
下村信博「関ヶ原の戦いにおける東海道方面東軍諸将の動向」（名古屋市博物館『研究紀要』三六、二〇一三年）
白峰　旬『新「関ヶ原合戦」論』（新人物往来社、二〇一一年）
白峰　旬『新解釈関ヶ原合戦の真実』（宮帯出版社、二〇一四年）
鄭　求　福「壬辰倭乱の歴史的意味」（『日韓歴史共同研究報告書（第1期）第2分科篇』（日韓歴史共同研究委員会、二〇〇五年）
曽根勇二『近世国家の形成と戦争体制』（校倉書房、二〇〇四年）
曽根勇二『秀吉・家康政権の政治経済構造』（校倉書房、二〇〇八年）

曽根勇二『敗者の日本史13　大坂の陣と豊臣秀頼』（吉川弘文館、二〇一三年）
曽根勇二「秀吉と大名・直臣の主従関係について」（山本博文・堀新・曽根勇二編『豊臣政権の正体』柏書房、二〇一四年）
曽根勇二「秀吉の首都圏形成について」（大阪市立大学豊臣期大坂研究会編『秀吉と大坂』和泉書院、二〇一五年）
杣田善雄『幕藩権力と寺院・門跡』（思文閣出版、二〇〇三年）
高木昭作『日本近世国家史の研究』（岩波書店、一九九〇年）
高木昭作『将軍権力と天皇』（青木書店、二〇〇三年）
高木久史『撰銭とビタ一文の戦国史』（平凡社、二〇一八年）
高野信治『藩国と藩輔の構図』（名著出版、二〇〇二年）
高野信治『大名の相貌』（清文堂出版、二〇一四年）
高橋　修「特論「関ヶ原合戦図屏風」」（谷口央編『関ヶ原合戦の深層』（高志書院、二〇一四年）
竹井英文『織豊政権と東国社会』（吉川弘文館、二〇一二年）
竹本千鶴『織豊期の茶会と政治』（思文閣出版、二〇〇六年）
田中克行『中世の惣村と文書』（山川出版社、一九九八年）
田中誠二「藩からみた近世初期の幕藩関係」（『日本史研究』三五六、一九九二年）
谷　徹也「豊臣政権の算用体制」（『史学雑誌』一二三―一二、二〇一四年a）
谷　徹也「秀吉死後の豊臣政権」（『日本史研究』六一七、二〇一四年b）
谷　徹也「豊臣政権の京都政策」（『日本史研究』六七七、二〇一九年）

谷口　央『幕藩制成立期の社会政治史研究』（校倉書房、二〇一四年）
谷端昭夫『茶の湯の文化史』（吉川弘文館、一九九九年）
玉懸博之『近世日本の歴史思想』（ぺりかん社、二〇〇七年）
辻　惟雄『辻惟雄集3　障屏画と狩野派』（岩波書店、二〇一三年）
津野倫明「豊臣～徳川移行期における「取次」」（『日本歴史』六三四、二〇〇一年）
津野倫明「蔚山の戦いと秀吉死後の政局」（『ヒストリア』一八〇、二〇〇二年）
津野倫明『長宗我部氏の研究』（吉川弘文館、二〇一二年）
鶴田　啓「徳川政権と東アジア国際社会」（荒野泰典・石井正敏・村井章介編『日本の対外関係5　地球的世界の成立』吉川弘文館、二〇一三年）
豊見山和行『琉球王国の外交と王権』（吉川弘文館、二〇〇四年）
豊見山和行「島津氏の琉球侵略と琉球海域の変容」（荒野泰典・石井正敏・村井章介編『日本の対外関係5　地球的世界の成立』吉川弘文館、二〇一三年）
中島楽章「十六世紀末の九州―東南アジア貿易」（『史学雑誌』一一八―八、二〇〇九年）
中野　等『豊臣政権の対外侵略と太閤検地』（校倉書房、一九九六年）
中野　等『立花宗茂』（吉川弘文館、二〇〇一年）
中野　等『秀吉の軍令と大陸侵攻』（吉川弘文館、二〇〇六年）
中野　等「豊臣政権の関東・奥羽仕置　続論」（『九州文化史研究所紀要』五八、二〇一五年）
浪川健治「松前藩の成立と北方世界」（荒野泰典・石井正敏・村井章介編『日本の対外関係5　地球的世界の成立』吉川弘文館、二〇一三年）

仁木　宏『空間・公・共同体—中世都市から近世都市へ—』（青木書店、一九九七年）
布谷陽子「関ヶ原合戦と二大老・四奉行」（『史叢』七七、二〇〇七年）
野村　玄『天下人の神格化と天皇』（思文閣出版、二〇一五年）
朴　秀哲「豊臣政権における寺社支配の理念」（『日本史研究』四五五、二〇〇〇年）
橋本政宣『近世公家社会の研究』（吉川弘文館、二〇〇二年）
長谷川成一『近世国家と東北大名』（吉川弘文館、一九九八年）
原田香織『戦国武将と能楽』（新典社、二〇一八年）
播磨良紀「豊臣政権と豊臣秀長」（三鬼清一郎編『織豊期の政治構造』吉川弘文館、二〇〇〇年）
平井上総『長宗我部氏の検地と権力構造』（校倉書房、二〇〇八年）
平井上総『長宗我部元親・盛親』（ミネルヴァ書房、二〇一六年）
平井上総『兵農分離はあったのか』（平凡社、二〇一七年）
平野明夫『徳川権力の形成と発展』（岩田書院、二〇〇六年）
深谷克己『百姓成立』（塙書房、一九九三年）
深谷幸治『戦国織豊期の在地支配と村落』（校倉書房、二〇〇三年）
福田千鶴「徳川の平和と城破り」（藤木久志・伊藤正義編『城破りの考古学』吉川弘文館、二〇〇一年）
福田千鶴『御家騒動』（中央公論新社、二〇〇五年）
福田千鶴『淀殿』（ミネルヴァ書房、二〇〇七年）
福田千鶴『徳川秀忠』（新人物往来社、二〇一一年）
福田千鶴『豊臣秀頼』（吉川弘文館、二〇一四年ａ）

福田千鶴「江戸幕府の成立と公儀」(『岩波講座日本歴史10　近世1』岩波書店、二〇一四年b)
藤井讓治「「法度」の支配」(同編『日本の近世3　支配のしくみ』中央公論社、一九九一年)
藤井讓治『幕藩領主の権力構造』(岩波書店、二〇〇二年)
藤井讓治『徳川将軍家領知宛行制の研究』(思文閣出版、二〇〇八年)
藤井讓治「「惣無事」はあれど「惣無事令」はなし」(『史林』九三—三、二〇一〇年)
藤井讓治「近世貨幣論」(『岩波講座日本歴史11　近世2』岩波書店、二〇一四年)
藤井讓治『戦国乱世から太平の世へ』(岩波書店、二〇一五年)
藤木久志『豊臣平和令と戦国社会』(東京大学出版会、一九八五年)
藤木久志『雑兵たちの戦場』(朝日新聞社、一九九五年)
藤木久志「山城停止令の伝承」(藤木久志・伊藤正義編『城破りの考古学』吉川弘文館、二〇〇一年)
藤田達生『日本近世国家成立史の研究』(校倉書房、二〇〇一年)
藤田達生『証言本能寺の変』(八木書店、二〇一〇年)
藤田達生「太田城水攻めと豊臣国分」(『ヒストリア』二四〇、二〇一三年)
藤田達生『城郭と由緒の戦争論』(校倉書房、二〇一七年)
二木謙一『武家儀礼格式の研究』(吉川弘文館、二〇〇三年)
堀　新『日本中世の歴史7　天下統一から鎖国へ』(吉川弘文館、二〇一〇年)
堀　新『織豊期王権論』(校倉書房、二〇一一年a)
堀　新「豊臣秀吉と「豊臣」家康」(山本博文・堀新・曽根勇二編『消された秀吉の真実』柏書房、二〇一一年b)

堀　新「秀吉はなぜ関白になったのか」（堀新・井上泰至編『秀吉の虚像と実像』笠間書院、二〇一六年）
堀越祐一「豊臣五大老の実像」（山本博文・堀新・曽根勇二編『豊臣政権の正体』柏書房、二〇一四年）
堀越祐一『豊臣政権の権力構造』（吉川弘文館、二〇一六年）
本多博之『戦国織豊期の貨幣と石高制』（吉川弘文館、二〇〇六年）
本多博之『天下統一とシルバーラッシュ』（吉川弘文館、二〇一五年）
本多隆成『初期徳川氏の農村支配』（吉川弘文館、二〇〇六年）
本多隆成『定本徳川家康』（吉川弘文館、二〇一〇年）
牧原成征「兵農分離と石高制」（『岩波講座日本歴史10　近世1』岩波書店、二〇一四年）
三鬼清一郎『織豊期の国家と秩序』（青史出版、二〇一二年a）
三鬼清一郎『豊臣政権の法と朝鮮出兵』（青史出版、二〇一二年b）
水野伍貴『秀吉死後の権力闘争と関ヶ原前夜』（日本史史料研究会、二〇一六年）
水野智之「小牧・長久手の戦いと朝廷」（藤田達生編『近世成立期の大規模戦争　戦場論下』岩田書院、二〇〇六年）
水林　彪『日本通史2　封建制の再編と日本的社会の確立』（山川出版社、一九八七年）
水本邦彦『村―百姓たちの近世』（岩波書店、二〇一五年）
峯岸賢太郎『近世身分論』（校倉書房、一九八九年）
村井章介「「東アジア」と近世日本」（歴史学研究会・日本史研究会編『日本史講座5　近世の形成』東京大学出版会、二〇〇四年）

森下　徹『武家奉公人と労働社会』（山川出版社、二〇〇七年）
矢部健太郎「東国「惣無事」政策の展開と家康・景勝」（『日本史研究』五〇九、二〇〇五年）
矢部健太郎『豊臣政権の支配秩序と朝廷』（吉川弘文館、二〇一一年）
矢部健太郎「『大かうさまくんきのうち』の執筆目的と秀次事件」（金子拓編『『信長記』と信長・秀吉の時代』勉誠出版、二〇一二年）
矢部健太郎『敗者の日本史12　関ヶ原合戦と石田三成』（吉川弘文館、二〇一四年）
矢部誠一郎『日本茶の湯文化史の新研究』（雄山閣、二〇〇五年）
山内治朋「毛利氏と長宗我部氏の南伊予介入」（四国中世史研究会・戦国史研究会編『四国と戦国世界』岩田書院、二〇一三年）
山口和夫『近世日本政治史と朝廷』（吉川弘文館、二〇一七年）
山田邦和「伏見城とその城下町の復元」（日本史研究会編『豊臣秀吉と京都』文理閣、二〇〇一年）
山根幸夫「没落への途」（松丸道雄・池田温・斯波義信・神田信夫・濱下武志編『世界歴史大系中国史4　明～清』山川出版社、一九九九年）
山本浩樹「織田期の政治過程と戦争」（織豊期研究会編『織豊期研究の現在〈いま〉』岩田書院、二〇一七年）
山本博文『幕藩制の成立と近世の国制』（校倉書房、一九九〇年）
山本博文「統一政権の登場と江戸幕府の成立」（歴史学研究会・日本史研究会編『日本史講座5　近世の形成』東京大学出版会、二〇〇四年）
山本博文『天下人の一級史料』（柏書房、二〇〇九年）

横田冬彦「豊臣政権と首都」（日本史研究会編『豊臣秀吉と京都』文理閣、二〇〇一年）
横田冬彦「近世の身分制」（『岩波講座日本歴史10　近世1』岩波書店、二〇一四年）
吉田伸之『近世都市社会の身分構造』（東京大学出版会、一九九八年）
六反田豊「朝鮮中期」（李成市・宮嶋博史・糟谷憲一編『世界歴史大系朝鮮史Ⅰ　先史～朝鮮王朝』山川出版社、二〇一七年）
渡辺尚志「村の世界」（歴史学研究会・日本史研究会編『日本史講座5　近世の形成』東京大学出版会、二〇〇四年）

系図

豊臣氏系図（矢部二〇一四より）

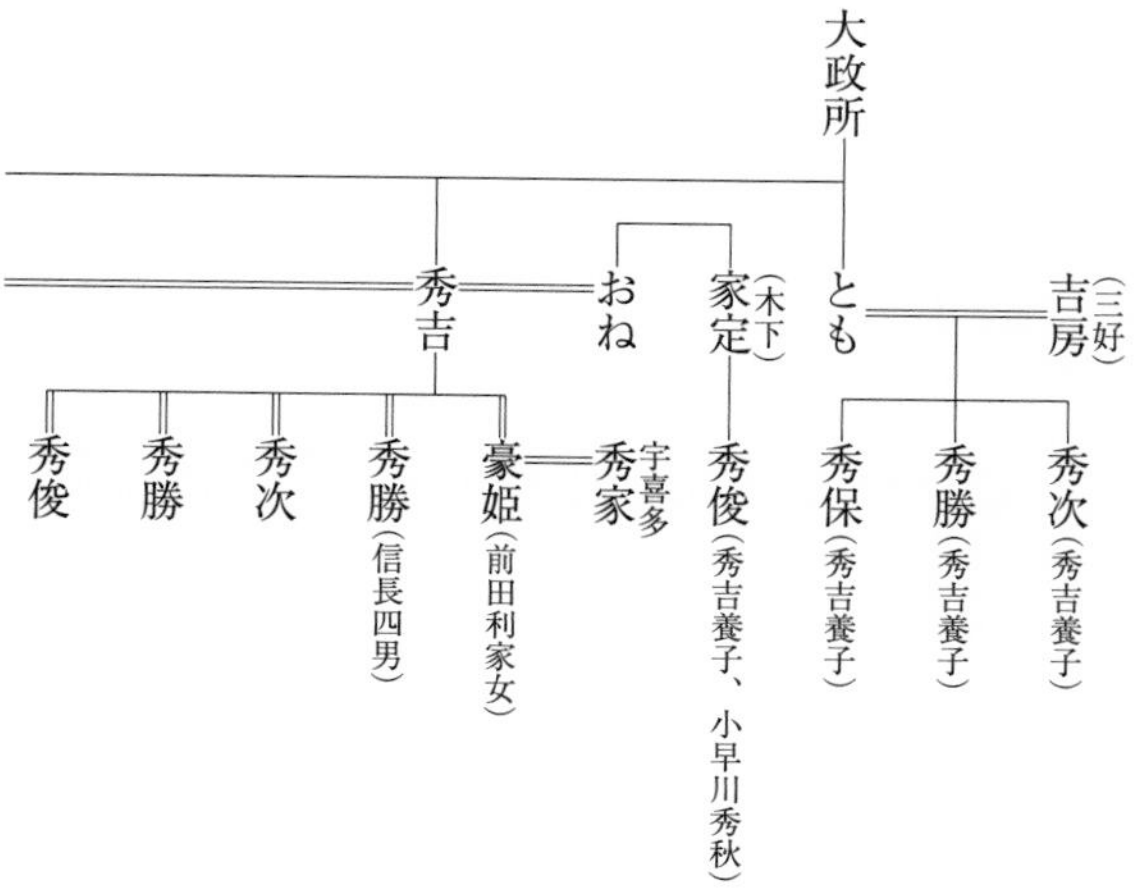

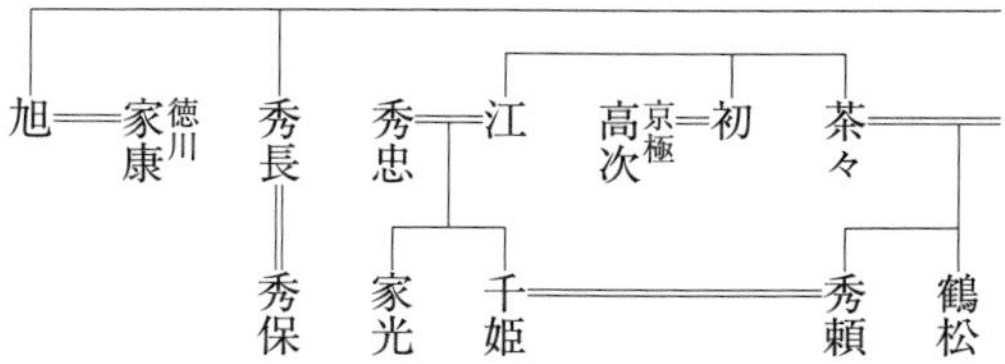

旭
徳川
家康
秀長
秀保
秀忠
江
家光
千姫
京極
高次
初
茶々
秀頼
鶴松

徳川氏系図（笠谷和比古編『徳川家康 その政治と文化・芸能』宮帯出版社、二〇一六年所収の徳川家系図に加筆・修正）

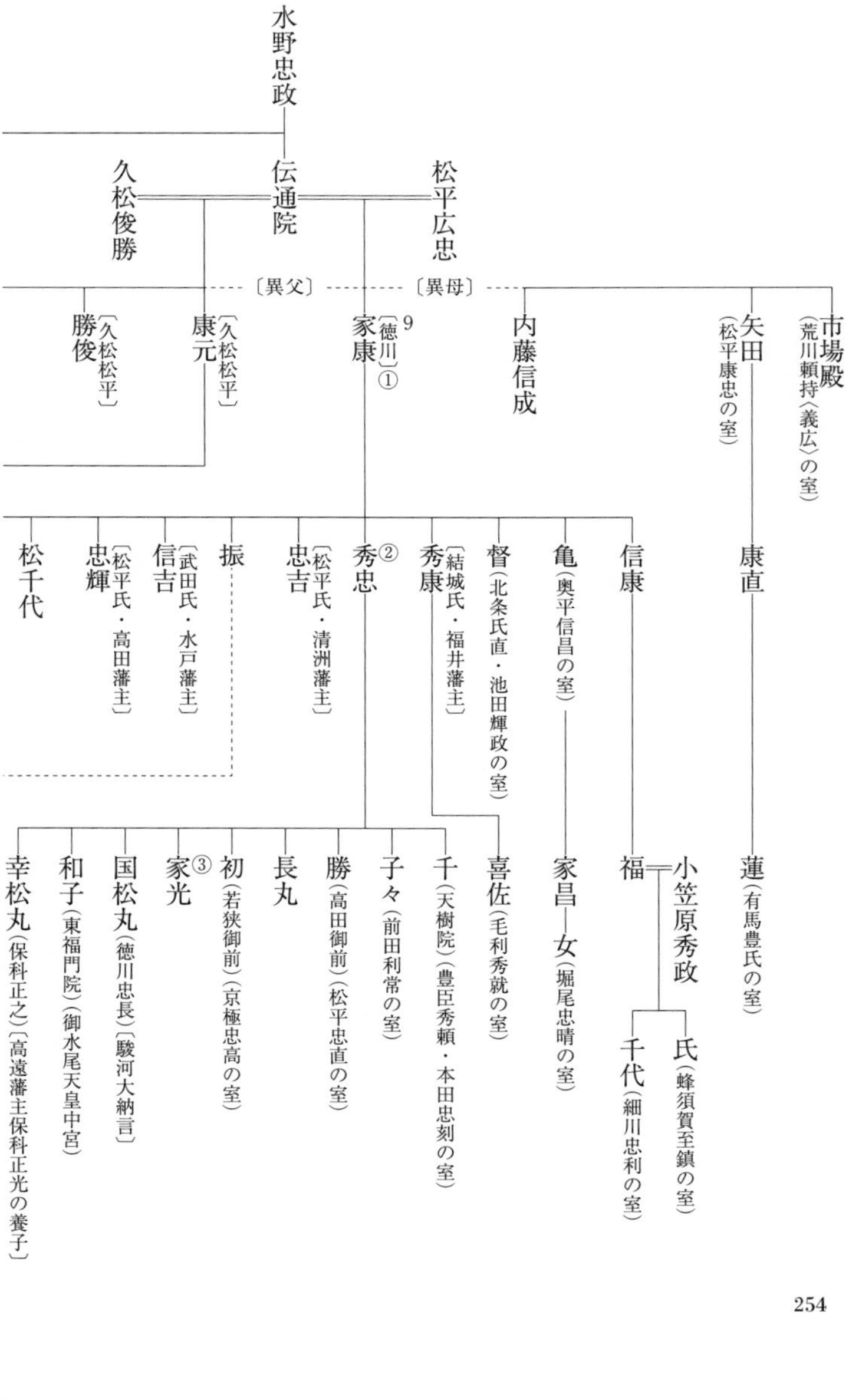

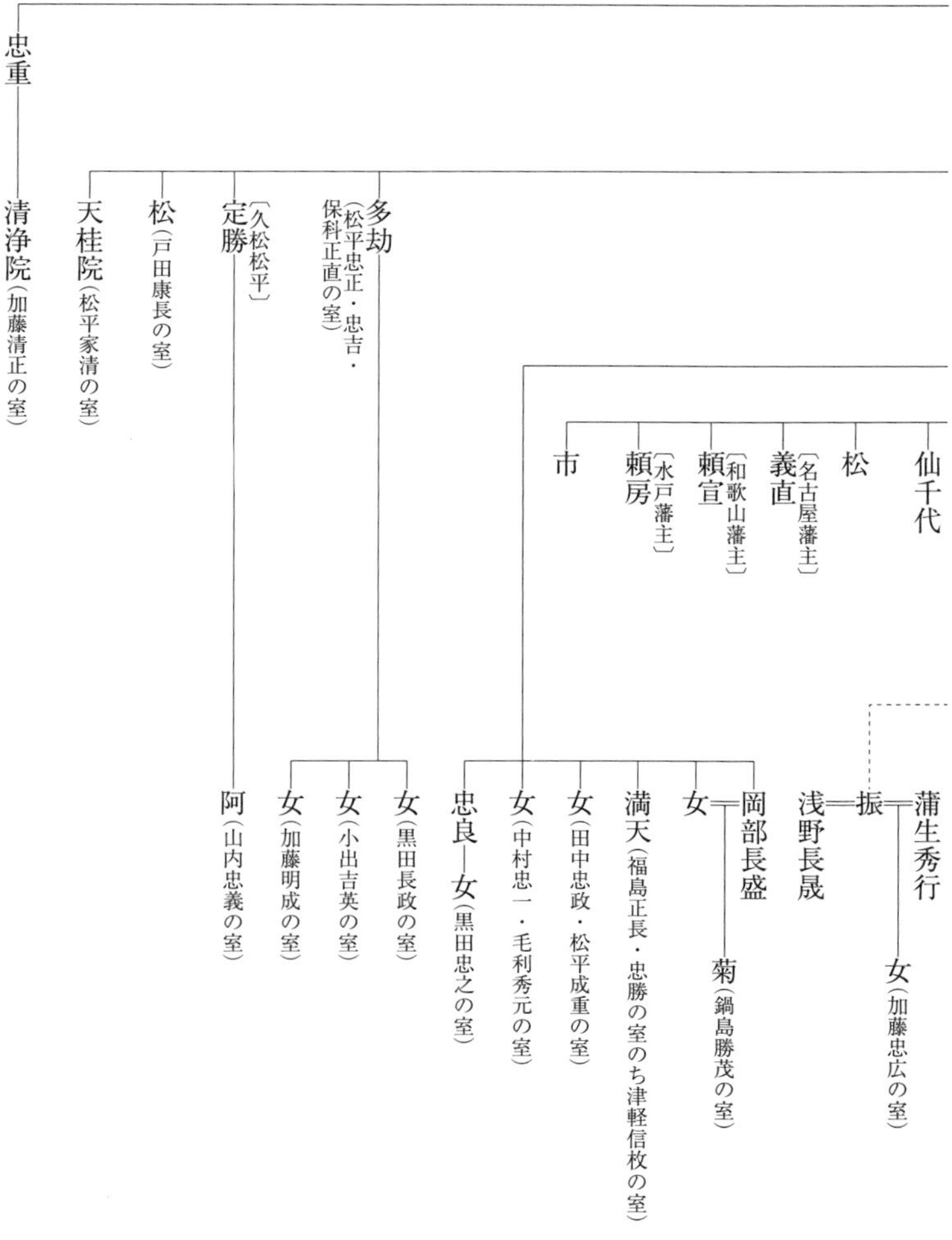
忠重
清浄院（加藤清正の室）
天桂院（松平家清の室）
松（戸田康長の室）
定勝〔久松松平〕
多劫（松平忠正・忠吉・保科正直の室）
仙千代
松
義直〔名古屋藩主〕
頼宣〔和歌山藩主〕
頼房〔水戸藩主〕
市
蒲生秀行
振
浅野長晟
女（加藤忠広の室）
岡部長盛
女
菊（鍋島勝茂の室）
満天（福島正長・忠勝の室のち津軽信枚の室）
女（田中忠政・松平成重の室）
女（中村忠一・毛利秀元の室）
忠良
女（黒田忠之の室）
女（黒田長政の室）
女（小出吉英の室）
女（加藤明成の室）
阿（山内忠義の室）

略年表

年号	西暦	事項
天正　十	一五八二	六月、明智光秀の襲撃によって、織田信長・信忠横死（本能寺の変）。毛利氏と停戦して東上した羽柴秀吉、織田信孝・丹羽長秀・池田恒興らと合流して、光秀を破る（山崎の戦い）。織田政権宿老層の合議の結果、信長の後継者は信忠の子三法師に決定（清須会議）。十月、三法師を擁した織田信孝に対抗して、秀吉らは織田信雄を織田家の家督に擁立。十二月、秀吉、北近江・美濃へ出兵。信孝は一旦降伏。
天正　十一	一五八三	閏正月、織田信雄、安土入城。三月、柴田勝家、近江へ出兵。四月、秀吉、柴田勢を破る（賤ヶ岳の戦い）。勝家、越前北庄城において切腹。五月、岐阜城を攻略された織田信孝が切腹。九月頃、秀吉、大坂城普請開始。
天正　十二	一五八四	三月、織田信雄、秀吉に接近した重臣を殺害。信雄と連携した徳川家康が出陣。四月、家康・信雄方が秀吉方を破り、池田恒興・森長可ら討死（小牧・長久手の戦い）。十一月、信雄、秀吉に人質を提出して講和。十二月、家康、次男於義伊（のちの秀康）を秀吉のもとへ送る。
天正　十三	一五八五	二月、信雄、大坂へ赴き秀吉に服属。三月、大徳寺茶会開催。同月、秀吉、和泉・紀伊を平定。七月、秀吉、従一位・関白に任官。八月、長宗我部元親が秀吉に降伏して、四国平定される。同月、佐々成政、秀吉に降伏。十月、秀吉、九州停戦令発布。同月、禁中茶会開催。十一月、徳川氏重臣石川数正ら出奔。
天正　十四	一五八六	二月頃、秀吉、聚楽第の普請開始。四月、大友宗麟、大坂へ赴き、秀吉に服属。五月、秀吉、

		妹旭を家康へ嫁がせる。六月、上杉景勝上洛。七月、島津氏、大友氏領へ進攻。十月、家康、上洛して秀吉に服属。十二月、秀吉、太政大臣に任官。豊臣姓を賜る。
天正　十五	一五八七	五月、島津義久が豊臣政権に降伏して、九州平定される。六月、豊臣政権、バテレン追放令発布。七月、肥後国人一揆勃発。九月、聚楽第が完成し、秀吉が移る。十月、北野大茶湯開催。この年、豊臣政権、大判を鋳造させる。
天正　十六	一五八八	四月、後陽成天皇、聚楽第行幸。閏五月、肥後国人一揆勃発の責任を追及して、佐々成政を自害させる。七月、豊臣政権、刀狩令および海賊停止令発布。同月、毛利輝元が上洛して叙位任官される。八月、秀吉、島津氏を通じて琉球王国に対して服属入貢を要求。同月、北条氏政、弟氏規を上洛させて、豊臣政権に服属姿勢を示す。十一月、琉球国王尚永崩御。尚寧が国王に即位。
天正　十七	一五八九	五月、秀吉の子鶴松誕生。六月、伊達政宗、蘆名氏領を制圧。九月、諸国大名衆に対して、妻子を伴い在京することが命じられる。同月、琉球国王の使者が秀吉に謁見。十一月、秀吉、北条氏征討を決定。
天正　十八	一五九〇	七月、北条氏が豊臣政権に降伏して、関東平定される。同月、秀吉、奥羽平定に向けて出陣。八月、家康、江戸入城。同月、秀吉、島津氏を通じて、琉球王国に対して、関東平定を祝賀するための綾船派遣を命令。九月、狩野永徳没。十一月、秀吉、聚楽第において朝鮮通信使と対面。十二月、豊臣政権、浪人追放令を発布。
天正　十九	一五九一	二月、秀吉、千宗易を自害させる。七月、秀吉、インド副王へ朱印状を発して、中国大陸を制圧したうえで、インドへ遠征することを告げる。八月、豊臣鶴松没。同月、豊臣政権、身分法令を発布。九月、九戸政実の乱が鎮圧される。十二月、秀吉、関白職を甥秀次へ委譲。この年、豊臣政権、御前帳徴収。
文禄　　元	一五九二	正月、秀吉、中国大陸侵略に向けて、中国・四国・九州の諸大名へ動員令を発する。三月、人掃令が毛利氏領国内において発布される。同月、秀吉、肥前名護屋へ向けて出発。四月、

年号	西暦	事項
		先鋒の小西行長勢が朝鮮半島に上陸（第一次朝鮮侵略戦争）。五月、小西・加藤清正勢、漢城へ入る。六月、島津氏家臣梅北国兼による一揆勃発。八月、伏見城の普請開始。九月、小西・沈会談により、日明間で一旦停戦が成立。十二月、文禄に改元。
文禄　二	一五九三	正月、蠣崎慶広に対して、蝦夷島の支配権・アイヌ民族との交易独占権が与えられる。同月、明軍の攻撃により、日本軍は平壌から撤退。追撃した明軍を碧蹄館の戦いで破る。四月、日本軍、漢城から撤退。五月、大友吉統、改易される。同月、偽の明使が訪日。六月、日本軍、晋州城を攻略。八月、秀吉の子秀頼誕生。閏九月、秀吉、伏見城を居所とする。十月、秀吉、禁裡能を開催。十一月、秀吉、小琉球（フィリピンあるいは台湾）・高山国（台湾）に対して、入貢を要求。
文禄　三	一五九四	四月、近衛信輔、薩摩へ配流される。同月、大坂銀吹き二十人を常是に定める。同月、豊臣政権、寺社に対する「条々」を発布。十一月、豊臣秀頼、伏見城へ移る。十二月、小西行長の使者内藤如安、北京において大明皇帝に拝閲。
文禄　四	一五九五	正月、明国の日本に対する冊封使、北京を出発。七月、豊臣秀次、高野山へ出奔して、切腹。八月、豊臣政権、「御掟」「御掟追加」を発布。この年、後藤徳乗を中心とする金貨鋳造体制が構築される。
慶長　元	一五九六	二月、豊臣政権、日用停止令発布。四月頃、豊臣政権、荒田没収令発布。閏七月、畿内において大地震。伏見城大破。八月、スペイン船サン・フェリペ号、土佐に漂着。九月、秀吉、大坂城において明国冊封使と対面。日本国王に封号された一方で、朝鮮への再派兵を決定。十月、慶長に改元。
慶長　二	一五九七	二月、秀吉、諸大名に渡海を命令。四月、豊臣政権、田麦年貢三分一徴収令発布。六月、第二次朝鮮侵略戦争勃発。十月、下野宇都宮氏、改易される。十二月、明・朝鮮軍によって、

慶長　三	一五九八	蔚山倭城が包囲される。 正月、蔚山倭城の包囲を解除。同月、上杉景勝、会津への移封を命じられる。八月、豊臣秀吉没。九月、五大老・五奉行が起請文を取り交わす。十二月、家康、スペイン船の浦賀寄航を依頼。同月、日本軍の帰還完了。
慶長　四	一五九九	正月、豊臣秀頼、大坂城へ移る。同月、家康私婚問題をめぐって、家康と前田利家ら四大老・五奉行とが対立。二月、家康と四大老・五奉行が起請文を交換して、私婚問題収束。閏三月、前田利家没。同月、石田三成襲撃事件勃発。三成失脚。四月、秀吉に対して、豊国大明神の神号が宣下される。九月、家康暗殺計画発覚。この事件の結果、前田利長は家康に屈服。浅野長政引退。同月、家康、大坂城西の丸へ入城。
慶長　五	一六〇〇	三月、オランダ船リーフデ号、豊後に漂着。四月、上杉景勝、上洛命令を拒否。六月、家康、会津征討に向けて大坂を出発。七月、石田三成・大谷吉継・毛利輝元・宇喜多秀家ら、反徳川闘争決起。八月、家康、会津征討を中止して、江戸へ帰城。九月、西上した家康および福島正則ら豊臣系諸将、関ヶ原において石田三成らを破る（関ヶ原の戦い）。同月、黒田孝高ら、大友氏再興軍を破る（石垣原の戦い）。同月、家康、毛利輝元が退去した大坂城西の丸に入城。十月、三成ら処刑。同月、毛利氏、防長二国へ減封。同月、家康、公家・寺社領の指出提出を指示。
慶長　六	一六〇一	三月、家康、再建した伏見城へ移る。六月、家康、佐渡金山を直轄化。七月、上杉景勝、上洛。八月、上杉氏、米沢へ減封。十月、東アジア・東南アジアへ渡航しようとする商船について、家康朱印状を携行しない者の貿易を禁止。
慶長　七	一六〇二	正月、家康、従一位、秀頼、正二位に叙位される。四月、家康、島津氏に対して薩摩・大隅など所領安堵。七月、佐竹義宣、秋田へ移封。十二月、方広寺大仏焼失。同月、家康、直轄地を対象とした村落に関する法令を発布。同月、島津忠恒、上洛して家康に拝謁。
慶長　八	一六〇三	二月、家康に対して将軍宣下。同時に、右大臣・源氏長者に任じられる。三月、徳川政権、

年号	西暦	事項
		直轄地を対象とした村落に関する「定」を発布。同月、江戸市街地の拡張工事開始。四月、京都二条城において、将軍宣下祝賀能が開催される。同月、秀頼、内大臣に任官。同月、長崎奉行、寺沢正成から小笠原一庵に交代。七月、徳川秀忠娘千姫、秀頼に嫁ぐ。十一月、関ヶ原の戦い後に改易された丹羽長重、大名に復帰。
慶長　九	一六〇四	正月、家康、蠣崎慶広に対してアイヌ交易独占権を安堵。七月、朝鮮、対馬島民の釜山浦における交易を許可。
慶長　十	一六〇五	三月、家康、伏見において朝鮮国の使者と対面。四月、秀頼、右大臣に任官。同月、家康、秀忠へ将軍職を譲与。この年、徳川政権、諸大名に慶長国絵図を作成させる。
慶長　十一	一六〇六	三月、江戸城改築工事開始。四月、朝廷に対して、家康の吹挙なく武家に対して官位を授与しないように申し入れ。同月、宇喜多秀家、八丈島へ流刑。この年四月以前、長谷川藤広、長崎奉行に任命される。十一月頃、関ヶ原の戦い後に改易された立花宗茂、大名に復帰。
慶長　十二	一六〇七	二月、駿府城の普請に諸大名を動員。五月、朝鮮国使節、江戸において秀忠と対面。日朝講和成立。七月、家康、居所を駿府城へ移す。
慶長　十三	一六〇八	六月、伊賀上野城主筒井定次、改易される。同月、丹波八上城主前田茂勝、改易される。この年、マカオにおいて、有馬晴信の派遣した朱印船とポルトガルとの間で紛争が勃発。
慶長　十四	一六〇九	正月、徳川政権、一季居規制令発布。同月、秀頼、方広寺大仏・大仏殿再興を企図。三月、己酉約条締結。日朝貿易再開。同月、島津家久、琉球へ侵攻。四月、琉球王国、降伏。五月、琉球国王尚寧、鹿児島へ連行される。同月、徳川政権、諸国銀子灰吹・筋金吹分禁止令発布。同月、オランダ船、肥前国平戸へ入港。六月、丹波篠山城の普請に諸大名を動員。七月、琉球を島津氏領とする。同月、家康、天皇女房衆密通事件に介入。同月、オランダ船の貿易許可。十二月、有馬晴信、長崎停泊中のポルトガル船ノサ・セニョーラ・ダ・グラッサ号を撃

		沈。対ポルトガル貿易中断。
慶長　十五	一六一〇	二月、名古屋城の普請に諸大名を動員。閏二月、堀忠俊、改易される。三月、島津氏による琉球検地開始。七月、丹波亀山城の普請に諸大名を動員。八月、家康、漂着した前フィリピン臨時総督デ・ビベロの送還に際して、田中勝介らを同行させる。同月、琉球国王尚寧、島津家久とともに江戸へ参府。
慶長　十六	一六一一	三月、後陽成天皇譲位。同月、家康と秀頼、二条城において会見。四月、後水尾天皇即位。同月、西国諸大名連署で三か条の「条々」を誓約させる。六月、加藤清正没。七月、家康、対ポルトガル貿易再開を許可。
慶長　十七	一六一二	正月、東国諸大名連署で三か条の「条々」を誓約させる。三月、岡本大八事件を契機に、徳川直轄地においてキリシタン禁令発布。十二月、京都御所造営開始。
慶長　十八	一六一三	六月、公家衆法度発布。八月、浅野幸長没。九月、家康、イギリスに対して貿易許可。十二月、キリシタン禁令を全国へ拡大。
慶長　十九	一六一四	正月、大久保忠隣、改易される。四月、江戸城の普請に諸大名を動員。七月、方広寺鐘銘事件。九月、高山右近ら国外追放。十月、片桐且元ら大坂城から退去。十一月、大坂冬の陣勃発。十二月、徳川・豊臣講和成立。
元和　元	一六一五	四月、大坂夏の陣勃発。五月、大坂城陥落。豊臣秀頼自害。閏六月、一国一城令発布。七月、武家諸法度発布。同月、禁中幷公家中諸法度発布。同月、元和に改元。
元和　二	一六一六	四月、徳川家康没。
元和　五	一六一九	六月、福島正則、改易される。

著者略歴
一九六三年、大阪府に生まれる
二〇〇六年、九州大学大学院比較社会文化学府博士課程修了
現在、九州大学大学院比較社会文化研究院特別研究者

〔主要著書〕
『中・近世移行期大名領国の研究』（校倉書房、二〇〇七年）
『毛利輝元』（ミネルヴァ書房、二〇一六年）
『関ヶ原前夜』（角川ソフィア文庫、二〇一八年）
『小早川隆景・秀秋』（ミネルヴァ書房、二〇一九年）
『本能寺前夜』（角川選書、二〇二〇年）

列島の戦国史9
天下人の誕生と戦国の終焉

二〇二〇年（令和二）十二月十日　第一刷発行

著　者　光《みつ》成《なり》準治《じゅんじ》
発行者　吉川道郎
発行所　株式会社 吉川弘文館
郵便番号一一三—〇〇三三
東京都文京区本郷七丁目二番八号
電話〇三—三八一三—九一五一〈代表〉
振替口座〇〇一〇〇—五—二四四
http://www.yoshikawa-k.co.jp/
印刷＝株式会社 三秀舎
製本＝誠製本株式会社
装幀＝河村 誠

ISBN978-4-642-06856-7